中小学新手教师培训系列教材

U0645774

中学语文
新手教师教学能力修炼

ZHANWEN JIANGTAI

ZHONGXUE YUWEN

XINSHOU JIAOSHI JIAOXUE NENGLI XIULIAN

张 琨 常雪鹰 张 静 ◎ 编著

站稳讲台

北京师范大学出版集团
BEIJING NORMAL UNIVERSITY PUBLISHING GROUP
北京师范大学出版社

图书在版编目(CIP)数据

站稳讲台：中学语文新手教师教学能力修炼 / 张琨，常雪鹰，张静编著 . —北京：北京师范大学出版社，2024.8

中小学新手教师培训系列教材

ISBN 978-7-303-29350-6

Ⅰ．①中… Ⅱ．①张… ②常… ③张… Ⅲ．①中学语文课－教学研究－师资培养－教材 Ⅳ．①G633.302

中国国家版本馆 CIP 数据核字(2023)第 151895 号

图　书　意　见　反　馈　　gaozhifk@bnupg.com　010-58805079
营　销　中　心　电　话　　010-58802755　010-58800035
北师大出版社教师教育分社微信公众号　　京师教师教育

出版发行：北京师范大学出版社　www.bnupg.com
　　　　　北京市西城区新街口外大街 12-3 号
　　　　　邮政编码：100088
印　　刷：鸿博睿特(天津)印刷科技有限公司
经　　销：全国新华书店
开　　本：787 mm×1092 mm　1/16
印　　张：19.5
字　　数：285 千字
版　　次：2024 年 8 月第 1 版
印　　次：2024 年 8 月第 1 次印刷
定　　价：78.00 元

策划编辑：郭　翔　陈红艳　　　　　责任编辑：李锋娟
美术编辑：焦　丽　　　　　　　　　装帧设计：焦　丽
责任校对：陈　荟　　　　　　　　　责任印制：马　洁

▶ 总 序

强教必先强师。习近平总书记强调，要把加强教师队伍建设作为建设教育强国最重要的基础工作来抓，大力培养造就一支师德高尚、业务精湛、结构合理、充满活力的高素质专业化教师队伍。当前，首都基础教育现代化建设进入快速发展的新阶段。构建高质量基础教育体系，对首都建设首善一流的基础教育教师队伍提出了更加紧迫的要求。在教育强国建设过程中，推进教师教育高质量发展，必须进一步加强战略谋划与顶层设计，基于教师生涯发展与终身学习的视角，对教师职前培养、资格认定与入职教育、在职培训进行系统考量和一体化设计。

新任教师(一般指取得正式合格教师资格之后，任教年限为1～3年的教师)的适应期是教师专业发展中的重要阶段，是教师教育不可或缺的重要环节，是决定教师日后专业发展方向与质量的关键期。新任教师培训在职前培养与在职发展之间起到关键的桥梁作用。因此，我国教师政策对新任教师培训予以高度关注。

教育部明确指出：新任教师培训是"为新任教师在试用期内适应教育教学工作需要而设置的培训。培训时间应不少于120学时"。近年来，为应对首都基础教育发展对教师队伍建设提出的更高要求，北京市新任教师培训政策不断完善。《中共北京市委 北京市人民政府关于全面深化新时代教师队伍建设改革的实施意见》(2018年)、《北京市教师教育振兴行动计划实施办法(2018—2022年)》、《"十四五"时期北京市中小学干部教师培训工作方案》(2021年)等文件相继提出要实施新任教师规范化培训计划，完善新任教师培训制度(后简称"新教师")。2022年7月，市教委印发《北京市中小学新教师规范化培训指导意见》《北京市幼儿园新入职教师规范化培训指导意见》，进一步强化了全市中小学幼儿园新教师培训制度化、规范化建设。新

教师规范化培训政策的出台，旨在通过提高培训的针对性和实效性，确保每位新教师都能在专业发展上有均衡的起点、获得高质量指导。

在北京市新教师培训政策逐渐完善的同时，培训的实践探索亦日益深化。自 2015 年开始，北京教育学院根据部分区域提出的需求，开始承担新教师培训工作。为进一步提升培训的专业性和科学性，项目组基于问题导向和需求导向，通过调研了解新教师在入职之初面临的困难与问题，有针对性地设计培训项目。北京教育学院相关专业团队对参加"启航杯"教学风采展示的新教师进行调研，研究数据表明，部分新教师的专业准备不足，主要体现在对所教学科的内容等方面准备相对较好，但在课程思政、理解新课程标准、应用信息技术、班级管理、根据学生个体差异进行教学设计与评价等方面需要进一步学习。

基于新教师专业学习需求的多元特点与课程改革要求，参考借鉴研究领域关于新教师在职业生涯发展早期所呈现的特点，北京教育学院注重以精准培训提升项目的实效性与针对性，以切实帮助新教师解决教育教学工作情境中面临的问题。基于近十年的实践探索，北京教育学院组织实施的新教师培训已形成五个方面的特色经验。一是加强项目顶层设计。根据市教委指导意见，学院注重加强项目整体系统设计，通过制定高标准的培训要求确保培训的专业性。二是强化课程内容设计。聚焦新教师专业发展核心素养和教育教学基本能力，中小学新教师培训内容涵盖思想政治、师德与教育法规、教学基本功与教学实践、学生学习与身心发展、班级管理与班主任工作、教育研究与生涯发展等模块，非师范专业毕业教师增加"教育理论与教师教育"模块，从而完善教师教育专业知识结构。三是优化培训模式。项目采用市区校三级联动的方式，确保培训的实践性与系统推进。在三年递进式培训中，第二年和第三年的培训基于市教委印发的《进一步加强中小学校本研修工作指导意见》，主要采用实践取向的校本研修方式进行，贴近新教师的工作情境，着力解决新教师日常工作情境中面临的实际问题。

四是加强资源共享。在项目实施过程中，通识课、必修课等课程资源实现共建共享，并在"北京教师学习网"上发布新教师教学风采展示活动优秀课例，为教师提供更加丰富多元、可选择的数字学习资源，满足教师个性化发展需求。五是坚持研训一体。学院组织相关专业团队定期对新教师专业学习需求和培训效果进行调研，在组织实施培训的同时，同步进行新教师工作现状与专业成长的追踪研究，为全市新教师培训政策的进一步优化与有效实施提供数据支撑与实证依据。

北京教育学院在新教师规范化培训方面取得了显著的成效，有效提升了新教师的专业素养，受到了相关区域学校及教师的肯定，为首都基础教育质量提升做出了积极贡献。北京市新教师规范化培训作为一项制度创新，亦为全国教师教育改革提供了新的思路和模式。

为帮助新教师从站上讲台到站稳讲台、站好讲台，北京教育学院组织相关专业教师，与各区教师培训机构、一线优秀教师等携手合作，共同编写了"中小学新手教师培训系列教材"。本套教材共计 14 册，除 1 册通识类教材之外，其余 13 册则分别为不同学科和不同学段的新教师提供具体的教育教学指导和实践策略。

本套教材的编写出版，是北京教育学院加强内涵建设、推进培训高质量发展的成果体现，反映了学院在新教师培训实践与研究领域的新举措、新发展。本套教材从新教师的视角出发，以培育新教师须具备的思想政治素养、师德修养、专业知识与能力为主线，严格按照教师教育相关专业标准，以新教师专业发展的基本理论、教育教学问题解决为核心板块，结合当下我国教育改革的重要问题，为新教师等群体进行专业学习和实践研究提供新视角与新思路。本套教材基于问题导向，结构清晰，可操作性强，并强调理论与实践相结合。

本套教材在编写过程中，得到北京市各区教师培训机构及广大中小学校、教师的大力支持，他们为教材贡献了丰富多元的具体案例和实践智慧。

本套教材的出版得到北京师范大学出版社的大力支持，郭翔、陈红艳等编辑团队的专业付出，确保了本套教材高质量出版。期望本套教材为优化新教师培训制度和新教师专业发展有效机制、加强高质量教师队伍建设、推进教育强国建设做出积极贡献。

肖韵竹（北京教育学院党委书记）

张永凯（北京教育学院党委副书记、院长）

2024 年 6 月

▶ 前　言

新教师入职后的前两年是职业适应期，也是专业发展的关键期。一方面，他们初登讲台，干劲十足，积极地寻求自我提升；另一方面，由于经验和能力的缺乏，他们往往不能快速找到有效的提升方法，需要指引和帮助。

2019年，北京教育学院统一组织新教师培训教材编写工作，我们作为中文系的教师，承接了《站稳讲台：中学语文新手教师教学能力修炼》的编写工作。

我们对34名2019年入职的中学语文教师开展了问卷调研，他们认为教学中的困难集中在两点：一是教学内容的选取和重难点的把握，二是课堂教学管理。从近几年新教师提交的教学设计、教学反思和展示的课堂教学实施情况来看，除了上述两个问题外，他们在分析教材、解读文本、设计教学活动、应对课堂生成、进行课堂评价、听评课与教学反思等方面也存在较为明显的问题，这些问题可以归结为学科教学知识（PCK）的欠缺。

目前已经出版的关于新教师学科教学知识的书籍不少，内容各有侧重：有的介绍教学理论，有的讨论教学设计，有的介绍课堂观察方法，还有的讨论教学反思与教师专业发展。我们认为，从教学理论到教学实践、从教学设计到教学实施、从观察他人到反思自我，这是一个有机融合、不可分割的整体过程。我们希望能够从新教师教学中的实际问题出发，有针对性地介绍相关理论与方法策略，促使他们在反思的基础上主动寻求专业知识的支持，获得教学设计、教学实施与反思等方面能力的提升。

全书分为四个单元，大致内容如下：

第一单元"教学设计"，包含"如何解析课程标准""如何解读教材文本""如何确定教学目标""如何设计教学活动""如何设计教学评价"五部分内容，针对新教师在教学设计各环节存在的问题、困惑，分析原因，介绍相关的方法策略。

第二单元"教学实践"，包含"如何进行课堂教学管理""如何进行教学内容的呈现""如何进行课堂教学调控"三部分内容，针对新教师在教学实施环节存在的问题和困难，提出相应的解决策略和提升能力的方法。

第三单元"教学反思"，包含"如何进行说课""如何进行观课""如何进行教学反思"三部分内容，介绍说课、观课和教学反思的基本方法，帮助新教师形成基于教学实践的理性认识。

第四单元"教师专业能力成长"，包含"如何认识教师专业发展及其标准""如何把握教师专业发展的影响因素""如何制定专业发展规划""如何开展教学研究"四部分内容，为新教师提供教学专业发展的理论解读和实践路径。

除正文外，本书的每一单元都有单元学习目标、单元导读、单元思维导图、单元小结、单元练习和阅读链接，帮助读者把握各单元学习目标、关键内容与核心任务，并在学习本书的基础上进行延伸阅读。

每一节大都以问题案例引入，通过展示和分析新教师在教学设计、教学实施、教学反思和专业能力发展各方面的实际问题，引起新教师的注意和反思；接下来的相关理论介绍，借鉴权威研究成果，从概念界定、理论基础、内容对象、方法路径等方面帮助新教师形成较为系统的理论框架；最后以优秀案例的展示和分析收尾，提供正面样本供新教师分析和借鉴；正文后的实践操练，促使新教师反思自我，将学到的理论应用到实践中。

本书有三位编者，张琨编写了第一单元的第三、四节和第三单元，常雪鹰编写了第一单元的第一、二讲和第四单元，张静编写了第一单元的第五讲和第二单元。在成书过程中，三位编者查阅了大量文献，结合自己的专业知识和培训经验，努力为新教师提供科学、实用的专业知识，希望能帮助新教师有方法、有效率地形成实践性知识。

　　研究表明，在道德形象、文化形象和人格形象中，优秀教师往往更突出自我的文化形象，即学习者、教改创新者、反思与研究者。[①] 我们在接触新教师的过程中，经常被他们谦虚热忱、追求提升的学习精神感动。希望他们能够保持初登讲台的向上之心，将反思性实践者的角色贯串教学生涯，在教师职业的道路上走得更好，走得更远。希望我们的这本教材能为新教师的专业发展提供一些助力。

　　本书系北京教育学院 2021 年科研重点关注课题"提升中学语文教师作业设计与实施能力的实践研究"（课题编号：ZDGZ2021－09）及 2023 年科研重点关注课题"新课标背景下初中语文教师学习任务设计能力提升的路径研究"（课题编号：ZDGZ2023－05）研究成果。

张　琨

2024 年 7 月

　　[①]　胡定荣：《优秀教师的自我形象——对特级教师人生经历的内容分析》，载《上海教育科研》，2008(3)。

第一单元　教学设计

单元学习目标 ……▶

1. 熟悉语文课程标准的作用、内容，能够找到课标与教学的结合点。

2. 知道解读教材文本的必要性和主要路径，以及文本解读的对象。

3. 知道教学目标的作用和确定方法，能够制定可操作、可测评的教学目标，并恰切表述教学目标。

4. 了解教学活动的设计原则，能够设计出指向教学目标达成、符合学生认知特点的教学活动。

5. 熟悉表现性评价的特点和设计方法，并将其应用到教学中。

6. 能够结合本单元所学反思和修改自己的教学设计，并有意识地规避教学设计的常见问题。

单元导读 ……▶

教学设计作为一门学科，兴起于 20 世纪 40 年代的西方，主要是为了满足第二次世界大战对于士兵和熟练工人的需求，主要成果体现为程序教学的设计理论。教学设计的发展过程可分为四个阶段，其理论基础从开始的行为主义，逐渐融合认知主义和建构主义；其关注点从教学手段、教学过程、教学材料转移到学生的学习。[①]

教学设计"主要研究如何根据学习者的学习需要，为学习者确定不同的教学目标，选择不同的教学策略和教学媒体，设计不同的实施方案，以实现促进学习者学习，提高教学质量的目的。"[②]彼得·W. 艾瑞逊认为，教学

---

① 张秋玲：《语文教学设计：优化与重构》，8～11 页，北京，教育科学出版社，2012。
② 张秋玲：《语文教学设计：优化与重构》，4 页，北京，教育科学出版社，2012。

设计能从三方面给教师提供帮助：第一，它让教师明确教学目标和教学重点，从而减少对教学的不确定感和焦虑感；第二，它为教师提供了一个教学前预习与熟悉课程内容和课堂活动的机会；第三，它提供了每堂课怎样开始、课上要进行哪些活动和教学过程如何发展的基本框架。[①]

　　鉴于本书的主要目的是指导新教师的教学实践，本单元所讨论的"教学设计"主要指基于教学设计相关理论，对语文学科课程中一个教学单位进行的教学设计，主要内容包括如何解析课程标准、如何解读教材文本、如何确定教学目标、如何设计教学活动、如何设计教学评价五个方面。

单元思维导图 ......▶

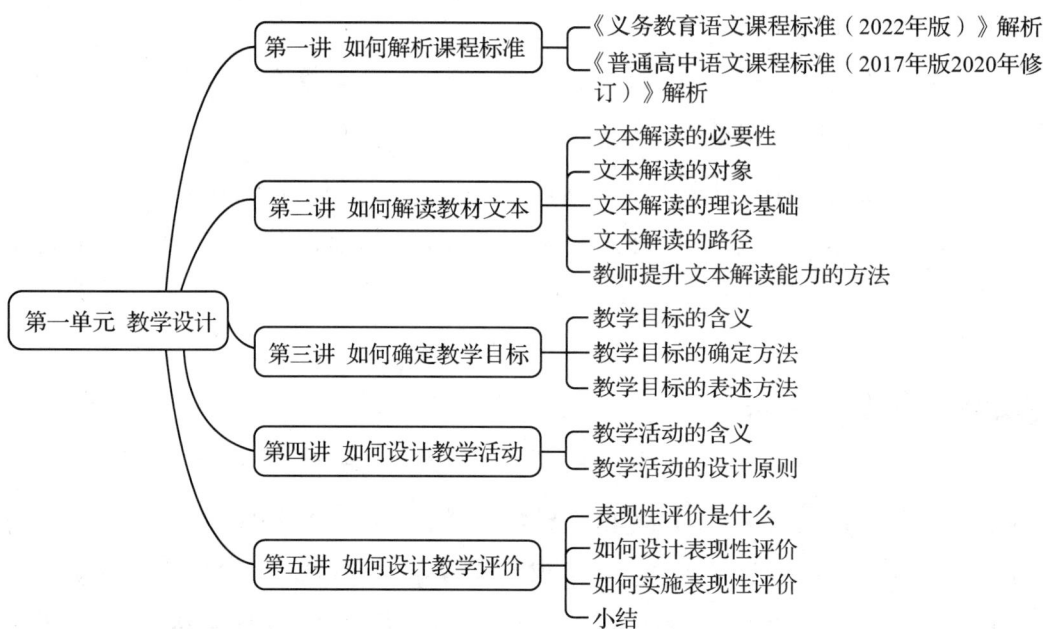

```
                                          《义务教育语文课程标准（2022年版）》解析
              ┌ 第一讲  如何解析课程标准 ┤
              │                           《普通高中语文课程标准（2017年版2020年修
              │                           订）》解析
              │
              │                           文本解读的必要性
              │                           文本解读的对象
              │ 第二讲  如何解读教材文本 ┤ 文本解读的理论基础
              │                           文本解读的路径
              │                           教师提升文本解读能力的方法
  第一单元     │
  教学设计 ────┤                           教学目标的含义
              │ 第三讲  如何确定教学目标 ┤ 教学目标的确定方法
              │                           教学目标的表述方法
              │
              │ 第四讲  如何设计教学活动 ┤ 教学活动的含义
              │                           教学活动的设计原则
              │
              │                           表现性评价是什么
              │ 第五讲  如何设计教学评价 ┤ 如何设计表现性评价
              │                           如何实施表现性评价
              └                           小结
```

　　设计工作的复杂性往往被低估。许多人认为自己知道很多关于设计的知识。他们没有意识到想要做出独特、精致和完美的设计，还需要知道更多。

——约翰·麦克林

---

① ［美］彼得·W. 艾瑞逊：《课堂评估——一种简明的方法》，夏玉芳译，47～48页，长沙，湖南教育出版社，2008。

▶ 第一讲
如何解析课程标准

母语课程一直都是世界各国课程改革的重要部分，义务教育课程标准作为基础教育的法规性和指导性文件，在某种程度上能够反映国家基础教育的根本宗旨和发展情况。

现行普通高中语文课程标准的修订工作从 2013 年开始，是在深入总结 21 世纪以来我国普通高中语文课程改革宝贵经验与充分借鉴国际课程改革优秀成果的基础上，对 2003 年版课程标准所进行的一次重新审视与完善，以适应新时代社会背景下的普通高中阶段语文教育教学形势。

本讲主要对《义务教育语文课程标准(2022 年版)》与《普通高中语文课程标准(2017 年版 2020 年修订)》的变化及亮点进行分析与梳理。

一、《义务教育语文课程标准(2022 年版)》解析

教育部曾多次着手修订义务教育语文课程标准。根据《教育部关于印发义务教育语文等学科课程标准(2011 年版)的通知》，2011 年 12 月，义务教育各学科课程标准正式发布，此版本课程标准使用至 2022 年春季学期。2022 年 4 月，《义务教育语文课程标准（2022 年版）》正式发布，并于 2022 年秋季学期正式投入使用，成为语文教育工作者开展语文教学工作的重要依据，义务教育语文课程改革再次启程。

相比以前的课标，《义务教育语文课程标准(2022 年版)》的内容构成发生了变化，包括"课程性质""课程理念""课程目标""课程内容""学业质量""课程实施"以及"附录"七大部分。

(一)《义务教育语文课程标准（2022 年版）》的新变化

与《义务教育语文课程标准(2011 年版)》相比，《义务教育语文课程标准(2022 年版)》(以下称"义教新课标")的变化主要集中在"课程方案"和"课

程标准"两个方面。课程方案方面，第一，完善了培养目标，明确义务教育阶段时代新人培养的具体目标；第二，优化了课程设置，落实党中央、国务院"双减"政策要求，调整优化课程设置；第三，细化了实施要求，尤其是对培训、教科研提出具体要求。

课程标准方面，义教新课标主要有以下五个方面的变化。

1. 强化了课程育人导向

学科课程标准是国家意志的体现。作为社会主义国家，我国的课程标准理应以社会主义核心价值体系为最根本的指导思想。义教新课标重点关注社会主义核心价值观、中华民族共同体意识、中华优秀传统文化、革命文化、社会主义先进文化以及中华民族自尊心、爱国情感、集体意识、文化自信等方面的内容。这些内容在"课程性质""课程理念""课程目标""课程内容""教学建议""评价建议""教材编写建议""课程资源开发与利用"部分都有体现。因此，课程的育人导向是特别要关注的。

义教新课标在"课程性质"部分提出："语文课程在推广普及国家通用语言文字、增强凝聚力、铸牢中华民族共同体意识，建立文化自信、培育时代新人，实现中华民族伟大复兴等方面具有不可替代的优势。"[1]

在"课程理念"部分提出："义务教育语文课程围绕立德树人根本任务，充分发挥其独特的育人功能和奠基作用，以促进学生核心素养发展为目的，以识字与写字、阅读与鉴赏、表达与交流、梳理与探究等语文实践活动为主线，综合构建素养型课程目标体系。"[2]

在"总目标"中明确提出："在语文学习过程中，培养爱国主义、集体主义、社会主义思想道德，逐步形成正确的世界观、人生观、价值观"，并在学段要求(第一学段)中有进一步的具体表述："在落实以上要求过程中，注重引导学生关注中华优秀传统文化在日常生活中的表现，初步感受中华优秀传统文化的重要价值；初步懂得幸福生活是革命前辈浴血奋战、艰苦奋

① 《义务教育语文课程标准(2022年版)》，1页，北京，北京师范大学出版社，2022。
② 《义务教育语文课程标准(2022年版)》，2页，北京，北京师范大学出版社，2022。

斗换来的，激发对革命领袖、革命家、英雄人物的崇敬之情。"[1]

教师在研读义教新课标时，尤其要注意课标育人导向的具体落实，思考如何将育人导向转化为真实的教育教学行为，从而帮助学生形成正确的世界观、人生观和价值观。

此外，义教新课标还确立了核心素养导向的语文课程目标，立足学生核心素养发展，充分发挥语文课程的育人功能。"核心素养是学生通过课程学习逐步形成的正确价值观、必备品格和关键能力，是课程育人价值的集中体现。义务教育语文课程培养的核心素养，是学生在积极的语文实践活动中积累、建构并在真实的语言运用情境中表现出来的，是文化自信和语言运用、思维能力、审美创造的综合体现。"[2]

在文化自信方面，学生通过语文学习认同并热爱中华文化，继承和弘扬中华优秀传统文化、革命文化、社会主义先进文化，关注和参与当代文化生活，初步了解和借鉴人类文明优秀成果，具有一定的文化底蕴。在语言运用方面，首先要在日常生活中培养语感，丰富语言经验，提升语言品质，由此感受语言文字的丰富内涵，培养对国家通用语言文字的情感。思维与语言是密不可分的，学习语言就是锻炼思维能力。在审美创造方面，学生通过学习语言文字和作品，获得较为丰富的审美经验，形成正确的审美观念，通过感受美、发现美，进而表现美和创造美。

2. 优化了课程内容结构

课程内容结构的优化是义教新课标的主要变化之一。在义教新课标中，"课程内容"不再与"课程目标"融合，而是作为独立板块出现。义教新课标的课程内容以"中华优秀传统文化""革命文化""社会主义先进文化"为主题和载体形式，以"学习任务群"为内容组织与呈现方式。按照内容整合程度的不断加强，分三个层面设置了六个学习任务群，见表1-1：

---

[1] 《义务教育语文课程标准(2022年版)》，6、9页，北京，北京师范大学出版社，2022。
[2] 《义务教育语文课程标准(2022年版)》，4页，北京，北京师范大学出版社，2022。

表 1-1　义务教育阶段学习任务群

第一层	第二层	第三层
基础型学习任务群	发展型学习任务群	拓展型学习任务群
语言文字积累与梳理	实用性阅读与交流	整本书阅读
	文学阅读与创意表达	跨学科学习
	思辨性阅读与表达	

　　语文学习任务群构成一个完整的课程内容结构体系，每个学习任务群都由三方面构成。

　　一是设置意图。如"语言文字积累与梳理"学习任务群"旨在引导学生在语文实践活动中，积累语言材料和语言经验，形成良好语感；通过观察、分析、整理，发现汉字的构字组词特点，掌握语言文字运用规范，感受汉字的文化内涵，奠定语文基础"[①]。

　　二是学习内容。阐述该学习任务群在每个学段的具体学习内容。

　　三是教学提示。从学习情境的设置、学习内容的选择、学习方法的使用、学习评价的设计以及学习资源的调派等方面，对学习任务群的实施提出具体指导意见。

　　教师应该首先关注"课程实施"板块的"教学建议"，然后认真研读每个学习任务群的具体要求，了解其设置意图、学习内容和教学提示，并结合教材具体内容，明确每个具体的学习任务应该实现什么目标和内容、选用什么教学方法、怎样设计评价方案、如何调派学习资源等，最终完成教学设计。

　　义务教育阶段的六个学习任务群与义务教育阶段语文课程培养的核心素养是多重对应关系，每个学习任务群都指向学生核心素养的整体提升，只是在核心素养的四个方面各有侧重，具有各自的价值。

　　比如，虽然"语言文字积累与梳理"学习任务群有单独的学习内容，但其他五个学习任务群的学习也要进行语言材料和语言经验的积累与梳理。换言之，语言文字的积累与梳理要渗透在所有学习任务群的教学当中。因

[①] 《义务教育语文课程标准（2022 年版）》，20 页，北京，北京师范大学出版社，2022。

此，六个学习任务群是交叉渗透的，体现出语文课程综合性的特点。

义务教育阶段的六个学习任务群与普通高中必修阶段的七个学习任务群也是相互衔接的，体现出阶段性和连续性（如表 1-2 所示）。只不过义务教育阶段的学习内容更加宽泛和灵活，而普通高中必修阶段更关注学科知识体系的构建。

表 1-2　义务教育阶段与普通高中必修阶段学习任务群对照

学段	义务教育	普通高中（必修）
语文学习任务群	语言文字积累与梳理	语言积累、梳理与探究
	实用性阅读与交流	实用性阅读与交流
		跨媒介阅读与交流
	文学阅读与创意表达	文学阅读与写作
	思辨性阅读与表达	思辨性阅读与表达
	整本书阅读	整本书阅读与研讨
	跨学科学习	当代文化参与

3. 研制了学业质量标准

义教新课标"根据核心素养发展水平，结合课程内容，整体刻画不同学段学生学业成就的具体表现特征，形成学业质量标准，引导和帮助教师把握教学深度与广度，为教材编写、教学实施和考试评价等提供依据"[①]。

每一个学段的学业质量标准都是按照日常生活、文学体验和跨学科学习这三大情境描述的。学生在这三种情境中开展识字与写字、阅读与鉴赏、表达与交流、梳理与探究等语文实践活动时，呈现出来的就是学业成就的关键表现。学生的学业表现应该具有完整性，以满足不同类型的评价和测量的要求。教师可以从中看到学生在日常学习中的表现，作为过程性评价的依据；也可以考查学生在不同学段结束后要达到的学业水平，作为总结性评价和命题开发测试工具的基本依据。

① 《义务教育语文课程标准（2022 年版）》前言，4 页，北京，北京师范大学出版社，2022。

4. 增强了指导性

义教新课标"针对'内容要求'提出'学业要求''教学提示',细化了评价与考试命题建议,注重实现'教—学—评'一致性",不仅明确了"为什么教""教什么""教到什么程度",还在一定程度上明晰了"怎么教"。[①]

义教新课标在每个学习任务群的"教学提示"部分针对不同学段提出了具体的学习内容和指导意见。"课程实施"部分的"教学建议"尤其体现出指导性的增强。从目标确定方面提出要立足核心素养,彰显教学目标以文化人的育人导向。在学习内容上要求体现语文学习任务群特点,整体规划学习内容,体现出语文课程综合性、实践性的特点。在活动设计上,要求创设真实而富有意义的学习情境,凸显语文学习的实践性。学习情境和实践性紧密相关,要在学习情境当中设置典型的学习任务,落实实践性要求。最后就是根据时代要求提出要关注互联网时代语文生活的变化,探索语文教与学方式的变革。"教学建议"重点明确了以典型的学习任务为语文课程内容的重要载体,同时也提出了线上线下相结合的教学方式,既顺应了时代的要求,也符合语文学习的基本规律。

"评价建议"分为"过程性评价"和"学业水平考试"两个方面。"过程性评价"部分明确提出了过程性评价原则、课堂教学评价建议和作业评价建议。学习任务群的评价要求突出"教—学—评"的一体化,教师需要了解学习任务群"教学提示"中的评价要求,拟定评价的观察要点,并据此设计学习活动和学习任务。"学业水平考试"部分则从命题原则、命题规划和命题要求三方面提出了建议。

"教材编写建议"部分提出要高度重视继承和弘扬中华优秀传统文化,赓续红色血脉;积极探索教材编写体例和呈现方式;努力变革语文教材的学习活动设计,把活动设计为典型任务,体现"以选文为中心"向"以活动为中心"的转化;高度重视语文教材的选文问题;探索突破义务教育阶段语文教材编写的一些难点问题,体现在学习活动的设计和选文的呈现方式上。

---

① 《义务教育语文课程标准(2022年版)》前言,4页,北京,北京师范大学出版社,2022。

"课程资源开发与利用"部分提了四条建议：①坚持目标导向，精选优质课程资源；②调动多元主体，丰富课程资源类型；③建立合作开发机制，实现课程资源的共建和共享；④充分发挥课程资源的育人功能，优化教与学活动。

"教学研究与教师培训"是"课程实施"的新增内容，体现出国家对教师教学研究与教师培训工作的重视。这部分提出了八条建议：①坚持终身学习，提升专业素养；②立足教学实践，提高教研水平；③适应时代要求，提升信息素养；④聚焦关键问题，推进校本教研；⑤加强区域教研，推广典型经验；⑥发挥制度优势，推进研修融合；⑦依据课改理念，设计培训内容；⑧采用多种方式，增强培训效果。这八条建议突出了教师终身学习和研训一体的理念。教师应该秉持教育研究的态度，将教育教学与研究紧密结合起来，推动自己的专业发展。

5. 加强了学段衔接

学段衔接的加强体现在三个方面。第一，注重幼小衔接，减缓坡度，降低难度，增强学习的趣味性和吸引力，这是在"教学建议"部分提出的。第二，加强义务教育阶段各个学段的衔接，分三个层面设置六个学习任务群，每个学习任务群都分别提出"教学提示"并分四个学段表述学习内容。第三，义务教育阶段和高中阶段的衔接，体现出学习目标的连续性和进阶性，各学段合理提高要求，为高中学习做好准备。如此就形成一个完整贯通的语文课程体系，教师可以结合这个体系去思考自己教与学的行为，找到个人教学改进和教学质量提高的落脚点和方向。

（二）《义务教育语文课程标准（2022年版）》的实施建议

第一，立足核心素养，彰显教学目标以文化人的育人导向。

义教新课标在"课程实施"部分对教学、评价、教材编写、课程资源开发与利用、教学研究与教师培训等环节提出了具体建议，实施的重点在于立足核心素养，彰显教学目标以文化人的育人导向。其中"教学建议"部分明确要求教师要把握学生核心素养发展的基本规律，根据课程目标、课程内容和学业质量的要求，创造性地开展语文教学，充分发挥语文学科独特

的育人功能：

教师应理解核心素养的内涵，全面把握语文教学的育人价值，突出文以载道、以文化人。把立德树人作为语文教学的根本任务，清晰、明确地体现教学目标的育人立意。引导学生在学习语言文字运用的过程中，逐步树立正确的世界观、人生观、价值观，体认和传承中华优秀传统文化、革命文化、社会主义先进文化，积淀深厚的文化底蕴，增强文化自信。

教师应充分认识语文课程工具性与人文性是统一的，从培养核心素养出发，把握四个方面整体交融的特点，设定教学目标时既有所侧重，又融为一体。注意在识字与写字、阅读与鉴赏、表达与交流、梳理与探究的过程中，整体提升学生的核心素养。注意教学目标之间的关联，避免将核心素养四个方面简单罗列。[①]

第二，体现语文学习任务群特点，整体规划学习内容。

义教新课标在每个学习任务群里都提到了三个方面：设置意图、学习内容和教学提示。"课程实施"部分也有"教学建议"，这部分的教学建议是从宏观角度提出的，教师在了解宏观上的教学建议后，再具体研读每个学习任务群的"教学提示"。只有掌握了这些教学提示，教师在完成教学设计时，才能明确学习任务群在教学过程中应该实现的目标、选择的内容、采用的方法以及评价方案的设计和学习资源的匹配。

这六个学习任务群明确了义务教育阶段语文教育的任务，凸显儿童学习语文的特点；强化学生的必备品格、关键能力和价值观念，加强识字与写字、语言及文化积累、阅读与鉴赏、表达交流与沟通、梳理与探究、学会学习等语文关键能力的培养；重视学生语言、思辨、审美、文化等各方面素养的全面发展；重视跨学科学习等新的学习方式，促进学生语文核心素养与综合素养的整体提高和协调发展。六个任务群均贯串四个学段，螺旋发展；既具有整体性，又体现学段特征。整体性与阶段性统一，主要表现为综合考虑学生的生活范围、对语言学习的需求、学习兴趣、认知特点、

---

① 《义务教育语文课程标准（2022年版）》，44页，北京，北京师范大学出版社，2022。

语言文字运用能力等发展的阶段性，学段课程目标以及课程内容的连贯性、层次性、广度深度的发展梯度，统筹设计不同学段学习情境、学习内容的范围与深度、学习方式。[①]

第三，创设真实而富有意义的学习情境，凸显语文学习的实践性。

学习情境的设置要符合核心素养整体提升和螺旋发展的一般规律。语文学习情境源于生活中语言文字运用的真实需求，服务于解决现实生活的真实问题。创设情境，应建立语文学习、社会生活和学生经验之间的关联，符合学生认知水平。学生围绕真实情境中的任务，综合运用多种学习方法去识字与写字、阅读与鉴赏、表达与交流、梳理与探究。这种学习是自主、合作、探究的学习，是主动积极的学习、深度学习、在行动中学习、创造性学习。学习情境应整合关键的语文知识和语文能力，体现运用语文解决典型问题的过程和方法。

教师应该把更多精力放在教学设计与教学组织上，设计真实情境中的学习任务，引导学生关注家庭生活、校园生活、社会生活等相关经验，增强在各种场合学语文、用语文的意识，建设开放的语文学习空间，激发学生探究问题、解决问题的兴趣和热情，引导学生在多样的日常生活场景和社会实践活动中学习语言文字运用。

第四，关注互联网时代语文生活的变化，探索语文教与学方式的变革。

网络传播和数字化技术对语文教育的影响也是空前的。在数字化时代，作者、读者、文本、言语、文学传播流通都被媒介化了。互联网、云计算、大数据、人工智能的迅速发展使得学生也不可避免地大规模接触互联网并运用互联网获取信息。因此，语文教育的内容、手段、模式也必然随之变化。教师要关注互联网时代日常生活中语言文字运用的新现象和新特点，认识信息技术对学生阅读和表达交流等带来的深刻影响，把握信息技术与语文教学深度融合的趋势，充分发挥信息技术在语文教学变革中的价值和功能。

---

① 陆志平：《〈义务教育语文课程标准(2022年版)〉修订的整体思路》，载《中学语文教学》，2022(5)。

"关注互联网时代语文生活的变化，探索语文教与学方式的变革"，需要教师积极利用网络资源平台拓展学习空间，丰富学习资源，整合多种媒介的学习内容，为学生提供多层面、多角度的阅读、表达和交流的机会；充分利用网络平台和信息技术工具，支持学生开展自主、合作、探究性学习，为学生的个性化、创造性学习提供条件；同时发挥大数据优势，分析和诊断学生学业表现，优化教学，提供及时、准确的反馈和个性化指导；积极关注教学流程、教与学方法、资源支持、学习评估等新变化；探索线上线下相结合的混合式语文学习，等等。

二、《普通高中语文课程标准(2017 年版 2020 年修订)》解析

(一)《普通高中语文课程标准（2017 年版 2020 年修订）》的新变化

2018 年 1 月 16 日，《普通高中课程方案》和普通高中各学科课程标准正式颁布。该课程方案和课程标准在育人目标、课程结构、内容组织、学业质量标准、学习方式和教学模式、考试评价等一系列环节均有突破改进。这既使普通高中课程标准与国际课程改革发展趋势更加接轨，也进一步深化了第八次基础教育课程改革，有利于转变学校学习方式和教学模式，具有重大的现实价值。《普通高中语文课程标准(2017 年版 2020 年修订)》(下文称"高中新课标")在 2003 年发布的《普通高中语文课程标准(实验)》的基础上修订而成，两个版本精神相通，但也有比较明显的变化。

高中新课标主要由"课程性质与基本理念""学科核心素养与课程目标""课程结构""课程内容""学业质量""实施建议"六章以及"附录"组成，"前言"则是各科新版课程标准的共有部分。

较之以前的课标，高中新课标除了新增"学科核心素养""学习任务群""学业质量水平""学业水平考试与高考命题建议"等部分，还在"教学与评价建议""教材编写建议"等方面进行了修改、补充与完善，"课程内容"单独列项是一大亮点。"课程内容"主要由"学习任务群"和"学习要求"两部分组成。

高中新课标在"课程结构"的"设计依据"中强调，语文课程需要"从祖国语文的特点和高中生学习语文的规律出发，以语文学科核心素养为纲，以

学生的语文实践为主线，设计'语文学习任务群'"①。高中阶段共设 18 个"语文学习任务群"，包括"整本书阅读与研讨""当代文化参与""跨媒介阅读与交流""语言积累、梳理与探究""文学阅读与写作""思辨性阅读与表达""实用性阅读与交流"等。这些任务群贯穿必修、选择性必修和选修三类课程，构建了全新的语文课程内容形态和结构体系。必修课程的学习任务群构成高中课程目标和内容的基本框架，体现共同的语文素养要求；选修课程的学习任务群在必修课程的基础上延伸、拓展、提高和深化，满足学生个性化的语文素养发展诉求。18 个学习任务群基于高中学段整体设计、统筹安排，体现了三类课程的层次性和差异性，对未来语文课程的建设和实施，也对教师提出前所未有的挑战。当前需要深入理解语文学习任务群的发展脉络和价值取向，从而更好地落实每个学习任务，并协调学习任务群之间的关系。

高中新课标变化最大的地方就是明确提出了"学科核心素养"和"高中语文学习任务群"两部分内容，以下重点对这两部分内容进行阐述。

（二）语文学科核心素养解读

1. 语文学科核心素养的内涵

"语文学科核心素养是学生在积极的语言实践活动中积累与构建起来，并在真实的语言运用情境中表现出来的语言能力及其品质；是学生在语文学习中获得的语言知识与语言能力，思维方法与思维品质，情感、态度与价值观的综合体现。"②"语文学科核心素养"这个概念中的三个关键词，其内涵都有所指，且功能十分明确。其中，"语文学科"强调了学科的特殊价值，有利于将语文学科定位从以往过于泛化的育人目标中区分出来；"核心"强调了语文学习内容的价值特点，提醒我们在内容选择上要分清枝蔓，学习设计要抓住重点；"素养"强调了语文学习的根本目的是促进学生未来语文素养的发展，而教育内容选择、教育活动设计以及学习评估都应服务于学

---

① 《普通高中语文课程标准(2017 年版 2020 年修订)》，8 页，北京，人民教育出版社，2020。
② 《普通高中语文课程标准(2017 年版 2020 年修订)》，4 页，北京，人民教育出版社，2020。

生发展的长期目标。①

高中新课标修订组负责人王宁教授曾在《语文核心素养与语文课程的特质》中这样阐述对语文课程性质的认识："语文核心素养是学生在积极主动的语言实践活动中构建起来、并在真实的语言运用情境中表现出来的个体言语经验和言语品质；是学生在语文学习中获得的语言知识与语言能力、思维方法和思维品质，是基于正确的情感、态度和价值观的审美情趣和文化感受能力的综合体现。""语文课程是一门按照汉字和汉语的特点，通过学生在真实的母语运用情境中自主的语言实践活动，培养他们内在的言语经验和言语品质；同时，使他们得到思维方法和培养思维品质，养成基于正确价值观的审美情趣和文化感受能力的综合性、实践性课程。"②高中新课标指出，语文学科核心素养"主要包括'语言建构与运用''思维发展与提升''审美鉴赏与创造''文化传承与理解'四个方面"。对此，华东师范大学教授、国家基础教育课程改革语文课标组组长巢宗祺先生这样解读："实际上，这些'核心素养'是有层次区别的，'语言建构与运用'是语文课程核心素养的基础，其他三个方面不属于'语文'独有，它们是语言建构中必不可少而且是伴随语言建构而发展的，是结合在语文的运用中而发挥作用的。"③

语文核心素养的四层框架结构，也说明语文教学要从文化传承与理解立意，在语言建构与运用的过程中，运用知人论世、比较阅读等审美鉴赏方法，展示想象、归纳、类比、矛盾分析、同中求异、逆向求解等思维方法，最终达成文化传承与理解之目的。

2. 语文学科核心素养的培养路径

语文学科核心素养在教学中该如何落地？这是当前也是今后语文学科教学所面临的一个重要课题，教师可以从以下三个方面进行尝试。

（1）重视语文知识，是培养语文学科核心素养的载体。

语文学科核心素养的形成离不开语文知识这一重要载体。培养学生的

---

① 郑桂华、剑男：《语文学科核心素养的内涵理解及教学建议——郑桂华访谈录》，载《语文教学与研究》，2018(7)。
② 王宁：《语文核心素养与语文课程的特质》，载《中学语文教学》，2016(11)。
③ 巢宗祺：《语文学科如何提升学生"核心素养"》，载《文汇报》，2017-11-17。

语文学科核心素养，就要选择有利于学科核心素养形成的语文知识。知识一般由符号表征、逻辑形式、意义三个不可分割的部分组成。学生在学习中只有掌握了符号表征、逻辑形式、意义之间的内在联系，才能从整体上理解和掌握知识。基于对知识的认识所形成的有利于语文学科核心素养形成的语文知识，包括听说读写的概念与命题、本质与规律、思想与方法、产生与来源、关系与结构、价值与精神等。依据高中新课标的课程内容要求，语文知识的获得需立足于 18 个"学习任务群"，从"语言建构与运用""思维发展与提升""审美鉴赏与创造""文化传承与理解"四个方面丰富和完善学生的语文学科知识，进而为培育学生的语文学科核心素养打好地基，提供源头活水。

(2)设计语文活动，是培养语文学科核心素养的关键。

学生的学科核心素养是在相应的学科活动中形成和发展的。学科活动的目的是让学习者建立亲身经历与学科知识之间的联系。语文活动即以语言为内容、以听说读写为形式的言语实践活动，它是培育语文学科核心素养的关键。要培育学生的语文学科核心素养，就要转变教学模式。而新模式应该立足"学习任务群"，以学习项目为载体，整合学习情境、学习内容、学习方式、学习资源，以学生自主学习、合作学习、体验探究学习为主要方式来组织学习活动，让学生在阅读与鉴赏、表达与交流、梳理与探究的语文活动中学习阅读、写作、倾听、说话；通过语文活动让学生在语用实践中追求语言、技能、知识和思想情感、文化修养等多方位、多层次目标发展的综合效应，避免教师大量讲解分析、技能逐项训练的模式。

(3)重视语文评价，是培养语文学科核心素养的保障。

考试评价是教育教学的指南针，直接决定教师学科教学的方向和内容。"考什么就教什么"的理念在高中语文教学中广泛流行，要想转变这种局面，就要改变考试的评价方式。

高中新课标以"学业质量"的表述对高中语文教学的考评作了明确的界定和描述，指出"学业质量是学生在完成本学科课程学习后的学业成就表现。学业质量标准是以本学科核心素养及其表现水平为主要维度，结合课

程内容，对学生学业成就表现的总体刻画"[①]。依据不同水平学业成就表现的关键特征，语文学科学业质量标准将学生的学习结果划分为五个级别的水平，每个水平内部又有四个具体要求。水平 1 和水平 2 是必修课程学习的要求，水平 3 和水平 4 是选择性必修课程学习的要求，水平 5 是选修课程学习的要求。其中水平 2 是语文学科高中学业水平考试的依据，水平 4 是高校考试招生录取的依据，水平 5 则是为对语文课程更有兴趣的学生所设的较高要求，修习情况仅供参考。可以说，语文学科学业质量标准既是语文学科考评的标准和依据，也是指导语文教学的标准和依据。语文学科学业质量标准能否推广、能否落地生根，在很大程度上影响着语文学科核心素养的落实效果。考试评价改革是形成核心素养的重要保障。只有建立以语文学科核心素养为导向的考试评价体系和机制，语文学科核心素养的落实才有保障。

3. 语文教师在学科核心素养培养过程中的地位和作用

教师在学生学科核心素养的发展中扮演着重要角色：一是导演，做好一堂课的设计，将教学内容问题化、活动化、生活化，引导学生去思考探索；二是主持人，能营造和谐的课堂氛围，适度进行宏观调控，通过诱导、启发和点拨，唤醒学生的求知欲，促使其展示自我；三是观众，要善于赏识、期待和激励学生，懂得给学生的精彩表演鼓掌喝彩，使其体验到被认可和被尊重，进而增强学习动力。

要从知识教学迈向素养教学，教师须从知识型教师转变为素养型教师。这是因为学科知识传授要靠教师来完成，学科活动的实施要靠教师来推进。语文教师要想通过语文活动将语文知识内化为学生必备的学科核心素养，就需树立"教育要培养学生适应终身发展和社会发展的必备品格和关键能力"的专业思想，在学科专业素养和教学素养上不断拓展和完善，尤其是要具备全面的语文学科知识和跨学科领域教学的知识，重点提升自我的教学设计能力、教学组织实施能力、课程资源开发能力、教学交往能力以及教

---

① 《普通高中语文课程标准(2017 年版 2020 年修订)》，35 页，北京，人民教育出版社，2020。

学评价能力等。具体来说，教师要能在课程理念中融入核心素养、在课程开发中满足个性需要、在课程实施中突出自主发展；在教学中要能创设情境、坚持问题导向、推进启发式学习、开展基于项目的教学；在学生评价中要能坚持多元评价方式、突出育人评价。当然，在今天的时代背景下，教师除了具备学科专业素养外，还要具备一定的信息素养、创新素养、跨学科素养、媒体素养、社会参与素养、自我管理素养，等等。

（三）对"学习任务群"的解析

1. 学习任务群的内涵

"学习任务群"是高中语文课程标准修订过程中提出的概念。它超越以往单篇教学的思维范式，更为注重语文学习的情境性、综合性和实践性，力求发挥语文课程促进学生核心素养发展的整体功能。那么，学习任务群的内涵是什么？

关于学习任务群，高中新课标是这样表述的："'语文学习任务群'以任务为导向，以学习项目为载体，整合学习情境、学习内容、学习方法和学习资源，引导学生在运用语言的过程中提升语文素养。若干学习项目组成学习任务群。学习任务所涉及的语言学习素材与运用范例、语文实践的话题与情境、语体与文体等，覆盖历来语文课程所包含的古今'实用类''文学类''论述类'等基本语篇类型。"[①]高中新课标修订组负责人王宁教授这样解释："所谓'学习任务群'，是在真实情境下，确定与语文核心素养生成、发展、提升相关的人文主题，组织学习资源，设计多样的学习任务，让学生通过阅读与鉴赏、表达与交流、梳理与探究的自主活动，自己去体验环境，完成任务，发展个性，增长思维能力，形成理解、应用系统。这种有人文主题的任务群，是在学校课程总体设计和实施的环境下由学校和教师组织、并有计划地引导完成的。它与过去的教学模式有内在的区别——课程中有文本，但不以文本为纲；有知识，但不求知识的系统与完备；有训练，但

不把训练当作纯技巧进行分解训练。教师是组织者，学生是主体，师生互动。"[①]"学习任务群是语文课程内在的变化引起的形式创新，必然不再是以知识为中心来布知识点，不再是以文本为中心一篇一篇按文学史或专业研究来灌输，不再是以训练为中心猜着考题一题一题地写作业。"[②]也即，学习任务群超越了以往对单篇课文或知识作逐点解析的教学思维范式，更加注重语文学习的整体性与实践性。高中新课标所要求的18个学习任务群几乎涵盖了高中学生生活、学习和日后工作所需要的听、说、读、写各方面的语言活动类型，其所涉及的语言学习素材与运用范例、语文实践的话题与情境、语体与文体等，也大体覆盖了历来语文课程所包含的古今"实用类""文学类""论述类"等基本语篇类型。应该说，每一个学习任务群都是一个完整的学习项目，不仅有相对应的学习目标和学习内容，还有关于学习情境、学习方法和必要的学习资源及获取路径的建议。因此，学习任务群的设计应着眼于培养语言文字运用基础能力，充分顾及问题导向、跨文化、自主合作、个性化、创造性等因素，并关注语言文字运用的新现象和跨媒介运用的新特点。而这种整合后的情境化、结构化的"群"设计，有利于实现语文课程在语言、知识、技能、思想情感、文化修养等多方面、多层次目标发展的综合效应，争取教学效益的最大化。

高中新课标在每个学习任务群下都有相对应的"学习目标与内容"以及"教学提示"，这不仅让教学内容变得清晰、具体，而且可以帮助教师调整设计与教学。各学习任务群的"学习目标与内容"指向教什么，而"教学提示"则指向教学策略与学生学习行为的变化。比如"学习任务群8 中华传统文化经典研习"，首先指明"本任务群旨在引导学生通过阅读中华传统文化经典作品，积累文言阅读经验，培养民族审美趣味，增进对中华优秀传统文化的理解，提升对中华民族文化的认同感、自豪感，增强文化自信，更好地继承和弘扬中华优秀传统文化"。然后，列出本任务群的"学习目标与

---

① 《基础教育课程》编辑部：《走进新时代的语文课程改革——访普通高中语文课程标准修订组负责人王宁》，载《基础教育课程》，2018(Z1)。

② 《语文建设》编辑部：《语文学习任务群的"是"与"非"——北京师范大学王宁教授访谈》，载《语文建设》，2019(1)。

内容":

(1)选择中国文化史上不同时期、不同类型的一些代表性作品进行精读，体会其精神内涵、审美追求和文化价值。

(2)在特定的社会文化场景中考察传统文化经典作品，以客观、科学、礼敬的态度，认识作品对中国文化发展的贡献。

(3)梳理所学作品中常见的文言实词、虚词、特殊句式和文化常识，注意古今语言的异同。

(4)阅读作品应写出内容提要和阅读感受。选择一部(篇)作品，从一个或多个角度讨论分析，撰写评论。

(5)学习传统文化经典作品的表达艺术，提高自己的写作水平。[①]

而到了"学习任务群14 中华传统文化专题研讨"，首先强调"本任务群是在'中华传统文化经典研习'的基础上，选择中华优秀传统文化的内容组成专题进行深入探讨，旨在加深对传统文化的认识和理解，增强传承、弘扬中华优秀传统文化的自信心、责任感"。从"经典研习"到"专题研讨"，学习目标与内容也有所不同：

(1)选读体现传统文化思想精华的代表作品，参阅相关的研究论著，确定专题，进行研讨。加强理性思考，增进对中华文化核心思想理念和中华人文精神的认识和理解，体会中华文化创造性转化和创新性发展的趋势。

(2)阅读应做读书笔记。围绕中心论题进行有准备的研讨，围绕专题选择合适的方式展示探究的成果。

(3)进一步提高文言文阅读能力。尝试阅读未加标点的文言文。阅读古代典籍，注意精选版本。[②]

两个任务群相比较而言，前者重在精读一些单篇代表性作品，后者则是围绕某个主题选读一些能够体现传统文化精华的代表作品；前者要求体会作品对中国文化发展的贡献，后者要求体会中华文化创造性转化和创新性发展的趋势；前者要求梳理作品中常见的文言实词、虚词、特殊句式和

---

① 《普通高中语文课程标准(2017年版2020年修订)》，21页，北京，人民教育出版社，2020。
② 《普通高中语文课程标准(2017年版2020年修订)》，27页，北京，人民教育出版社，2020。

文化常识，后者强调尝试阅读未加标点的文言文。后者的要求更高，目标的实现难度也更大。前者是选择性必修课程中的任务，后者是选修课程中的任务。两个任务群的学习内容是有区别的，呈现出一定的层级性与差异性。前者满足的是大多数学生的发展需求，后者满足的是小部分对传统文化真正感兴趣、想在这方面有所发展与提升的学生的需求。从关联角度看，后者是在前者基础上的逐步延伸与拓展。

即使是相同的学习内容，针对不同的学习目标，高中新课标所给出的"教学提示"也不尽相同。"学习任务群8 中华传统文化经典研习"的"教学提示"如下：

本任务群为2学分，36课时。

（1）重视诵读在培养学生语感、增进文本理解中的作用，引导学生积累古代作品的阅读经验。

（2）引导学生借助注释、工具书独立研读文本，并联系学习过的古代作品，梳理常用文言实词、虚词和特殊句式，提高阅读古代作品的能力。

（3）多角度、多层面地组织主题学习单元，引导学生合理运用精读、略读的方式，由点到面地体会中华传统文化的精深和丰富，初步认识所读作品在中国文化史上的贡献。

（4）组织学生在具有一定阅读量的基础上，展开交流和专题讨论，就传统文化的历史价值、时代意义和局限等问题，用历史和现代的观念进行审视，表达自己的看法。

（5）引导学生坚持在研读的过程中勤查资料，勤做笔记；围绕所读作品，利用图书馆、互联网查阅相关注释、评点等资料，加深和拓展对作品的理解；学习运用评点方法，记录自己的感受和见解，不断提高独立阅读能力。[1]

"学习任务群14 中华传统文化专题研讨"的"教学提示"如下：

本任务群为2学分，36课时。建议设置3—4个专题，每个专题9—

---

[1] 《普通高中语文课程标准(2017年版2020年修订)》，21~22页，北京，人民教育出版社，2020。

12 课时。

(1)教师依据传统文化学习内容、学生兴趣、学习资源等，推荐相关专题，供学生选择学习。学生也可自主设计，确定学习专题。

(2)专题的角度可以是多样的。参阅阐释经典的作品应作为研读原著的辅助手段，可以将经典作品与参阅的研究论著结合起来学习。

(3)设计多种专题研讨与交流活动。可以引导学生在独立完成相关专题研习的基础上，从研究的资料、过程、方法、收获等多个角度展示研究成果，并且围绕学习中的若干问题，组织交流讨论、合作探究等活动，要求学生尝试把自己的探究发现用论文形式呈现出来。[1]

两个学习任务群的"教学提示"截然不同，前者强调通过"诵读、精读、略读"等方式理解文本，在学生具有一定阅读量的基础上展开交流和专题讨论；后者则强调由教师或学生自主确定学习专题，然后结合相关的研究论著进行研讨与交流。学习目标不同，教学提示也跟着不同，但针对性都比较强，前者强调运用评点方法记录阅读感受和见解，后者则强调可以尝试用论文的形式呈现探究结果。

另外，这 18 个学习任务群并非彼此孤立、互不影响，而是整体化设计，统筹式安排。"整本书阅读与研讨""当代文化参与""跨媒介阅读与交流"等任务群在必修课程和选修课程中都有，而"语言积累、梳理与探究""文学阅读与写作""思辨性阅读与表达"为必修课程所独有，"跨文化专题研讨""学术论著专题研讨"为选修课程所独有。这样的设置是为了在实现课标所要求的最基础的、共同的标准后，满足学生对不同发展方向、不同发展水平素养的追求。从语文学科核心素养发展与提升的角度来看，"语言""思维""审美""文化"这四个方面也并非各自独立，而是围绕"语言建构与运用"形成有机整体，并渗透在每一个学习任务群中。换言之，学习任务群的设置与语文学科核心素养的培养并非一一对照的关系，而是有机融合的关系。比如必修课程中的"文学阅读与写作"任务群，既涉及"语言"，也涉及"审

---

[1]　《普通高中语文课程标准(2017 年版 2020 年修订)》，27～28 页，北京，人民教育出版社，2020。

美"，还涉及"思维"与"文化"；又如"整本书阅读与研讨"任务群，贯穿于高中三年的语文学习生活，不仅涉及语文学科四项核心素养的培育，而且形成一个序列，有计划、有层级地发展与提升。高中新课标第五章中的"学业质量水平"就是对它的一种界定与描述，指明了每项素养在不同阶段所需达到或实现的基本标准。

概言之，18个学习任务群是整体设计、统筹安排于必修与选修课程之中的，单从学习内容来看，是纵向递进的关系；语文学科核心素养则全面渗透于学习任务群中，单从培养方式来看，是横向勾连的关系。

2. 学习任务群的特点

学习任务群主要有以下几个特点。

(1)学习任务群的实施基于语文学科核心素养的单元设计。

单元设计与以往教材的内容单元有所不同，是立足学科核心素养，整合目标、任务、情境与内容的教学单位，是基于学科核心素养的课程发展的重要环节。应该说，一个单元就是一个指向核心素养、相对独立并体现完整教学过程的课程组合。

首先，语文核心素养是三维目标的融合与提升。《普通高中语文课程标准(实验)》在"知识与技能、过程与方法、情感态度与价值观"三维目标的基础上，构建了新的目标体系，但是，在具体的课程实施中，三维目标的落实遇到一些困难，主要在于三维目标融合的路径不太清晰，不少语文课不过是在"双基"的基础上，增加了一些情感态度与价值观的元素。三维目标如何有机融合，依然是需要进一步探讨的问题。高中新课标提炼的语文学科核心素养就是对三维目标的发展与超越，也为课程实施提供了新的路径。学习任务群改变了以往语文课程设计以"双基"为纲，或者以文本为纲的课程设计思路，坚持以核心素养为纲的大单元设计，体现了对三维目标的融合与提升。比如，任务群"语言积累、梳理与探究"，"旨在培养学生丰富语言积累、梳理语言现象的习惯，在观察、探索语言文字现象，发现语言文字运用问题的过程中，自主积累语文知识，探究语言文字运用规律，增强语言文字运用的敏感性，提高探究、发现的能力，感受祖国语言文字的独特魅力，增强热爱祖国语言文字的感情"[1]。显而易见，该任务群以发展学生的"语言建构与运用"素养为主，同时，也重视学生"思维发展与提升、审美鉴赏与创造、文化传承与理解"素养的发展。在这个过程中，语文知识与技能、语文学习方法与习惯、语文学习体验与探究的过程、情感态度与价值观都融为一体，很难拆分。

语文新课程强调语文的工具性与人文性的统一，注重三个维度教育目标的融合，突出语文学科核心素养的培养，不但体现了新时代的要求，也符合语文教育的特点和传统。

其次，学习任务群是对语文要素的有机整合。语文学习任务群不是排除语文知识与技能，而是还原一个完整的丰富的语文，改变知识点、能力点的组织形式。

最后，以人文主题统领并组织教学内容。学习任务群在主题统领下，以学习为主线，将诸多语文教育元素，有机融入主题单元，形成新的秩序。高中新课标设计的学习任务群，其实也由大主题统领，每一个任务群都整合了诸多语文教育元素，语文学习需要的知识与技能都不缺，而且是以学习为主线来组织的。

(2)真实语文生活情境中的深度学习。

一般而言，灌输与训练的方法不能适应培养学生核心素养的要求，而深度学习则有利于学生核心素养的形成与发展。学习任务群正是要引导语文教学的改变，使语文学习成为真实情境中的深度学习。

第一，让学习发生在真实的语文生活之中。高中新课标要求："语文课程应引导学生在真实的语言运用情境中，通过自主的语言实践活动，积累言语经验，把握祖国语言文字的特点和运用规律"[2]，特别强调在真实的语言运用情境中学习语文。因为语文课程就是学习语言运用的课程，而语文的运用又存在于每个人每日的生活之中。生活中的语文运用无处不有。在真实的语文运用情境中学习语文，不但能激发学生的学习兴趣，增强学习

---

[1] 《普通高中语文课程标准(2017年版2020年修订)》，15页，北京，人民教育出版社，2020。
[2] 《普通高中语文课程标准(2017年版2020年修订)》，1页，北京，人民教育出版社，2020。

的目的性、问题意识、任务意识，而且能学以致用，便于知识的建构与能力的提高，也利于学生语文核心素养的形成与发展。关于课标提到的"真实情境"的含义，王宁先生说："所谓'情境'，指的是课堂教学内容涉及的语境。所谓'真实'，指的是这种语境对学生而言是真实的，是他们在继续学习和今后生活中能够遇到的，也就是能引起他们联想，启发他们往下思考，从而在这个思考过程中获得需要的方法，积累必要的资源，丰富语言文字运用的经验。我把这个真实情境概括为：从所思所想出发，以能思能想启迪，向应思应想前进。"[1]

比如，任务群"实用性阅读与交流"在"教学提示"中建议："(1)教学以社会情境中的学生探究性学习活动为主，合理安排阅读、调查、讨论、写作、口语交际等活动。(2)社会交往类内容，在社会调查与研究过程中学习。(3)新闻传媒类内容，在分析与研究当代社会传媒的过程中学习。如自主选择、分析研究一份报纸或一个网站一周的内容。分析其栏目设置、文体构成、内容的价值取向，撰写文字分析报告，多媒体展示交流。推荐最精彩的一个栏目、不同体裁的精彩文章若干篇，并说明理由。尝试选择传统媒体和新媒体写作。"[2]这其实就是真实生活情境中真实的语文生活。

第二，突出语言文字运用的创造性学习。深度学习方法目的在于培养学生的批判性思维，以及解决问题、协作和自主学习能力。教育的范式从学生被动学习转变为学生主动学习，才可以帮助学生发展原创思想、提高信息保持能力、培养高阶思维技能。相应的教学方法包括基于问题的学习、基于项目的学习、基于挑战的学习和基于探究的学习，鼓励创造性地解决问题并积极实施解决方案。

比如学习鲁迅的小说，可以设计一个学习任务：学习、排练、表演话剧《咸亨酒店》。组织学生阅读研究话剧及《长明灯》《狂人日记》《药》《明天》《孔乙己》《祝福》《阿Q正传》七篇小说和相关资料，撰写并交流讨论故事梗

---

[1] 《语文建设》编辑部：《语文学习任务群的"是"与"非"——北京师范大学王宁教授访谈》，载《语文建设》，2019(1)。

[2] 《普通高中语文课程标准(2017年版2020年修订)》，20页，北京，人民教育出版社，2020。

概、人物小传、阅读心得。自己选择表演角色，撰写角色分析和表演计划。排练并表演话剧。撰写并交流演出手记和剧评。这样在特定情境中的项目学习，充满着挑战、探究、协作和问题解决，比一篇一篇听老师讲解、回答老师的提问、完成老师布置的练习，更富有创造性，更能加深对作品的体验和理解，更能深刻地认识社会现实和国民性，更能深切地体会到文学的力量，也更能有效地提高语言素养与文学素养。[①]

在语文课堂上常出现这样的阅读教学模式：作者介绍——时代背景——分段分层——主题思想——写作特色，直接根据文体特征对某个文本进行分析，最后得出几条知性的抽象结论。这样的教学模式让文本分析成了学习某些文艺理论的工具和手段，学生没有作为读者的积极的思维与情感的参与，只有听讲、接受、记忆与练习，既不能真切体会、感悟、理解、鉴赏作品丰富的内涵，也难以发展语文学科核心素养。而语文学习任务群改变了以往的教学套路，重视学生思维与情感的深度参与。阅读与写作都是需要思维与情感深度参与的活动，口语交际也是如此。学生在特定情境中主动积极地学习，阅读与鉴赏、表达与交流、梳理与探究有机结合，思维与情感深度参与，效果自然不同。

(3)学习任务群强调以学生的语文实践活动为中心。

语文学习任务群以学生的学习为主线，突出学生的语文实践活动。高中新课标所说的"活动"，指的是语文学习活动，也就是"阅读与鉴赏""表达与交流""梳理与探究"。这样突出了学生的自主、合作、探究，改变了以教师的教为中心的教学模式，与以往的听、说、读、写也不尽相同。

第一，以学生为主的实践活动以学科核心素养的培养为目标。阅读与鉴赏、表达与交流、梳理与探究指向的是语文学科核心素养，而不仅仅是语文技能。

阅读与鉴赏，不仅是读，而且有鉴赏，既涉及精读、略读、浏览等阅读方法的综合运用，也涉及对文本由表及里的认知、体验、感悟与理解，

---

① 陆志平：《语文学习任务群的特点》，载《语文学习》，2018(3)。

当然也离不开语法、修辞、逻辑和文体等多种知识的应用，审美鉴赏融入阅读的全过程，思维与情感深度参与。通过阅读与鉴赏某一文本，学生不仅理解了文本，而且形成了自己对文本特有的认知、价值判断与情感，并且在阅读与鉴赏的过程中逐步学会了阅读与鉴赏的知识和方法，提高了阅读与鉴赏的能力，促进了语言、思维、审美、文化等方面核心素养的发展。

表达与交流，不仅是写作与口语交际，更不只是听、说和写。表达与交流既是一种手段，也是一种目的，还是一种情境。特定情境中的表达与交流更具有对象意识和真实感，发展的不仅是表达的技能，还有语言、思维、审美、文化等方面的核心素养。

梳理与探究通过学习者对所学知识的梳理，将所学知识结构化，融入并改善原有的认知结构。梳理与探究指向主动、个性、探究、建构，指向知识的情境化、结构化，也离不开语文学科核心素养的每一个方面。

第二，三种语文学习活动体现了学习方式的灵活运用。三种语文学习活动之间存在着天然的联系。在阅读与鉴赏作品的过程中，往往会引起情感的共鸣，激起口头或者书面表达与交流的愿望，记下阅读心得，甚至激发创作的冲动；书面与口头表达也常常伴随着阅读与鉴赏。梳理与探究更是离不开阅读与鉴赏、表达与交流。在语文课堂教学中，三种语文学习活动是交织在一起的。因此，"学习任务群"的"任务"就是让学生把这三种语文学习活动综合在一起去解决课程设置的问题。这样的任务与活动，主要在课堂上由教师组织和引导着完成。语文课堂教学的形式并没有发生外部的变化，只是在内涵上更多地体现出学生的主动性。与以往教师的灌输不同，学生运用自己的智慧，寻找合适的方法，采用多种有效的形式，通过实践去解决问题，由此积累语言文字运用的经验，增强语文能力，提高语文素养。在每一个语文学习任务群里，三种语文学习活动都是综合设计、紧密结合、灵活安排的。比如，任务群"思辨性阅读与表达"的教学提示："以专题性学习为主要方式。选择日常生活和学习中、历史或当今社会中学生共同关心的话题，要求学生通过阅读与鉴赏、表达与交流、梳理与探究等语文学习活动，阅读古今中外典型的思辨性文本，学习并梳理论证方法，学习用口头与书面语言阐述和论证自己的观点，驳斥错误的观点。"①这是以任务驱动的项目学习，不再以教师的教为中心，也不是听、说、读、写的分项训练，而是以问题、话题、项目引导的特定情境中的学习，是阅读与鉴赏、表达与交流、梳理与探究有机结合的综合性学习，有利于学生语文素养的整体提高。

总之，"语文学习任务群以任务为导向，以学习项目为载体，整合学习情境、学习内容、学习方法和学习资源，引导学生在运用语言的过程中提升语文素养。若干学习项目组成学习任务群。这里的项目并非是设计点缀式的活动，也不是简单地把同类型、同主题或同作者的文章挑出来放在一起做成专题，而是立足学科核心素养，整合目标、任务、情境与内容设置的教学单位。或者说，一个教学单位（单元、项目），就是一个指向素养的相对独立的体现完整教学过程的学生学习进程。如果能设计出这样的教学单位，语文学习就能体现出语言、知识、技能和思想情感、文化修养等多方面、多层次目标发展的综合效应。"②

3. 学习任务群教学实施建议

目前老师们对学习任务群的理解和接受已经不是问题，但是在具体单元教学过程中依然存在一些问题，比如如何设计合情合理的情境活动，如何整合一个单元的学习任务，如何统整若干单元的学习资源，如何进行有深度的文本解读，等等。

在实施学习任务群教学时，需要注意以下几点：

(1)明确学习任务群的概念，了解各个任务群之间的关联。

高中新课标将语文课程划分为必修课、选择性必修课和选修课三种课型，把18个学习任务群贯穿其中，以目标为统领，以任务为导向，以学生活动为中心，将单篇课文和零碎性的知识学习转化为综合性学习活动，因此，学习任务群具有自主性、探究性、合作性、实践性、综合性等特点。

18个学习任务群各有其具体的学习目标，但彼此之间有交叉，有先

---

① 《普通高中语文课程标准(2017年版2020年修订)》，19页，北京，人民教育出版社，2020。
② 蔡可：《语文学习任务群的整体框架及相互关系》，载《语文建设》，2018(25)。

后。不同任务群在教学目标、教学内容上也有关联，但是各有主次之分。例如，各个任务群都会涉及文本阅读，但是文本阅读的学习目标不同，有的强调文本的细读，有的强调阅读的方法和习惯，有的强调学习鉴赏和写作，等等。再如，"中华传统文化经典研习"和"中华传统文化专题研讨"均与传统文化相关，但二者各有侧重，前者是后者进一步研习的基础。因此，18个学习任务群不是孤立的个体，而是有着各种关联。

（2）凸显学科核心素养，进行单元整合设计。

学科核心素养是隐性的，必须让学生在解决学习问题的真实情境中获得，教师要在真实的语言运用情境中引导学生自主学习、合作探究，突出核心素养本位。落实学习任务群，应基于教学目标和核心素养的教材单元，进行单元的整合设计。

首先，整合学习内容。如"文学阅读与写作"任务群，针对教材具体单元，古今中外不同时代的优秀文学作品，涵盖不同体裁的文本，如诗歌、小说、散文、剧本等。为了落实学习目标和核心素养，一线教师可以根据学情和教学目标，将这些文本整合为各种主题的专题教学，如唐代诗歌专题、戏剧专题。

其次，整合学习资源。教材的学习资源明显不足，教师要精心选择课外读物作资源的补充。可以补充同一作者的不同文章，也可以补充同一主题的不同作者的文章，进行学习资源的整合，深入探究，加深对作品的认识。

最后，整合学习方式。教学中经常运用的有阅读与鉴赏、表达与交流、梳理与探究等方式。应根据学习内容、学习阶段以及学习任务的不同，整合不同的方式来完成学习任务。

（3）在教学过程中，要具体问题具体分析。

首先，处理好群文与单篇的关系。学习任务群在学习任务量上有大幅度的增加，包括单元阅读、群文阅读、整本书阅读和综合性语言实践活动。实施学习任务群并不意味着废除单篇教学，单篇教学依然有其重要的教学价值。把单篇讲透讲深，讲出独特性，也是有必要的。但是要以单篇带动群文，从读懂一篇到读通一类，实现知识与技能的有效迁移。

其次，课内与课外相结合。课外阅读和写作也需要较长时间。不少教师对语文课外学习关注较少。课前的语文阅读、资料查阅等，是课堂学习的必要准备，课堂内外应该密切结合。比如"整本书阅读与研讨"，《红楼梦》是大部头的古典名著，通读一遍需要较长时间；《乡土中国》虽然书薄，但是内容不容易懂，二者的阅读对学生来说都有一定的困难。而"整本书阅读与研讨"的课时又少，这就需要教师充分关注学生的课外阅读，加强对学生课外阅读任务的督促和检查，为实施课内高效教学做好准备，如此才能高效完成阅读任务。

再次，阅读与写作相结合。高中新课标在各学习任务群中对写作有非常具体的要求。统编教材必修两册加上选择性必修三册共 28 个单元，覆盖高中新课标要求的 12 个学习任务群。据不完全统计，除"语言积累、梳理与探究"任务群的 1 个单元（"词语积累与词语解释"）外，其余 27 个单元共设置了 31 次整篇写作任务。阅读与写作在语文教学中同等重要，二者应密切结合。以往很多教师重读轻写，以致学生写作能力欠缺。"文学阅读与写作"的 5 个单元，分别设置了"学写诗歌""学写文学短评""如何做到情景交融""剧本理解（或观剧心得、分析人物形象）""叙事要引人入胜"5 次写作任务，内容丰富，文体多样。因此，教师要重视学生的写作，把阅读与写作结合起来进行教学。

最后，设计合情合理的实践活动。教师要根据每个语文学习任务群的基本特点和学习目标，设计相应的学习活动。教师设计的实践活动不仅要包含语文课程内部听说读写等语言领域的核心内容，要体现语文学习过程中涉及的形象、逻辑、辩证和创造等重要思维的方法引领，要提升学生的审美情趣、审美品位、鉴赏创造等关键审美能力，还要可理解、可操作、可评价，便于师生在任务群的学习过程中明确学习重点，熟知学习流程，达到学习目标，生成学习成果。[①] 教师设计的这些言语实践活动能够在激发

---

① 徐鹏：《语文学习任务群的实施路径》，载《语文建设》，2018(25)。

学生学习兴趣、调动学生高阶思维等方面起到重要作用，让学生在真实、富有意义的学习情境中，逐渐学会运用语言文字解决现实问题。

语文学习任务群体现了语文课程对立德树人这一历史使命的真诚担当，教师应该根据具体学情，设计符合学情的学习情境，设计具体可操作的实践活动，促进学生发展自身的语文学科核心素养。

三、优秀案例展示

"文学阅读与写作"任务群案例：秋的发现与表达①

一、学习目标与内容

（一）学习目标

1. 通过阅读一组写秋的作品，整体感受这些名篇佳作各不相同的意境和作者的审美情趣。

2. 精读或略读这些文学作品，梳理作品中的意象，品味作者匠心独具的语言表达，分析不同时代的作者对秋的独特发现与个性化表达。尝试沉浸到作品中，感受、理解、体会作者的情感，鉴赏不同的文学作品传递出的作者对秋的不同情感与思考。

3. 唤醒、激发自己对大自然的审美体验，珍惜自己具体细微的感受，综合运用多种表达方式书写自己对秋的感受与思考。

4. 学习本单元的过程中，增强对语言的敏感性，丰富语言积累，反思自己的阅读态度，提升对大自然的感受能力和审美趣味。

（二）学习内容

1. 阅读不同时代、不同文体的文学作品，具体有毛泽东《采桑子·重阳》，杜甫《登高》《九日五首·其一》，欧阳修《秋声赋》，郁达夫《故都的秋》和汪曾祺《淡淡秋光》等，获得多文本阅读的体验，回归真实的阅读过程。

2. 从字词、句式和意象、意境等入手，品味作家对于秋的独特感受。例如，杜甫在767年重阳节前后（有人说是同一天）创作的《登高》和《九日

---

① 郑桂华、季丰、羊立彦等：《"文学阅读与写作"任务群案例：秋的发现与表达》，载《语文建设》，2019(1)。

五首·其一》，这两首诗中有不少相同的景，而意境却不同。又如，郁达夫在《故都的秋》中表现出"文人的雅趣"，而汪曾祺在《淡淡秋光》中则赞美了"日常生活的俗趣"。

3. 梳理与探究作家面对秋天兴发不同情感的原因，从多个角度整理出"知人论世"的思维导图。

4. 品读文字背后蕴含的作者对秋的不同情感，分析其审美视角的不同，探寻秋在传统文化中的象征。例如，研读经典文本的不同语言风格，借助意象的择取、句式的变化和雅俗语言的偏好等来区分不同文人笔下的秋，发现哪些因素影响了经典作品的独特性。

5. 寻找、观察并记录生活中的秋景，描绘生活场景中比较典型的秋景秋事，如校园或社区的秋景、中秋节，并与同伴、家长、老师进行交流。

6. 借助对经典文学作品美感的赏析，反思自己作文中的审美视角，以丰富自己对大自然的感受与认识。

7. 通过多个交流平台，如校园广播、网络论坛、报刊等，与他人分享自己对秋天的感悟，或推荐与秋天相关的作品。

二、情境与任务

（一）学习情境

在日常生活中，学生对于四季的更迭大多是有感觉的，然而这种感觉常常比较空泛。例如，问一个学生"今年的秋天（或其他季节）来了，你注意到哪些景象"，他（她）往往会说"树叶落了，天冷起来了"等笼统的话，描述的是每一个秋天（或其他季节）不同地方（当然是四季分明的地区）都有的景象，没有此时此地的独特性。大多学生往往不太注意自然界变化的细节，更不会主动、深入地反思自己对大自然的体验。而一个人对待大自然的态度，在很大程度上决定着其生命的状态，可以说，对丰富多彩的大自然都无感的人，精神世界很可能是苍白贫乏的。在语文学习中，学生对大自然的感受能力很大程度上决定着其对文学作品的感受能力，甚至是其日常表达交流中运用语言文字的能力。

在语文学习的积累上，学生经过初中阶段的学习，大多已经能够通过对单篇诗文中意象等的感受与分析，体会作者所传递的情感。不少学生可能体会不到诗文遣词造句的匠心，需要在高中阶段进一步培养推敲语言文字的能力，增强对语言文字的敏感性。然而仅仅依靠单篇文本的细读，还不能让学生真正领悟作者表达的不同秋意背后的不同审美视角与审美情趣。本单元用"秋的发现与表达"这个大任务，把学生的日常生活与语文学习关联起来，把学生已有的阅读经验与当下的语文生活关联起来。

(二)任务框架

整个单元的任务框架如下图所示。

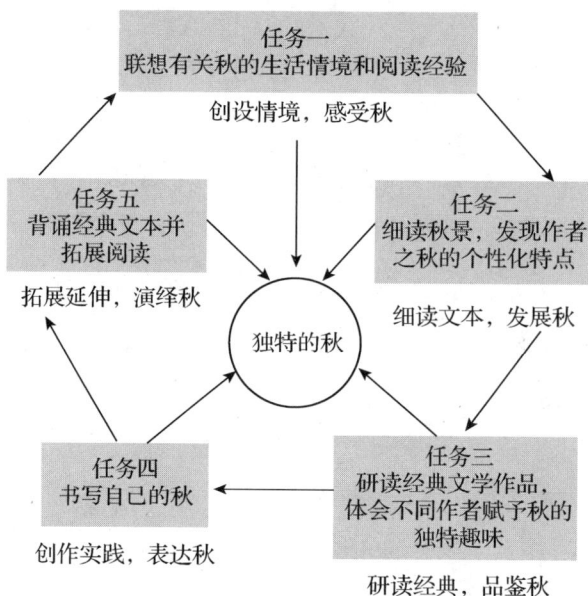

教学共分九个课时完成，具体任务设计如下。

1. 第1课时：分享对秋的感受

(1)回忆自己的生活经验与阅读积累，寻找你自己的秋天，并与同学分享。

(2)找出毛泽东《采桑子·重阳》、杜甫《登高》《九日五首·其一》中的所有意象，回忆已经学过的、含有相同意象的诗句，在每组意象中，圈画一个你认为的经典意象(即那些常见的、能体现中国传统文化中某一特点的意象，如明月、杨柳、木叶等)。

2. 第2～3课时：精读三首诗歌，在细察秋景秋事中体会作者的情思

(1)杜甫在同一个时间同一个地方对秋的感受有哪些异同？

(2)《登高》被不少人誉为"七律之冠"，作者在抒写悲秋之情时是怎么营造出浩大气势的？（供部分学生选做）

(3)研读《采桑子·重阳》与《登高》《九日五首·其一》，比较这三首诗歌描绘的景、事的异同。尝试从意象角度把握三首诗歌的情感，在解读的过程中，理解经典意象内涵的变化。如："黄花""菊花""落木"在这三首诗歌中仍旧是表达"悲伤，隐逸之花，萧瑟、伤感"吗？

(4)理解毛泽东运用意象抒发情感上的个性化和独特性，并分析其原因。尝试梳理影响文学作品个性化表达的因素。（供部分学生选做）

3. 第4～5课时：精读《秋声赋》《故都的秋》，感受作家不同的审美趣味

(1)梳理《秋声赋》《故都的秋》中的秋声、秋色等，整体感受这两篇作品不同的情感基调。

(2)利用思维导图分析：这两篇散文中秋的特点有什么相同和不同之处？

(3)比较两篇作品中有关"秋声"的文字，梳理作者这样描写的原因，比较传统视野下文人悲秋与现代自由知识分子对秋的审美情趣。（供部分学生选做）

4. 第6～7课时：整合与探究，思考不同作者笔下人与自然的关系

(1)不同人对秋天的感受不同，从这一角度梳理、比较这一组诗文中描写的景象，写一段鉴赏文字阐述你的发现。

(2)与诗词文赋相比，现代散文朗读起来显然要轻松得多，这与文言、白话的语体有关，也与文章体裁、作家的语言风格等有关。如《故都的秋》中有不少舒缓文章节奏的词语，《淡淡秋光·梧桐》中不时出现口语化表达，这些都与文体、作家的创作风格等有关。联系初中学过的散文，梳理现代散文在情感抒发、语言表达等方面的突出特点。

链接：郁达夫《中国新文学大系·散文二集》导言(节选)

现代的散文之最大特征，是每一个作家的每一篇散文里所表现的个性，比从前的任何散文都来得强。古人说，小说都带些自叙传的色彩的，因为从

小说的作风里人物里可以见到作者自己的写照；但现代的散文，却更是带有自叙传的色彩了，我们只消把现代作家的散文集一翻，则这作家的世系，性格，嗜好，思想，信仰，以及生活习惯等等，无不活泼泼地显现在我们的眼前。这一种自叙传的色彩是什么呢，就是文学里所最可宝贵的个性的表现。

(3)把这组诗文中的物象依据抽象程度来排列，哪一篇作品中物象的抽象程度最高？说说你判断的依据。(供部分学生选做)

(4)阅读这组诗文，想象毛泽东、杜甫、欧阳修、郁达夫、汪曾祺这五位作者创作时的状态。假设选其中一位作者作为你的精神导师，你会选择谁？结合这组诗文等相关资料，说说你的思考。(供部分学生选做)

(5)整理这个单元以及你之前积累的描写秋的典范语句，探讨"秋"对于中国文人、中国文学和中国传统文化的意义。选择一个比较小的切入点，写一篇鉴赏文章。如："无边落木萧萧下"与"洞庭波兮木叶下"之间有着怎样的联系？传统文学对郁达夫创作《故都的秋》等散文有哪些影响？(供部分学生选做)

(6)本单元选文属于文人眼中的秋，并没有涵盖人对秋的观察与思考的全部。小组合作，搜集不同时期、不同国别、不同观点、不同题材、不同文体、不同语言风格的更多文章，选编一本以"描绘秋　发现秋"为主题的阅读小册子。

5. 第8~9课时：书写自己的秋，发现自然与自我

(1)"一叶落而知天下秋"，"一片花飞减却春"，善于发现的人见微而知著。再次精读这一组选文，体会不同作者对大自然的独特发现，反思自己是否有过这样细微的感受。

(2)选择秋天中的一段时间，观察其中的景、物，还有人的活动，写一组不少于七天的观察日记。给每一天的日记拟一个标题，力求使读者从标题就能看出这组日记的关联性。也可以有意识地与同学相约写同题(时间、地点等相同)之秋，相互分享各自的感受。

(3)今年秋天结束的时候，写一篇《今年，我的这个秋天》，回顾、整理你的那些细微感受，梳理这个单元的作品对你写作的影响。

(2)(3)任选其一。

实践操练 ⋯⋯▶

1. 如何理解语文学科核心素养？

2. 请给《义务教育语文课程标准(2022年版)》或《普通高中语文课程标准(2017年版2020年修订)》的内容画一份思维导图。

参考文献 ⋯⋯▶

1. 蔡可．语文学习任务群的整体框架及相互关系．语文建设，2018(25)．

2. 巢宗祺．"五个强化"：语文课程标准新视角．云南教育(中学教师)，2012(10)．

3. 巢宗祺．关于语文课程性质、基本理念和设计思路的对话．语文建设，2012(5)．

4. 巢宗祺．义务教育语文课程标准修订概况（上）．课程·教材·教法，2012(3)．

5. 巢宗祺．义务教育语文课程标准修订概况（下）．课程·教材·教法，2012(4)．

6. 黄祖光．培养三大能力，提升核心素养——以新课标统编版高中语文教材为例．课外语文，2018(34)．

7.《基础教育课程》编辑部．走进新时代的语文课程改革——访普通高中语文课程标准修订组负责人王宁．基础教育课程，2018(Z1)．

8. 李润洲．学科核心素养的遴选及其关系辨析——一种知识结构的视角．南京社会科学，2019(4)．

9. 陆志平．语文学习任务群的特点．语文学习，2018(3)．

10. 王列芳．高中语文学科核心素养的培育路径探究．教育理论研究(第四辑)，2018(12)．

11. 温儒敏．坚持立德树人，立足核心素养——用好统编本语文教材的两个前提．语文建设，2019(14)．

12. 吴欣歆．学习任务群：高中语文课程内容的重构．教育科学研究，2018(11)．

13. 吴欣歆．语文学科核心素养：语文课程目标的统整与重构．语文教学通讯，2018(16)．

14. 徐鹏．语文学习任务群的实施路径．语文建设，2018(25)．

15. 杨璐宁．高中语文学科核心素养的培养路径初探．新课程(中学)，2019(11)．

16. 杨晓艳．语文学科核心素养之"思维发展与提升"的培养．新课程(中)，2019(11)．

17. 张重起．宽带·明镜·号角——《全日制义务教育语文课程标准》评述．黄冈师范学院学报，2003(5)．

18. 张华，洪弋力．课程意识·言语运用·文化传承——《义务教育语文课程标准》的修订比较与理念解读．内蒙古师范大学学报(教育科学版)，2013(8)．

19. 张玉栋．高中语文学科核心素养的基本认识和培养策略．天津教育，2020(1)．

20. 郑桂华．高中语文学习任务群的教学建议．中学语文教学，2017(3)．

21. 郑桂华．理解"语文学习任务群"和"积极的语言实践活动"．七彩语文(中学语文论坛)，2019(2)．

22. 郑桂华，季丰，羊立彦等．"文学阅读与写作"任务群案例：秋的发现与表达．语文建设，2019(1)．

23. 郑桂华，剑男．语文学科核心素养的内涵理解及教学建议——郑桂华访谈录．语文教学与研究，2018(7)．

24. 郑新丽．面向学科核心素养的高中语文课程评价建议．语文建设，2018(2)．

▶第二讲
如何解读教材文本

　　与一般的文本解读不同，语文教材文本解读是教学层面的解读，是教师通过引导学生理解与建构文本意义，促进学生精神成长和人格建构的过程。这一过程需要师生在理解文本原生价值的基础上实现文本的教学价值，对于有经验的教师来说，这无疑也是一种挑战。刚入职的新教师，在解读教材文本时，存在一些共性的问题。有的新教师在文本解读过程中习惯于紧跟教师教学用书。在当今时代，海量的网络信息为语文教师提供了便利，因此，有的新教师习惯于使用网络教学资源，不管是教学目标的设定，还是教学过程的设计，抑或是课件的制作，无不体现着网络的痕迹，很少有自己独立的思考。对于新教师来说，养成良好的语文教材文本解读习惯十分必要。

一、问题案例分析

（一）案例展示

《卖油翁》教学设计

授课年级	七年级	微课来源教材及章节	统编版七年级下册第三单元
课题		大智若愚——《卖油翁》	
教学设计			
1. 教学内容分析 　　《卖油翁》是欧阳修《归田录》中的一则故事，语言简洁，寥寥数笔便勾勒出了人物形象。人物之间的对话也很有趣味性，可读性较强。 　　统编版七年级下册第三单元的主题是"凡人小事"，这一单元中有许多小人物的形象，本篇课文中的卖油翁更是智慧的化身。单元导语中点明本单元的语文要素是熟读精思，因此需要引导学生从文本出发去解析人物形象。			

2. 学情分析

　　七年级的学生有一定的文言积累，但是深入挖掘文本内容、理解课文主题思想的能力仍需加强。本篇是一个可读性较强的故事，学生能够理解文章大意，但在文章内涵、哲理意味、从言行表现去分析人物形象等方面仍需引导；另外，重点文言字词的落实也需要关注。

3. 教学目标

　　(1)掌握文言字词，理解文章大意。

　　(2)透过语句，揣摩人物的心理和态度，分析人物特点。

　　(3)感受文言文表达的简洁之美。

　　(4)体会故事中的哲理意味。

4. 微课教学的重难点

　　(1)掌握文言字词，理解文章大意。

　　(2)分析人物特点，感受故事中的哲理意味。

教学过程			
环节	教师活动	学生活动	设计意图
环节一	说明课堂教学内容	——	让学生明确课堂学习内容
环节二	作者简介	了解与作者相关的文学常识	加深学生对作者的了解
环节三	解读文章	掌握重点文言字词，理解文章大意，了解人物形象，多方面理解文章的哲理意味	从基础字词入手，逐渐深入，帮助学生解读人物形象，了解文章的哲理意味
环节四	复述课文	学生自主进行复述	对课堂基础知识进行巩固和检验
环节五	推荐背诵篇目	——	引导学生关注作者的经典作品，进行知识积累

续表

5. 板书设计
卖油翁 欧阳修 陈尧咨　　（对比）　　卖油翁 善射　　　　　　　　善酌 恃才傲物　　　　　　不卑不亢 骄矜暴躁　　　　　　大智若愚 知错能改

（二）案例分析

这篇教学设计在课程呈现的过程中，主要存在两个问题。

第一，对文中字词的理解，比如在"睨"的讲解上，授课教师只是将教材课文的注释直接告诉学生，而没有深究教材的注释是否合适。

第二，在文章主题表达方面，授课教师没有自己的思考与理解，只是按照教学参考书(简称"教参")、课文预习提示进行讲解。

（三）常见问题分析

新教师在教材文本研读方面，主要存在以下问题。

第一，在字词教学中，尤其是在古诗文教学中，对于一些常用重点字词，新教师基本按照教材注释来讲解，没有自己的疑问探索和思考。对于教材中没有给出注释的重点关键字词，新教师也没有进行进一步探讨的意识。比如对于《愚公移山》中"跳而助之"的"跳"这一重点字，新教师基本忽略而过。

第二，在解读教材文本时，新教师一般人云亦云，照搬教参和使用网络现成的资源，很少进行独立的思考。比如讲《老王》，就讲老王的善良和作者杨绛一家对老王的关心。这一主题是教师教学用书和网络资源中千篇一律的解答，新教师是否有自己的解答呢？有没有思考过杨绛一家尤其是杨绛夫妇对老王的关心是真正的关心吗，是基于平等基础的关心吗，作者的善良是平等的善良吗？等等。新教师在刚入职的时候，一定要有"素读文本"的意识，要重视在不受任何资料的影响下，自己通过阅读思考文本而得

到的关于文本的独一无二的看法。因此，缺少"素读文本"的意识，是当下很多语文教师人云亦云、照搬教参和网络说法的重要原因。

第三，文本解读专业素养不足。新教师的专业背景各有不同，教材中的选文文体丰富，题材多样，古今中外都有。对于新教师来说，有很多知识是自己不熟悉的，因此，在文本解读过程中，就会出现文本解读不到位或者解读太深等问题。

二、教材文本解读

（一）文本解读的必要性

叶圣陶先生曾言："文字是一道桥梁。这边的桥堍站着读者，那边的桥堍站着作者。通过了这一道桥梁，读者才和作者会面。不但会面，并且了解作者的心情，和作者的心情相契合。"叶老借用桥梁的比喻，道出了文本、读者和作者三者之间的关系。从中可以看出，文本是联系读者和作者的桥梁，具体到语文教学中，文本是作者、教师、学生的桥梁。文本解读是语文阅读教学的核心，文本解读的质量直接决定语文教学的高度和厚度。

文本解读是拉近学生与教材之间距离的重要方式。然而，在实际授课中，很多教师并不重视文本解读的作用，而是认为教学设计、教学过程等教学活动才是课堂的关键，认为对原有文本进行重复解读没有意义也无必要，因此，在实施教学时，把过多的精力放在教学活动上，试图利用各种各样的教学设计、教学方法来带动学生的积极性，然而学生在对文本还不理解的情况下，很难发挥自身的积极性。另外，教师在教材的文本解读上，也存在一些问题，如缺乏对文本解读的正确认识。有的教师缺少文本解读的理论与方法。正确地解读文本，不仅需要一定的理论知识，还需要正确的解读方法，部分教师由于理论知识不足，因此缺乏有效解读的方法；还有的教师在文本解读时缺少独立思考，往往从网上下载资料，参考网上的教学设计和教学案例，而不进行独立的研读和思考。这是教材文本解读中最大的弊害。也有部分教师虽然认识到文本解读的重要性，但因理论素养以及解读方法欠缺，所以在文本解读上也存在不足。

事实上，文本解读这一环节与课堂中的其他教学环节有着等同的地位，在实际教学中进行文本解读可以提高教学效果，提高学生的文本解读能力。应该说，对文本进行正确解读是教师进行教学活动的前提，是备好课的关键所在，是上好课的重要保障。只有正确解读文本，教师才能有效地设计教学目标及教学内容；只有正确解读文本，教师才能更充分地发挥文本的教学价值；只有正确解读文本，教师才能不断提高业务水平和教学能力。

（二）文本解读的对象

文学作品的结构层次从古至今可谓一脉相承。《周易·系辞》中提到"书不尽言，言不尽意"和"圣人立象以尽意"，表明文本结构涉及言、象、意的问题。言、象、意由表及里地概括作品的结构层次，其关系为用最表层的语言塑造形象，用形象来传达作者的思想情感。清代桐城派文学家姚鼐，将文本之格律、声色归为文之粗，把文本之神理、气味归为文之精，并将文本阅读步骤细化为"遇粗""遇精""御精遗粗"三步。[①]

童庆炳在《文学理论教程》一书中将文本解读分成三个层面：第一个层面是文本言语层面，这个层面是基于文本本身的语言系统，也是文本分析的最小单位，是文本解读的基础，因为没有对文本语言的深入理解就不可能进入第二个层面进行深入交流；第二个层面是文学形象层面，这个层面是读者在文本言语的基础上，通过想象构建文本的图景，重在培养学生的想象能力和分析能力；第三个层面则是文学意蕴层面，这个层面是文本解读的最高层面，是作者的精神与情感所在，也是文本解读的最根本目的。[②]

波兰现象学哲学家、美学家英伽登在《对文学的艺术作品的认识》一书中认为文学作品有多层结构，他将文学作品划分为四个层面，即"文学作品是一个多层次的构成。它包括(a)语词声音和语音构成以及一个更高级现象的层次；(b)意群层次：句子意义和全部句群意义的层次；(c)图式化外观层次，作品描绘的各种对象通过这些外观呈现出来；(d)在句子投射的意向事态中描绘的客体层次"。美国学者韦勒克和沃伦在四个层面基础上将文本

---

① 童庆炳：《文学活动的美学阐释》，195 页，西安，陕西人民出版社，1989。
② 童庆炳：《文学理论教程》（第四版），201～208 页，北京，高等教育出版社，2008。

划分为五个层面，即五层面说：一是声音层面，包括文本中蕴藏的谐音、节奏与格律；二是意义单元，主要指作品的语言结构、文体特征和不同文体的行文规则；三是意象和隐喻，即可表现诗的最核心的部分；四是诗的特殊"世界"，指文本的象征与象征系统；五是文本的模式及技巧，指的是作品中采用的具体叙述手法。① 可见，西方文本结构层次理论认为，文学作品是由多个层次构成的，文本结构中有许多不确定性，需要通过读者的解读进行阐发。这些划分方法和我国古人提出的言、象、意三个层面基本吻合，从某种意义上讲，言、象、意这种由表及里的结构划分方法正是读者从言到象、由象到意解读文学作品的过程。

李洪先在《文本解读》中认为，语文课程所说的文本解读，是教师和学生从文本符号中获得意义的阐发行为、实践活动和心理过程，包括对文本的感知、体验、理解、解释、建构和评价反馈等一系列行为，强调解读的主体通过观照客体而与作者展开积极的对话。可见，文本解读并非机械地理解作者赋予文本的意义，而是通过教师、学生和文本之间的对话建构或生成文本的意义。

因此，文本解读的内涵至少应包含以下几点：①文本解读是教师、学生和文本之间的对话过程；②文本解读是意义建构与生成的过程；③文本解读离不开对文本的感知、体验、分析、理解、建构和评价等行为。

（三）文本解读的理论基础

在中国传统的文本解读理论中，训诂学起了非常重要的作用，它主张逐字逐句进行考证，目的就在于解释经典文本的原本意思。在传统的诗歌教学中，古人主张"以意逆志""知人论世"的文本解读方法。董仲舒的"诗无达诂"、欧阳修的"得者各以其意"在一定程度上肯定了文本意义的不确定性，这一观点和西方的"以读者为中心"的文本解读理论在本质上具有相通性，但由于受儒家正统思想的影响，这种文本解读思想只是在一小部分文人中发挥作用，文本解读仍然以探寻作者的原意为主。

---

① ［美］勒内·韦勒克、奥斯汀·沃伦：《文学理论》，刘向愚、邢培明、陈圣生等译，167 页，北京，文化艺术出版社，2010。

20 世纪 90 年代之前，文学批评、文艺理论和阅读学等学科领域的新理论不断更新、层出不穷。此时期内，文本解读比较注重"作家"和"文本"，文本解读方法经历了"社会学解读法""文章学解读法""语义学解读法"三个阶段。社会学解读法注重作品和作者、社会历史环境的关系，注重从作品产生的社会结构来解读作品。文章学解读法是把文本看成一个静态的实体，由内容和形式两部分组成，内容包括题材、人物形象、意象和表达的中心思想等，形式主要包括语音、结构和体裁等。语义学解读法涉及对作品的字词句含义、修辞手法、表达技巧、表现手法、内部结构等方面的分析，和文本细读有很多相同之处。这些文本解读方法虽然为教师的文本解读提供了抓手，有助于学生学习语文知识并提高语文能力，但只看重语文的"工具性"而忽视了"人文性"。

20 世纪 90 年代之后，西方文学接受理论中以读者为中心的文本解读观念在国内得到众多研究者的认可。但是，由于学术研究领域和基础教育之间缺少相应的理论知识转换及创造性的教学实践，这一文本解读理论并没有和语文教学相融合。直到"三维目标"确定之后，语文教育才开始重视学生的情感问题。语文教学不再是单纯的知识传授，而更具有"人情味"，回归到教育"育人""成人"的本质上来。这一时期语文文本解读的目的主要是提高学生自身的人文素养，发展学生的个性。解读的内容越来越重视文本的人文内涵，解读的方法受到 20 世纪 60 年代兴起的接受美学和解构主义的影响，把读者看成文学作品的一部分，强调阅读对文本意义生成的重要作用，主张对文本进行多元化的理解，尊重学生对文本的多角度、个性化理解。这种文本解读方法也有不足之处，如简单化理解，任由读者对文本肆意解读，使文本失去自身的本来的意义和价值，容易把学生培养成只看表面热闹、不重思想价值的"浮躁人"。

文本解读理论的更新，给语文教师解读教材文本提供了不同的理论支撑，使语文教师在文学解读和教学解读之间寻找到一种动态的平衡，促使教师课堂教学中的文本解读既符合时代的要求又能取得良好的教学效果。

西方文本解读理论经历了三个阶段：作者中心论——文本中心论——

读者中心论。

作者中心论主要存在于 19 世纪到 20 世纪初，它强调文本的解读要以作者的原意为最终目标，研究重点指向作者的生平、创作过程、政治倾向、创作心理以及当时的社会文化背景等方面，读者解读的重点是追寻作者创作的原意。但是，作品经历了时空的变化，读者想要完全把握作者的创作初衷难度较大，总会出现偏差。

20 世纪二三十年代，俄国的形式主义、英美新批评等流派主张把解读重点由作者转向作品，文本中心论由此出现。该理论认为文本脱离作者而独立，文本的内涵并不是它周围的世界赋予的，它具有自己的生命，解读的重点是文本的内在特征和本质。

但作品的解读离不开读者的感受，20 世纪三四十年代，现象学开始关注读者对作品的接受问题。20 世纪六七十年代，接受美学和阐释学也将研究的重点转移到读者上来，也就有了读者中心论的产生。

读者中心论认为文本的意义是在读者解读的过程中产生的，读者应以积极主动的状态和文本、作者展开对话而非被动接受。该理论尊重了读者在文本面前的主观能动性，打破了文本解读以作者原意和文本原意为中心的传统解读模式，但又容易使文本解读出现极端个人主义经验取向和相对主义倾向。20 世纪五六十年代，美国文论家艾布拉姆斯在其文艺学论著《镜与灯——浪漫主义文论及批评传统》中提出文学研究的四个要素，即作品、世界、艺术家和欣赏者，并借助三角形的模型来表示四要素之间的关系。后来有众多学者对艾布拉姆斯的"四要素说"进行研究，"四要素"经过发展成为学术界公认的四种文学研究视角。

总之，语文教师在进行文本解读时，需要加强自己的文学理论修养。语文教师文本解读的出发点和归宿都指向学生，既要符合语文的特点，也要符合学生的学情。语文教师要把握好文本解读的"度"，有选择地适度将中西方文艺理论知识运用在文本解读中，使阅读教学更具艺术性，让学生领悟到语文的真正魅力。

（四）文本解读的路径

在语文阅读教学实践中，文本解读的路径，可谓百花齐放，百家争鸣。

著名特级教师钱梦龙主张，努力在每篇课文中找到一两个合适的问题，一个情节或一个句子，甚至是一个词……作为阅读赏析的突破口，由此入手阅读，可带动阅读走向文本的深刻处。有的人主张运用现代文学批评的理论与方法进行文本解读，在文本解读中注意：要从作品的特点出发，有针对性；根据文体选用不同的批评方法；借鉴现代文学批评的基本原则，在使用过程中要有所变通。有的人认为，文本解读应知人论文，回归文本，贯通文本内外，根据学情设置不同的解读侧重点。有的人认为，解读文本的核心是发现，发现文本的价值和美，而发现的基础是质疑，发现的原则是由浅入深、由表及里，发现的重点是文本的个性。还有的人认为，学生因为个体的认知水平、认知角度、背景经历以及审美情趣等方面的差异，会对同一文本产生不同的情感体验和判断评价，从而产生对同一文本"异解"的现象，这是学生思维之光闪耀的见证，更是学生情感、智慧、思想的高度体现，教师要正确看待学生的"异解"文本现象，分析其产生的根源，探究学生"异解"文本的教学对策。

目前，很多学者致力于中学语文教育研究，他们认为高校从事这方面研究的学者不应脱离教学实践，而应从空洞的理论研究投入语文教学实践中，解决语文教学中的实际问题，提升语文教学的质量。这些学者看到了当前语文教学中存在的问题，积极将研究成果应用到语文教学中，并身体力行地为教师进行示范解读，为教师解读教材提供新角度、新方向。在众多学者当中，孙绍振、钱理群长期关注中学语文教育，他们从自身专业出发，为中学语文教材的文本解读提供了诸多理论方法和建议。下面重点介绍孙绍振、钱理群的文本解读方法。

1. 孙绍振文本解读概述

从《文学性讲演录》到《名作细读：微观分析个案研究》，孙绍振将其理论重心集中于文本的细读。他在《名作细读：微观分析个案研究》中提出了"还原"法、"比较分析"法和"错位美"法等有代表性的微观分析文本的方法。细读强调方法，"还原"法就是孙绍振文学理论中一个重要的文本解读方法，它强调阅读与欣赏要从研究矛盾入手。"所谓分析就是要把原本统一的对象

加以剖析，根本就不应该从统一性出发，而是应该从差异性，或者说矛盾性出发。"孙绍振"还原"法的核心是将文本中表现的事物恢复成它本来的样子，把它的原生状态"还原"出来，从而揭示事物的矛盾。

以《文学性讲演录》中提到的武松打虎为例，打虎的过程是假定的，而武松从喝醉到上山再到打虎的心理过程却是真实的，他从开始的不相信他人到为面子所累，再到上山时的麻痹大意，以及遇到老虎时的惊慌失措，这英雄的业绩是超人的，但他的心理活动过程却完全是凡人的。孙绍振用"还原"法还原了自然情况下打虎的场景，真实体现了武松这一人物的个性，从而使我们深刻理解了武松打虎文本中的真实成分和虚构成分。孙绍振强调："艺术允许是假定的，不一定真实。有假定，有想象，才有魅力，才能动人。"如果读者不懂假定性，硬说打虎的过程不真实，那他一定不懂艺术。除了可将故事场景以及人物性格还原外，物象的形态功能、人物的情感状态同样也可以通过"还原"法进行分析。这个方法既容易运用，又行之有效，不论是对文本学习还是教学，都有很大的借鉴作用。

再如在解读《阿长与〈山海经〉》时，"阿长"这个人物的名字就是理解全文的关键。阿长长得并不高，而且也不姓长，但是大家都叫她"阿长"。"阿长"的名字，就像《祝福》中"祥林嫂"的名字一样，都揭示了人物的社会地位和心灵奥秘。

"比较分析"法是说读者在分析文本的时候，最好能把文本放在可以用来比较的语境中，从而避免孤立地分析问题。通过这种比较，能更加深刻地理解文本。"错位美"法的使用贯穿于"还原"法和"比较分析"法之中，由孙绍振创造的错位理论演变而来。

2. 钱理群文本解读概述

钱理群曾经为《语文学习》中的"名作重读"栏目撰写文章，还在其他专栏发表文章，研究和解读中学语文教材中的经典文本，为青年语文教师提供了大量的阅读教学范例。这些范例对教师开展阅读教学具有一定的指导作用。与孙绍振不同，钱理群没有系统地提出自己解读文本的方法，但是通过他的解读，我们还是可以发现一些规律和线索。他在"名作重读"中，主要用"知人论世"法、"还原"法以及"以题解文"法作为解读文本的方法。

（1）注重解读中的知人论世。

知人论世，是我国传统文学中较为常见的批评方法，也是解读作品时最为常用的解读方法之一。这种方法主要是将文学作品与作者的人生经历联系起来，以更好地理解作品产生的原因以及作者所表达的深刻含义。知人论世的使用并不局限于作者的人生经历和所处的时代，还应与作者的思想变化历程结合起来，从而探索文本的思想与时代文化内涵。

钱理群深受鲁迅的影响，注重对作者思想和心灵的挖掘，以"立人"为主要教育观。"知人论世"法主要应用在诗歌解读方面，语文教师应结合作者的人生经历、生活环境和社会背景对文本进行解读。这种方法也适用于散文、小说等文体。以鲁迅笔下的祥林嫂为例，她的生活一次次充满了希望或绝望，这种"希望—绝望—希望"模式的创作灵感不仅源于鲁迅的才华，还与他的人生经历有着密切的联系。鲁迅家道中落，逐渐体会到世态炎凉。在日本留学期间，他接触到西方文化，这使他又燃起新的希望，受父亲重病未能得到很好医治的影响，他想用医学来救治中国。但是所看日俄战争片使他深受刺激，他认为国人麻木的状态是无法通过医药来拯救的，这将他再次推入绝望。为了寻求出路，鲁迅放弃医学投向文学，企图通过文学拯救国民。鲁迅本人的生命历程就如同祥林嫂的一般充满波折。因此，将鲁迅的思想变化与作品相结合，便于理解鲁迅小说中的精神内涵。

（2）注重解读中还原真实文本内容。

为了便于学生更好地接受，教材在选择文本时进行了适当的删减，从而保障教学目标的实现。而教师将节选的教材文本置于完整的文本中，可能会产生一些新的观点和看法。例如，钱理群在分析《装在套子里的人》时，将教材删减的内容进行还原。原作包含两个部分，一是教材的内容，也就是别里科夫的故事；二是这个故事之前的情景描述和之后的感受。从文本整体结构来看，钱理群认为完整结构的小说强调了关键词"套子"，在小说中，别里科夫是"套中人"。而从整个故事结构来看，别里科夫的故事所在的位置也是套中的，这样独具匠心的文本结构从根本上来说，还是为文本内容服务的。钱理群从文本整体结构的角度分析教材文本，有助于读者加大对教材文本的理解深度。

(3)注重"以题解文"法。

标题是一篇文本的核心，能够全面反映文本的核心内容，起到画龙点睛、提纲挈领的作用。但在解读文本时，有的教师对标题的重视程度不足，以致未能很好地领会和理解作者的思想。钱理群的"以题解文"法主要是借助标题来对全文进行解读，他认为解读文本要从解读标题开始，先从标题的角度解读文本，再深入、全面地分析文章。教师应善于抓住标题来对文章的结构、主旨、语言特色和写作风格进行分析。以《最后一课》为例，在《关于〈最后一课〉的释题教学——钱理群访谈录》中，钱理群将这篇小说的完整标题作为切入口，小说的正标题是"最后一课"，副标题是"阿尔萨斯省一个小孩的自叙"。钱理群认为虽然教材当中只用了正标题，但是两个标题都有特殊的含义。首先，最后一课上的是法文课，法文是民族语言，以法文教学作为最后一课具有特殊的含义，契合当时的历史背景，牵动着教师、家长的心，与民族和国家的命运密切相关，激发出悲烈而复杂的爱国情感；其次，副标题"阿尔萨斯省一个小孩的自叙"，则说明作者采用的是叙述的视角，从小孩的角度去看待和思考，展现孩子的心理过程，充分表现出年青一代的精神成长过程，使小说的情节富有深度。解读标题有助于深刻领会作者的思想，提高文本解读水平，因此解读小说文本应首先从题目入手。

虽然孙绍振和钱理群文本解读的方法各有特色，但是也有一定的共性。他们在进行文本分析的时候都注重关键词（句）的解读，都注重文本内部矛盾的挖掘，都注重文本深层的情感内涵的解释。语文教师在掌握了这些方法之后，要结合学生的实际情况，灵活地运用在自己的教学中，并持之以恒，那样课堂效率会越来越高，教师的文本解读能力也会日益增长。

（五）教师提升文本解读能力的方法

语文教师的文本解读能力至关重要。在教学过程中，语文教师应该从自身出发多读书，加强文学修养，还要更新观念，跟上时代的步伐；同时在实际工作中要养成良好的阅读习惯，在课堂教学中践行文本解读的方法和理念，建立多重对话的课堂。

1. 细读文本，把握课标

语文教材一般由封面、彩色插图、目录、单元导读、课文（课前提示、正文、课下注释、课后练习和课后链接）、单元写作、综合性学习、课外古诗词诵读、名著导读和附录等组成。在每个学期开始的时候，首先，语文教师要对教材有一个总体的清晰的认识，这样才能做好学期计划。其次，就是要阅读目录和单元导读，确定各单元的学时，做好单元计划。再次，要熟读课文，包括课前提示、课下注释以及课后链接（有彩色插图的也要认真分析）。最后，单元写作、综合性学习是对教材文本的延伸和拓展，教师也要细读。当然课外古诗词诵读、名著导读和附录都是对本学期语文知识的补充，教师也要把这些纳入自己的阅读范围。读懂教材、读精教材是语文教师解读文本的基础，也是解读教材文本的第一步。只有把基础打好，语文教师才能对教学内容进行取舍，选取适当的教学方法，引导学生进行文本解读。

课程标准是学科教学的纲领性、指导性文件，是编者编写教材和教师指导教学的依据。语文课标是语文教材的理论依据，而语文教材则是语文课标的具体化，所以语文教师在对教材文本进行解读时应该先研读课标，在课标的指导下，了解编者的编写意图，从整体上把握教材，从而更好地发挥教材的优点，克服教材的缺点。

2. 加强文艺理论的学习

在教学中，有阅读习惯的语文教师，会自动把课内和课外的知识联系在一起。这无形中拓展了学生的知识面，提高了学生的学习兴趣，使语文课堂的宽度和深度都有了扩充。

（1）丰富的文艺理论是打开文本解读的钥匙。

语文教师进行语文教学必须具有一定的文学理论知识。只有具备了一定的文学理论知识，语文教师才能提高分析、鉴赏文本的能力。语文教师要经常阅读文学史、文学理论之类的书籍，此外，还要经常关注一些相关的期刊，如华中师范大学主办的《语文教学与研究》、首都师范大学主办

的《中学语文教学》、教育部语言文字报刊社主办的《语文建设》等。有了一定的文学理论基础，同时汲取新鲜的文学理论营养，语文教师的各项教学技能都会在实际教学中得到提升，包括文本解读能力。

例如，有位教师在《三峡》的课堂上先是让学生充分阅读课文，然后运用想象来体味文中的文字之美，做到"目中有景"，找到"山美""夏天美""春冬美""秋天美"等。再引导学生感悟"景中有情"，分析文中所传达的作者对祖国山水的热爱之情。接着抓住细节，对课文进行深化提升，并结合李白的《早发白帝城》让学生对比分析相同景物在不同的心情影响下的不同。最后引导学生做到"心中有情"，联系自身的生活经历，饱含深情地朗读课文。

(2)专家的解读理念是进行文本解读的铺路石。

近些年来，有许多学者和专家对文本解读进行研究。这些学者和专家从教学实际情况出发，对教学实践中存在的问题进行分析，并提出相应的解决办法，以期对一线教师的实际教学有所帮助。

也有许多一线语文教师结合自己的教学实践总结了很多文本解读的方法，在课堂中创造了许多优秀的文本解读的案例，这些也可以给其他语文教师以启示和指导。语文教师可以搜集一些优秀教师的课堂实录，反复进行学习和揣摩，并在实际教学中模仿，慢慢就可以形成自己的方法和风格。

3. 合理使用教参，独立思考，深入理解文本

语文教师在教学实践中要合理地使用教参，独立地对文本进行个性化的解读：读出感受，读出教学价值，读出课程价值；读懂文本，读透文本；建立教师与教材、学生与教材、教师与学生、学生与学生多重对话的课堂。

教参为中学语文教师解读教材文本提供了很全面的资料，但是在实际教学中，教参的解读并不能代替语文教师的独立解读。在日常教学工作中，语文教师应先熟读文本并得出个性解读结论，然后再结合教参的解读进行补充。这才是正确使用教参的方法。

对文本进行深刻、充分和科学的解读，是语文教师必须具备的基本功。但是这种独立解读的功力不是天生就具有的，而是在实践中不断历练而获得的。

余映潮说："课文研读是语文教师的第一功夫，伴随着语文教师一生的教学。可以说，没有好的课文研读，就没有好的课堂教学。"[1]语文教师要独立地解读文本。具体来说就是在自由的环境下，独立地面对教学文本，充分运用自己的知识储备和生活经验，充分调动自己的视觉、听觉，把文本认真研读几遍，并对文章多次发问，不断思考，在这个基础上再对文章进行细致、全面、精致的阅读。语文教师在第一次阅读文本的时候要以学生的眼光来体验文本解读的过程，要注意自己第一次对文本进行解读时的感受，并且把自己走进文本体会作者意图的体验记录下来。这种体验对于教师来说非常重要。语文教学就是语文教师在充分考虑学生心理特点和知识结构的基础上结合自己解读文本的体验引导学生进行独立阅读，而不是简单粗暴地把文本解读的结论教授给学生。

王富仁说："教师不但要懂，同时还要有超于'懂'的更深刻的感受和理解，这样才能引导学生更细致、更深入地感受和理解课文"，"教师要按照自己的感受和理解讲，按自己的学生能够喜欢、能够更好接受的方式讲。"[2]可见教师独立阅读及解读文本的体验是引导学生进行文本解读和学习文本解读方法的基础。

4. 转换阅读角色

语文教师对语文教材的解读是一种专业的解读，不能只看到单个的词语，而应该看到词语和段落之间的联系，看到文本表层意思和深层意思的联系，还应该将教育学、心理学知识和课文联系起来。

第一，教师要以普通读者的身份进行自然阅读，读出自己的理解和感受。教师的专业解读并不意味着不要教师的独立解读，相反教师的专业解读必须是独立解读，最好是自然状态下的阅读，读出自己的理解和感受。这种自然状态下的阅读是在没有任何辅助资料的帮助下，教师自己独立解读文本从而获得一种原始的、本真的感悟的阅读。有了这种最原始、最真切的感受后，再一次细读课文，然后广泛地涉猎参考资料，这样教师就不

---

① 朱春玲：《有了一种追寻的勇气，生命便永远年轻——特级教师余映潮访谈》，载《语文建设》，2010(12)。
② 王富仁：《语文教学与文学》，50～51页，广州，广东教育出版社，2006。

是被动的接受者，而成为主动与别人交流的对话者。教师在阅读文本时的一些疑惑或者障碍经常也是学生会遇到的，所以教师可以据此确定课堂的教学内容，明确重点和难点。

第二，语文教师在完成自然状态的阅读，读出语文文本的教学价值，获得对文本的感性认识之后，就要对文本进行职业性的专业解读，去发现课文"可以教一些什么"。首先，教师要找到文本的教学价值点。阅读几遍之后教师会比较容易地找到文章的一些特点，有内容、结构、字词方面的，有写作规律方面的，有文体特征方面的，也有社会、文化方面的。找到这些为下一步的备课打下了基础。其次，教师要在这些有价值的教学点中找到最有价值或者最值得教的内容。一节课的时间是有限的，教师要在有限的时间内教授学生最值得学习的内容，那怎么才能确定哪些内容最有价值呢？应该选取课文中最突出、最典型的知识点。最后，教师要明确每篇课文在整个教学体系中的地位。教材中的每篇课文都是编者在课程标准指导下，先确定单元目标，然后确定选文，最后整理进教材的。所以语文教师要明确每篇课文在单元中、在整本教材中，甚至在整个学段内的地位和教学价值。这个阶段，教师在自己独立思考的基础上可以参考教参或优秀的教学案例，等等。

第三，教师针对学情，读出文本的课程价值。在一节语文课或者一份教学设计中，语文教师不可能把所有有价值的内容都罗列出来，只能有所舍弃，有所选取，也就是教师要从文本中选择合适的教学内容。学生因素是语文教师决定"应该教什么"的主要因素。学生原有的认知结构、兴趣点、认知特点都会影响教师的教学内容和教学方法。教师只有在了解学生之后对文本进行解读，才能做到心中有数，才能对教学内容进行取舍。

语文教师从普通读者到教师专业的文本解读，首先是读出感悟和理解，然后是结合教学目标、课程标准找到教学价值，最后也是很重要的一步就是站在学生的角度读出适当的课程价值。

在教学过程中，教师要注意建立多重对话的语文课堂。文本解读是一个充满探索与创造性的过程，是读者与作者、与作品之间对话的过程。

阅读教学就是教师引导学生对文本内容进行认识、理解、深化的过程，但是必须阐明一点，教师对文本的解读不能代替学生对文本的解读。语文教师必须引导学生创造性地对文本进行解读，使学生产生新的理解和认识。

文本中包含作者深刻的感情，教师要引导学生走进文本，感受作品的创作氛围，品味作品的丰富内涵。走进文本也是与文本无声对话的过程，这种对话包括与作者、编者、文本中的任务进行对话。语文教师要引导学生把自己对文本的独特理解用文字的方式进行记录，或者指导学生对文本的内容进行分析评价，通过师生的共同研究创新文本解读的观念，真正做到教学相长。

阅读教学是师生平等对话的过程。语文教师在文本解读中起主导作用，不仅要引导学生，还要和学生进行平等交流。只有经过这种平等交流，教师才能发现学生对文本解读的新理解、新思路，发现学生在文本解读中的不足。教师一方面要鼓励和支持学生的新理解、新思路，另一方面要补充和订正不足之处。

这种对话教学还要鼓励学生与学生之间的交流。生生对话的主要形式就是小组讨论、合作学习。在教师发布小组任务之后，同组的同学分工合作，进行讨论。

这种方式能有效促进学生之间的交流，使学生在"质疑"和"矛盾"之间共同提出问题、解决问题。这种文本解读方式让学生主动参与，发挥了学生的主体性，变被动学习为主动学习。

三、优秀案例分析

（一）案例展示

余映潮《马说》教学实录展示（节选）①

师：读得很好！（生鼓掌。）这使我想起一句名言："花儿不敢开出自己的亮色，怎么能够立身于烂漫的春光中呢？"你们就是美丽的花朵，敢于绽

---

① 刘远：《语文名师经典课堂（八年级下册）》，215～217页，太原，山西教育出版社，2016。

放出自己的亮色！好，咱们"诵读"就到此为止，下面是"积累"。

师：第一步叫作听记积累。"听记"，听老师讲解并记录。有这样几个地方要记下来。

一个不好懂的"奴隶人"。"奴隶人"是什么？有的同学说是指囚犯。不，这里指的是下等人，仆人、仆役，最底层的劳动者。

两个不好懂的"其"："其真无马邪""其真不知马也"。这两个"其"不是平常意义上的"其"，前一个"其"可以理解为"难道"，第二个"其"应理解为"那是"，或者是"大概"。

还有三个很难理解的字，"马说"的"说"，表示古代的一种文体（文章的体裁），就像现在的议论文。那么"马说"就是"说说马的事"，"谈谈马的事"，"议议马的事"。第二个字，"马之千里者"的"之"，这个"之"在这里表示"强调的意味"，实际这五个字就是"千里马"，但是读起来不好听，而"马之千里者"读起来有韵味，好听，所以"之"就有"强调的意味"。第三个字，"不以千里称也"的"以"，这个"以"字注释里没有讲清楚，意思是说"不以千里著称"，但没有解释"以"。"以"在这里作"因为"讲，不因为它可以跑千里而著称。有的地方也把它翻译成"不拿千里马的称号来称呼它"，但就现在的注释来看，它含有"因为"的意思，不因为它日行千里而著称。

还要注意四个没有注释的词，"故虽有名马"的"虽"，一般来讲，不把它翻译成"虽然"，而翻译成"即使"，"故虽有名马——即使有名马"。"是马也，虽有千里之能"的"是"，应作"这"讲。"且欲与常马等"中的"等"，是"相同，一样"的意思。"安求其能千里也"的"安"，是"怎么"的意思。

师：第二步是"辨析积累"。这是你们的活动了，怎么辨析呢？文言文中有很多的词是反复地用，有的时候就出现字同但意义不同的情况，我们称之为一词多义。下面你们做个活动，每个人找一组这样的词，两个字的形状是一样的，如两个"之"，两个"也"等，但是它们的意义不同。要一组一组地找，开始讨论。

（生在课文中找，师巡视指导，并提示生把探索的结果写下来。）

师：好，在你认为同形不同义的词上画个圆圈，并用线连起来。

（生画圈连线。）

师：现在就开始交流我们的学习所得。

生："食（shí）"和"食（sì）"，第一个是"吃"的意思，第二个是通假字，通"饲养"的"饲"。

师：一个"食（shí）"，一个"食（sì）"，形同义不同，音也不同。

生："不以千里称也"和"策之不以其道"，前一个"以"的含义是"因为"，后一个"以"是"按照"的意思。

师：两个"以"不同，这是第二组。

生："其真无马邪""其真不知马也"，前一个"其"可以理解为"难道"，第二个"其"应理解为"那是"。

师：好，三组了，还有没有？

生："策之不以其道"和"执策而临之"，第一个"策"是"鞭打"的意思，第二个"策"是"鞭子"的意思。

师：四组了，还有！

生："安求其能千里也"和"策之不以其道"，第一个"其"指的是"也许，可能"，第二个"其"指的是驱使千里马的方法。

师：这里要注意一下，"安求其能千里也"中的"其"还是指的马，"怎么能够要求它日行千里呢？"你再考虑一下。

生："故虽有名马"和"虽有千里之能"的两个"虽"，前一个是"虽然"的意思，第二个是"即使"的意思。

师："虽然"和"即使"都可以翻译成"即使"，这两个词的词义可以说是一样的。好，再来！

生："祇辱于奴隶人之手"和"策之不以其道"的"之"，前一个是"的"，后一个是"它，代千里马"。

师：两个"之"不同，请坐。

生："千里马常有"和"且欲与常马等不可得"的"常"不同。

师：大家看，又是一组！还有！

师：老师给你们提示一组。"而伯乐不常有"的"而"是"然而"，"执策而

临之"的"而"则表示两个承接的动作，这两个"而"也是不同的。

师：还有一组。"千里之能"的"能"与"鸣之而不能通其意"的"能"不同，前一个"能"指的是"能耐"，后一个则是"能够"的意思。

师：你们看，我们通过这种辨析词义的活动可以找出很多组词义不同的词。反之，我还可以找出很多组词义相同的词。它的方法就是两两相比，甚至三个相比、四个相比。大家看课后练习，就是这样比出来的。你们熟悉了这个操作方法之后，自己也就可以编练习题了，能找出很多组不同的词，这就叫"辨析积累"。

（二）案例分析

余映潮老师执教的《马说》，在文本解读方面读得深刻透彻。只有把教材文本真正读懂读透了，才能设计出比较理想的阅读课的教学设计。余映潮老师在研读文本时，有以下特点：

第一，注重从文本语言入手。文本中的语言大致有两个方面的含义：一是词语本身的客观意义，二是作者赋予词语的独特的主观意义。这些词语与作者的主观思想情感等融合在一起，形成新的意义构成，往往就是理解文本的关键。余映潮老师在解读《马说》时，让学生重点关注形同义不同的词对比研读，让学生学习词义辨析并积累词汇。

第二，读得细腻。余映潮老师十分注重文本解读，认为解读文本就是在课堂上和学生一起对课文进行分析，品味其中的韵味，对课文进行欣赏。余映潮老师认为文本解读是语文教师阅读教学中最基础、最细腻的工作，并总结了一套文本解读的方法：课文研读深究一个"内"字，要着力于课文的内容去研读；课文研读要勾连一个"外"字，要研读课文可能牵连出的课本之外的知识及文章；课文研读要讲究一个"细"字，要细细地品味，细细地欣赏；课文研读要讲究一个"美"字，要对课文进行美点寻踪，进行妙要列举。应该说，读得细腻是余映潮老师的一贯做法。他在教授《白雪歌送武判官归京》的公开课中进行了语言品味，反复琢磨每一句话、每一个词。如对"山回路转不见君，雪上空留马行处"两句，余老师是这样品析的："全诗的诗眼。作者以叙事作结，寓浓情于淡墨中，给人一种言尽而意无穷的感觉——从那望着雪地上的马蹄印记的默默沉思中，我们似乎真切地看到了诗人那种依依惜别、怅然若失的情况。"

面对教材，语文教师的任务就是要把教材读薄和读厚，并在此基础上优化教材，做到重文本、重品析、重积累。

实践操练 ……▶

1. 以《老王》为例，写一篇不少于 800 字的文本解读分析。

2. 以统编高中语文教材必修上册第六单元《劝学》为例，写一篇不少于 800 字的文本解读分析。

参考文献 ……▶

1. 陈鹏. 工匠精神融入中小学语文教材的文本分析与路径探索. 陕西师范大学学报(哲学社会科学版)，2019(6).

2. 郭丽梅. 语文教师应如何进行文本解读——以韩军两次《孔乙己》教学为例. 教育观察，2018(16).

3. 郭跃辉. 基于文本解读的"大单元教学"设计——以统编教材七年级上册第二单元为例. 语文建设，2020(1).

4. 何红梅，徐孝菊. "两个系统"、"三个语境"——论阅读教学中的文本解读. 才智，2019(36).

5. 贺卫东. 语文教材文本解读的教学功能与样式. 中学语文教学，2020(3).

6. 胡雨蓉. 从文本解读到教学设计——兼论教师教学解读能力的培养. 齐齐哈尔师范高等专科学校学报，2020(4).

7. 汲安庆. 坚守与超越：从文学解读走向语文解读——苏宁峰《表现论视野下的文本解读与教学》序. 教育与教学研究，2018(6).

8. 纪海龙. 求真、求美、求善——《凤辣子初见林黛玉》阅读教学文本解读问题商榷. 语文建设，2019(18).

9. 李健，钟炎炎. 新手教师文本解读失当的应对. 教学与管理，

2020(2).

10. 刘映春．文本解读对象审美感知"点""线""面"建构过程的实现．福建教育学院学报，2020(2).

11. 梅培军．语文教学中文本解读研究的元分析．教育理论与实践，2018(26).

12. 石耀华．文本解读的方向偏差、成因分析与出路探寻．课程·教材·教法，2017(11).

13. 树常青，刘春．《诗经》中文学与政治价值之抗礼——以人教版高中语文必修二《氓》选篇为例．语文建设，2018(26).

14. 唐燕．新课标下高中语文泛化现象及应对策略探究．文学教育(下)，2020(9).

15. 王南．语文教学中的文学文本解读．中学语文教学，2019(10).

16. 王婧禹．文本解读与教学实践研究——评《语文教学与文本解读》．语文建设，2019(23).

17. 王元华．语文失真源于解读文本"失语"．语文建设，2017(10).

18. 王元华．论文本解读的元方法．语文建设，2017(28).

19. 魏调平．把握教学文本解读的"度"．语文建设，2018(6).

20. 武昊．新课改模式下的高中语文文本解读教学策略．文学教育(下)，2020(6).

21. 肖东志．"文内文外"二重视角下的全面化文本解读——以《社戏》一文的讲解为例．华夏教师，2019(26).

22. 徐小林．文本解读教学应重视多元思维培养．汉字文化，2018(23).

23. 徐毅．高中语文文本解读教学策略分析．语文教学通讯·D刊(学术刊)，2017(5).

24. 薛金涛．高中语文文本解读效率的提升策略．西部素质教育，2018(16).

25. 杨继利．有无之境：语文教师文本解读的多重涵蕴与角色切换．教育科学研究，2020(3).

26．袁国超．生命在场：语文教学文本解读的应有之义．教育理论与实践，2017(11).

27．赵永攀．指向语文核心素养的文本解读．教学与管理，2017(17).

28．朱兴祥．走进文本深处——我这样上语文课．语文建设，2018(12).

29．邹青．理解、审美、文化体认：小学诗歌教学之准备与设计——以《送元二使安西》为例．语文建设，2019(18).

▶第三讲
如何确定教学目标

教学目标"既是教学的出发点，也是归宿，或者说，它是教学的灵魂，支配着教学的全过程，并规定教与学的方向"[1]。"它从三个方面服务于教学：为教学提供行进的方向，向学生传递教学的意图，为监测学习效果给出标准。"[2]

课标规定了语文课程的总目标和学段目标，教材中每一单元的导语都提示了本单元学习的人文主题和语文要素。但是具体到每一篇课文、每一节课的目标，却不是那么明确。叶圣陶说过："语文教材无非是例子，凭这个例子要使学生能够举一而反三，练成阅读和作文的熟练技能。"[3]这句话指出了语文学科教材与教学内容的关系。与数学、生物等学科不同，语文课要教的不是教材的言语内容，而是言语形式。换言之，数学、生物等学科重在教材"说什么"，"而对于语文学科来说，明白它'说什么'固然必要，但却是为了理解它'怎么说'"[4]。"怎么说"即语言文字的运用规律，它内隐

---

① 崔允漷：《教学目标——不该被遗忘的教学起点》，载《人民教育》，2004(Z2)。
② 张秋玲：《语文教学设计：优化与重构》，140页，北京，教育科学出版社，2012。
③ 叶圣陶：《叶圣陶语文教育论集》，113页，北京，教育科学出版社，2015。
④ 王尚文：《语言·言语·言语形式——试论语文学科的教学内容》，载《浙江师大学报(社会科学版)》，1996(1)。

在课文中，学生看到的课文只是语言文字运用的结果。教师需要引导学生在理解课文的过程中，学习作者是如何将意义通过个性化的文字表达出来的，并把这些方法、规律运用在自己的阅读和表达中，提高运用语言文字的能力。

语文学科的这一特点，使得语文教师在确定教学目标时具有一定的盲目性和自主性，出现目标不明确、大而空、有名无实等问题，进而导致教学内容的随意性和教学活动的形式化，影响教学的有效性。新教师有必要了解确定语文教学目标是否合理的方法，尽可能地保证教学目标的有效性。

一、问题案例分析

（一）案例展示

《背影》教学设计[①]

教学目标：

1. 体会本文抓住人物形象特征，选择最佳角度命题立意、组织材料的写作方法。

2. 学习本文记叙事实、不加任何修饰渲染的朴实自然的语言。

3. 体会本文表现的民族传统美德，父亲对儿子的一片深情。

（二）案例分析

案例中的教学目标主要存在两个问题。

第一，包含内容太多。案例中虽然只列了三条目标，但稍加分析即可发现其中包含了许多内容：人物形象特征、命题立意的角度、组织材料的方法、语言风格、情感等。在实际教学中，《背影》一般用 2 课时完成，这么多目标恐怕难以全部达成。其实，只要结合《背影》所在单元的单元说明，以及这一课的预习提示、课后习题等助读系统，就可以看出，体会父子之间的感情和品味作品语言应该是两个主要的学习目标。

第二，表述不够准确。目标 3"体会本文表现的民族传统美德，父亲对

---

① 张秋玲：《语文教学设计：优化与重构》，141 页，北京，教育科学出版社，2012。

儿子的一片深情"。首先，"父亲对儿子的一片深情"是人类普遍的本能，而不是中华民族特有的传统美德。其次，《背影》中体现的只有父亲对儿子单向的感情吗？作者对父亲又有什么样的感情？最后，《背影》所体现的父子之情与常见的其乐融融的亲情有无区别？

孙绍振指出，"《背影》的动人，不仅是父子之情，而且在于父子之情的动态转化。文章的高潮是：一方面是强烈的转化，一方面是无所觉察，二者的对比，显出父亲的爱是无条件的爱。而儿子的爱则在条件逐步作用之下才升腾起来。儿子的爱是一种激动状态，而父亲的爱则是平静状态。这里就显出了朱自清的深刻之处，他笔下的亲子之爱是错位的，爱与被爱是有隔膜的。爱的隔膜，正是朱自清的《背影》之所以不朽的原因。"①

每一篇文章被选入教材，都承载着独特的教学价值。教师在备课时要深入挖掘文本的原生价值，并结合课标和教材要求来确定每一篇课文特殊的教学价值，并据此设定教学目标。

（三）常见问题分析

1. 目标笼统空泛

我们常常见到一些教学设计将教学目标设定为"能正确、流利、有感情地朗读课文""能够理解课文大意，体会作者情感""品味富有表现力的语言""学习阅读散文的方法""培养学生的思维能力"，等等。这些目标看似正确，但其实属于更上位的课程目标，而不是承载着特定教学价值的某一篇课文或某一节课的教学目标。在这样的目标指引下的教学活动，恐怕无法帮助学生深入理解文本，也很难有效发展学生的语文能力。

2. 目标贪多求全

由于教学时间的限制，一节课能达成的目标是有限的。课时教学设计中的目标常常有两到三条，但有时候我们发现，这两三条目标中其实包含大量内容，比如问题案例《背影》的教学目标。为了达成这些目标，教师需要在一节课的时间内安排多个学习活动，结果分配给每个活动的时间都不

---

① 孙绍振：《〈背影〉：爱的隔膜和难言之隐》，见《孙绍振解读经典散文》，214～215页，北京，中华书局，2015。

够充分，致使学生无法深入思考，活动的有效性受到影响。

3. 目标不关注学生

教师在设计教学方案时应综合考虑学段目标、教材安排和具体学情，确定适合学生的教学目标。目标过易，难以让学生能力得到实际提升；目标过难，则会让学生产生逃避心理，变成教师讲学生记的一言堂，难以落实课标所提倡的在语文实践中积累言语经验、提高语文能力的要求。

以小说教学为例，一位新教师给《祝福》设计的学习目标是：引导学生梳理情节，了解祥林嫂的悲惨命运；分析祥林嫂和鲁镇其他人的形象特点；分析环境描写对主题的作用；联系写作背景，体会封建社会对人民的压迫。这些目标分别对应情节、人物、环境、主题等小说基本要素，乍一看似乎合情合理。但要知道，《祝福》是必修下册的课文，学生在初中已经学过如何通过情节、人物、环境这些基本要素来探究小说主题，到了高中若原地踏步，那么《祝福》的学习价值就难以充分发挥了。

《义务教育课程方案（2022 年版）》要求"体现学习目标的连续性和进阶性"①。从课标"文学阅读与写作"任务群相关要求、第六单元导语和《祝福》的学习提示来看，《祝福》的学习目标应该着重于分析祥林嫂不幸命运的社会根源，体会作品的社会批判性；结合《祝福》《故乡》《孔乙己》等小说，分析鲁迅小说"揭出病苦，引起疗救的注意"的创作理念和白描勾勒的语言特点。之后，教师还应根据学生的实际情况进一步调整、细化目标，确定学习的重难点。

另外，一些老师在描述教学目标时习惯把"教师"作为行为主体，使用"引导""帮助""培养""激发"等行为动词，这在一定程度上反映出他们思考教学的角度仍然是"教什么"和"如何教"，而不是"学什么"和"如何学"。将这样的理念运用在教学中，就会不可避免地出现教师主宰课堂，学生被动接受的"顽疾"。

---

① 《义务教育课程方案（2022 年版）》，12 页，北京，北京师范大学出版社，2022。

4. 按照核心素养四个方面罗列目标

由于新课标从四个方面阐释语文核心素养的内涵，一些教学设计将教学目标与之简单对应，分为四条来撰写。如一位新教师为九年级上册第四单元设计的教学目标如下：①语言运用目标：能够梳理小说故事情节、分析人物形象和环境描写、品味语言，进而探究小说主题；②思维能力目标：能够通过比较阅读，归纳概括三篇小说在情节设置、人物形象、环境描写方面的异同，发展比较、概括的思维能力；③审美创造目标：能够运用本单元小说写作方法，撰写一篇小小说；④文化自信目标：通过阅读和写作活动，理解作者所运用的少年视角或所描写的少年成长与主题的关系，在写作中寻找成长的精神力量。

以上四条目标似乎与核心素养四个方面整齐对应，但稍加思考即可发现问题："梳理小说故事情节、分析人物形象和环境描写、品味语言，进而探究小说主题"这些所谓"语言运用目标"的实现难道无助于审美创造和思维能力的发展吗？而所谓"文化自信目标"的实现也与前三个目标密不可分。

实际上，课标已经特意强调："核心素养的四个方面是一个整体。……在语文课程中，学生的思维能力、审美创造、文化自信都以语言运用为基础，并在学生个体语言经验发展过程中得以实现。"[①]"教师应充分认识语文课程工具性与人文性是统一的，从培养核心素养出发，把握四个方面整体交融的特点，设定教学目标时既有所侧重，又融为一体。……注意教学目标之间的关联，避免将核心素养四个方面简单罗列。"[②]教师应充分理解课标要求，将核心素养融入具体教学目标中，而不能简单机械地一一对应。

二、教学目标的确定

（一）教学目标的含义

语文教学目标是指教师从语文学科角度预设的学生的学习结果，也就是学生通过学习所应该达到的状态。它的规定者是教师，行为主体是学生。

---

① 《义务教育语文课程标准（2022 年版）》，5 页，北京，北京师范大学出版社，2022。
② 《义务教育语文课程标准（2022 年版）》，44 页，北京，北京师范大学出版社，2022。

教学目标的设计是指"确定通过学习每一项从属知识和技能，学习者将达到一种什么样的行为状态，并将学习者通过学习后所达到的最终行为状态用具体的、明确的和能够操作的目标表述出来"[①]。

教学目标具有层级性，不同层级的教学目标构成了一个目标层级体系，包括课程目标、单元目标、课文目标和课时目标等。课程目标是语文课程标准层面的概念，指国家期望学生具备的语文学科核心素养，以"语言建构与运用""思维发展与提升""审美鉴赏与创造""文化传承与理解"四个方面为核心，具体到每个学段又有不同的目标。单元目标是指教材编写者根据语文学科的教学内容划分的若干单位的教学目标，在每个单元的说明中有具体要求。课文目标是指一篇课文被选入教材时，编写者给它预设的目标任务，一篇课文的教学目标常常分散在若干课时中完成。课时目标是指学生经过一节课的学习应该达到的结果。教师在设定一节课的教学目标时，需要从上到下进行逐层分解与选择。[②]

我们所说的教学目标主要是指一篇课文或一节课的教学目标。

（二）教学目标的确定方法

教师在设计教学目标时，需要充分理解课程标准要求、教材编写意图、课文或学习材料的核心教学价值，深入解读文本，并且了解学生的实际情况，在此基础上选择学生"最需要学的"和"能学会的"作为教学目标。

1. 解读课标

教师在设计教学目标时，首先要考虑语文课程性质和学段的具体目标与内容要求。

（1）选择最符合语文课程性质的教学点。

"语文课程是一门学习国家通用语言文字运用的综合性、实践性课程。"[③]"语言建构与运用是语文学科核心素养的基础，在语文课程中，学生的思维发展与提升、审美鉴赏与创造、文化传承与理解，都是以语言的建

---

① 徐英俊：《教学设计》，115页，北京，教育科学出版社，2001。
② 张秋玲：《语文教学设计：优化与重构》，155页，北京，教育科学出版社，2012。
③ 《义务教育语文课程标准（2022年版）》，1页，北京，北京师范大学出版社，2022。

构与运用为基础，并在学生个体言语经验发展过程中得以实现的。"[1]在学生的言语实践中发展他们运用国家通用语言文字的能力，这应该是语文课最重要的目标，也是最符合语文课程性质的目标。当一篇课文存在许多可教的点时，教师应该筛选出最符合语文课程性质的教学点，以此为基础确定教学目标。

郑桂华以鲁迅的《拿来主义》为例，说明应该如何判断一篇课文"具有语文特点"的教学价值。"首先就应考察我们为什么要学《拿来主义》。是因为'拿来'的思想深刻吗？是'理性对待外来文化'的观点具有独创性吗？是今天我们还缺乏开放的心态吗？我认为主要不是。其实，鲁迅的《拿来主义》写于上世纪 30 年代，其'拿来'的思想，并没有超越其前辈魏源、林则徐等人'师夷之长技以制夷'，蔡元培的'兼容并包'主张和'洋务运动'的实践；甚至在论述如何对待外来文化的问题上，早在李斯的《谏逐客书》里，赵武灵王的'胡服骑射'政策里，已经基本上说清楚、论明白了。再退一步说，如果我们的确要学习这样的思想，到政治课、历史课上去学也许更好，为什么非要通过语文课来学呢？许多人喜欢鲁迅的这篇文章，更主要的不是因其思想深刻，而是因为他的'表达方法'与众不同。在这篇文章中，我们看到的是作为文学家的鲁迅——更精确一点说，是杂文味的鲁迅，因此'形象说理''个性表达'才是《拿来主义》主要的'语文价值'。"[2]

（2）学段目标与内容要求。

课标对不同学段的语文学习有不同的目标和内容要求。比如，同样是文学作品鉴赏，初中阶段的目标是"有自己的情感体验，初步领悟作品的内涵，从中获得对自然、社会、人生的有益启示。能对作品中感人的情境和形象说出自己的体验，品味作品中富于表现力的语言"[3]；而高中阶段的目标是"根据诗歌、散文、小说、剧本不同的艺术表现方式，从语言、构思、形象、意蕴、情感等多个角度欣赏作品，获得审美体验，认识作品的美学

---

[1] 《普通高中语文课程标准（2017 年版 2020 年修订）》，5 页，北京，人民教育出版社，2020。

[2] 郑桂华：《凸显文本的语文核心价值——有效教学设计的前提之一》，载《中学语文教学》，2008（3）。

[3] 《义务教育语文课程标准（2022 年版）》，14 页，北京，北京师范大学出版社，2022。

价值，发现作者独特的艺术创造"①。教师应该按照课标要求，结合教材要求和课文特点，设定具体的教学目标。

（3）不同文体的教学要求。

课标对于阅读教学的要求体现了对文体特征的重视。对文学作品阅读，要求学生"了解诗歌、散文、小说、戏剧等文学样式"；对议论文、新闻和说明性文章、科技作品、非连续性文本的阅读也提出了各自的学习目标。虽然教材按人文主题组元，每单元包含不同文体的课文，但教师在教学中要考虑文本的文体特征，不可淡化文体意识。比如阅读《散步》这篇散文，学生要理解的重点不是作者所描写的人物形象，而是文中处处流淌的亲情以及对生命的珍视，教师应引导学生在字里行间体会作者想要表达的情感，并通过这一篇课文的学习提高学生经由文本语言把握作者情感的能力。

2. 分析教材

（1）初中统编语文教材分析。

初中统编语文教材采用"双线组织单元结构"，一条线是显性的"内容主题"，如杰出人物、家国情怀、科幻探险等；另一条线是隐性的"语文素养"的各个要素，包括基本的语文知识、必需的语文能力、适当的学习策略和学习习惯，以及写作、口语训练等，这些要素是语文教学的要点，分布并体现在各单元的单元导语及每课的预习提示和课后习题中。②

"关于语文要素的落实，统编教材在不同年级有不同的设计。七年级以培养学生一般的语文能力为主，关注具有普遍意义的阅读方法和阅读策略，如七年级上册的阅读方法是朗读和默读，七年级下册是精读和略读；在阅读策略方面则着眼于一般阅读能力的养成，并不局限于某一种文体，如整体感知、品味语句、概括中心、厘清思路等，大致按照难易的先后顺序排布，并注意与阅读方法的配合。八、九年级则以文体阅读为核心，力求培养学生某一类文体的阅读能力。八年级以实用性文体为主，如新闻、传记、科普作品、演讲词、游记等，交叉安排说明性文章和散文等文学作品的阅

---

① 《普通高中语文课程标准(2017年版2020年修订)》，17～18页，北京，人民教育出版社，2020。
② 温儒敏：《"部编本"语文教材的编写理念、特色与使用建议》，载《课程·教材·教法》，2016(11)。

读；九年级集中学习诗歌、小说、戏剧等文学作品，交叉安排议论性文章的阅读：旨在培养学生阅读说明性、议论性文章以及实用类文本的能力，培养学生初步欣赏文学作品的能力。"[①]

另外，统编初中语文教材改"精读"为"教读"，改"略读"为"自读"，加大了两种课型的区分度。教读课文的目的是学生在教师的带领下学"法"，自读课文的目的是学生运用教读中获得的阅读经验去用"法"。[②] 另外，"名著导读"和"课外古诗词诵读"是课堂教学的拓展和补充，可帮助学生形成"多读书，好读书，读好书，读整本书"的好习惯。教师在备课时要注意根据课型设计不同的教学方案。

(2)高中统编语文教材分析。

高中统编语文教材以"人文主题"和"学习任务群"两条线索组织单元。必修教材两册共 16 个单元，覆盖 7 个学习任务群。选择性必修三册共 12 个单元，覆盖 9 个学习任务群。单元的组织形式有两类：一类以课文或整本书的阅读为基础，读写结合；另一类不设传统意义上的课文(如必修上册第四单元"家乡文化生活"和第八单元"词语积累与词语解释")，以专题性的语文活动为主，带动相关资源的学习。以课文学习为主的单元，主要有单元导语、课文、学习提示和单元学习任务四部分内容。[③]

在备课时，教师首先要明确单元的学习任务群，然后了解课程标准对本单元所承担的学习任务群的要求，参照学习提示和单元学习任务把"任务"细化成教学的目标、要点、难点，形成教学方案。[④] 根据高中语文课标的要求和统编教材的体例，高中语文教师应该突破单篇课文教学的传统，在宏观视角下进行以语文学科核心素养为纲的大单元设计。这里所说的"单

[①] 王本华：《构建以核心素养为基础的阅读教学体系——谈统编语文教材的阅读教学理念和设计思路》，载《课程·教材·教法》，2017(10)。

[②] 王本华：《构建以核心素养为基础的阅读教学体系——谈统编语文教材的阅读教学理念和设计思路》，载《课程·教材·教法》，2017(10)。

[③] 温儒敏：《统编高中语文教材的特色与使用建议——在统编高中语文教材国家级培训班的讲话》，载《课程·教材·教法》，2019(10)。

[④] 温儒敏：《统编高中语文教材的特色与使用建议——在统编高中语文教材国家级培训班的讲话》，载《课程·教材·教法》，2019(10)。

元"不是指以往教材中的内容单元，而是立足于学科核心素养，整合目标、任务、情境与内容的一个相对独立、体现完整教学过程的教学单位。[①] 教师可以依托教材的自然单元设计教学方案，也可以按照学习任务群统整教材设计教学方案，或者开发立足于学生发展的研究性学习方案。

3. 解读文本

语文教师对课文解读是否准确和深入，是决定教学目标是否合理的一个重要因素。在上文的问题案例中，教师将《背影》的教学目标 3 设定为"体会本文表现的民族传统美德，父亲对儿子的一片深情"，就是由于未能准确深入地解读文本。

由于上节专门介绍了文本解读的方法，此处只简单介绍语文教师解读文本的基本步骤，具体例子见下文案例说明。一般来说，语文教师可以通过三个步骤解读课文。第一步，不借助任何参考资料，以自然状态的普通读者身份进行"素读"，读出个人的真实感受与理解。第二步，参照名家解读文本的材料，获得更深入、多角度的理解。"语文教师在面对任何一篇经典文本的时候，其视野起码应该是这个文本本身的 5 到 10 倍，有了这个视野，文本冰山下的百分之八十就暴露在了你的面前"[②]。第三步，结合课标和教材要求，从语文教师的角度确定其教学价值，也就是一篇课文的教学点，作为预设的教学目标。要注意，在这里确定的只是教学目标的大概范围，教师需要综合考量个人理解、名家解读，以及学生的水平和需求，才能确定合宜的教学目标。

4. 了解学情

一篇课文的教学点可能有很多，教师不可能也没必要在教学中涵盖所有教学点。教学目标是学生的学习结果，也就是学习的终点。学习终点的确定要以了解学习起点为前提。学生的学习起点是指他们已有的与所学内容相关的认知积累，即现有的学习状态。这种状态与所期望达到的学习状

[①] 陆志平：《语文学习任务群的特点》，载《语文学习》，2018(3)。

[②] 王君：《贾平凹〈风雨〉备教手记》，见余映潮、王君、肖培东等：《备课到底备什么：语文名师备教手记》，18 页，武汉，长江文艺出版社，2018。

态之间的差距，就是学习需要。只有切合学生需要的教学目标才是可以实现的、能够促进学生发展的目标。因此，学情也是教师确定教学目标时需要参考的重要因素。

要注意的是，这个学情不是类似于"我们班学生语文基础薄弱"这样笼统的情况，而是针对这一课的具体情况。比如一位教师教《背影》时的学情分析。

初二(1)班共有学生48人，其中男生28人，女生20人。学习《背影》时，学生正处于青春期，与父母的关系基本处于比较紧张的状态，大都觉得父母就是他们人生成长路上的束缚者……彰显个性是这个时期学生的普遍心理特征。另外，上周一个与父母关系的小调查显示，班中有85％的学生感觉不到父母的爱……《背影》被编在八年级……设计教学时除充分考虑语文知识与能力的提升之外，也可充分利用文中传递的情感，帮助学生尽快度过青春叛逆期，走好这一生命的转折点。

班级中的学生……主动学习的意识比较弱……李强等四位同学的朗读水平比较高，在教学《背影》时可充分发挥他们的特长，通过他们的演示与帮助，提升全班同学的朗读水平；程永泉等10人是写作记叙文、编故事、讲故事的高手，可请他们指导其他学生的记叙文写作……

……对于《背影》的作者朱自清先生，学生在七年级学习《春》一文时已经有所了解，此项内容教师可交给学生自己去预习，教学时可根据实际检查学生积累这一知识的情况……[①]

教师可以通过问卷调查、访谈等途径了解学情，也可以根据学生平时的课上表现、作业完成情况等进行预估。比如钱梦龙借班教《故乡》时，提前一天让学生把读课文后产生的疑问写在纸条上交给他，然后从学生提的一百多个问题中筛选出五六个问题，把解决这些问题作为教学目标。另外，教师还可以围绕将要学习的内容，设计一些课上或课下、口头或书面的学习任务，通过学生的完成情况，了解学生的现有水平和存在的问题。比如统编初中教材八年级(下册)和高中教材必修(下册)中都有演讲单元。教师

---

① 张秋玲：《语文教学设计：优化与重构》，337～338页，北京，教育科学出版社，2012。

可提前布置一个撰写演讲词的作业，从学生的完成情况了解他们在演讲方面的知识储备、能力水平以及存在的问题，并据此确定教学的重难点。

5. 案例说明

解读课标、分析教材和了解学情是确定教学目标的三个基本步骤。具体到每一课又略有不同。下面我们分别通过初中和高中的案例说明教学目标确定的方法。

（1）初中案例：《木兰诗》的教学目标。

第一，分析单元说明。《木兰诗》安排在统编初中语文教材七年级下册第二单元，本单元包括《黄河颂》《老山界》《谁是最可爱的人》《土地的誓言》《木兰诗》五篇课文。从单元说明可知，本单元人文主题是家国情怀；语文要素为通过"涵泳品味""体验与想象""做批注"等"精读"的方法，"把握课文的抒情方式，体会作品的情境，感受作者的情怀"。

第二，分析助读系统。具体到《木兰诗》这一课，教师要思考：与前面的《黄河颂》《老山界》《谁是最可爱的人》《土地的誓言》四篇课文相比，《木兰诗》体现的"家国情怀"有何特点？木兰这一形象有何特色？《木兰诗》的艺术手法有什么特色？

本课的预习提示：

◎ 木兰从军的故事千百年来广为传颂，多次被改编为戏曲、电影等艺术形式。这个故事的源头，就是北朝民歌《木兰诗》。借助注释，阅读课文，熟悉这首民歌讲述的故事。

◎ 这首民歌既展现木兰的英雄气概，也表现她的女儿情怀。学习时注意从这两方面把握木兰这一人物形象。[①]

预习提示体现出两个学习任务：一是了解故事情节，二是从"英雄气概"和"女儿情怀"两方面把握木兰这一人物形象。

课后的思考探究有三题：

一、《木兰诗》是一首叙事诗，叙述了一个传奇的故事。梳理课文的故

---

① 《义务教育教科书语文七年级下册》，47页，北京，人民教育出版社，2023。

事情节，看哪些地方叙述得详细，哪些地方简略。这样处理好在哪里？

二、《木兰诗》富有北方民歌特色，风格刚健质朴。如诗中多以口语化的问答刻画人物心理，以铺陈排比描述行为情态，最后以风趣的比喻收束全诗。从课文中找出一二例，说说你的感受，并有感情地朗读这首诗，注意体会其韵律、节奏。

三、千百年来，木兰的形象一直深受人们喜爱。读完课文后，你认为原因是什么？木兰的哪些品格最让你感动？[①]

第一题要求学生梳理故事情节，把握叙事的详略安排，这比预习提示中的第一个要求高了一层，叙事的详略安排体现出作者的意图，这对理解木兰形象起到关键作用。第二题提示了《木兰诗》表达方式的特色及学习方式。第三题呼应预习提示，要求感受木兰的形象和品格。

第三，分析文本。从《木兰诗》这首叙事诗本身来看，全诗描述打仗的语言严格来说只有"将军百战死"这一句。但是写她担心父亲，决心代父出征，却用了十六句；写备马用了四句，写行军途中思念爹娘用了八句，写胜利归来家庭的欢乐用了六句，写木兰更衣化妆用了十二句。孙绍振认为，这样的安排是为了表现文本两个方面的深层意脉："第一，突出女英雄。本来，从军不是女孩子，而是男人的义务，文本反复渲染的是，女孩子主动承担起男人的保家卫国的责任，特点不在如何英勇，而是从军之前的亲情，立功归来以后，和男性享受立功受赏的荣誉，坦然为官作宰截然不同，她只在意享受亲情以及和平幸福的生活。女性的毅然担当，女性的亲情执着，女性的超越立功受赏的世俗功利，正是文本意脉的前半部分。文本意脉的后半部分，则是，恢复女儿本来面目的自豪和自得。……第二，经典文本的第三个层次，文体风格，蕴含着矛盾，统一而又丰富。一方面，在花木兰情绪的营造上，极尽排比渲染之能事，这是民歌风格。而另一方面，惜墨如金，百战之苦，十年之艰，一笔带过。表现了北朝乐府诗的成熟技

[①] 《义务教育教科书语文七年级下册》，49页，北京，人民教育出版社，2023。

巧。"①《木兰诗》塑造的女性英雄花木兰的独特形象，和北朝民歌的艺术特色，应该是本诗的核心教学价值。

第四，分析学情。从学生学习的角度来看，在学习这一课之前，学生可能已经通过故事、动画片、电影等方式对花木兰的故事有所了解。但是他们对花木兰的印象可能是个贫乏而固化的概念——一个英勇善战的英雄，这并不符合叙事诗《木兰诗》的人物形象特点。要引导学生通过分析本诗叙事的详略安排，体会作者的意图，正确把握木兰的"女性英雄"形象。另外，作为一首古代民歌，《木兰诗》语言的口语化程度较高，学生借助课下注释不难理解课文内容，课上只需针对个别字词进行讲解。为了体会民歌的语言特点，课上可以设计几次带任务的朗读：首先明确课文大意，然后品析其口语化和铺陈排比等语言特色，感受韵律、节奏，在此基础上正确理解花木兰的形象特点。

综合以上考虑，《木兰诗》一课的教学目标如下：

①能够把握本文叙事的详略安排，从英雄气概和女儿情怀两个方面描述木兰的人物形象。

②能够结合课文说出《木兰诗》作为一首北方民歌的表达特色。

（2）高中案例：统编高中语文教材必修（上册）第一单元的教学目标②。

第一，明确本单元所属任务群及相应的学习要求。第一单元属于"文学阅读与写作"任务群，是教材必修部分五个"文学阅读与写作"任务群的起始，为学生高中阶段的文学阅读与写作学习奠定基础。

第二，根据单元导语提炼本单元的核心学习任务。本单元的导语呼应"文学阅读与写作"任务群的学习要求，提出"要理解诗歌运用意象抒发感情的手法，把握小说叙事和抒情的特点，体会诗歌和小说的独特魅力；学习从语言、形象、情感等不同角度欣赏作品，获得审美体验；尝试写作诗歌"。从中可知，"诗歌意象与抒情""小说叙事与抒情""文学作品意蕴的丰富性"和"诗歌写作"等是本单元的核心学习任务。

---

① 孙绍振：《与西方文论的平等对话和争鸣——孙绍振文艺学文选》，95～96页，济南，山东文艺出版社，2019。

② 本部分内容参考纪秋香：《指向语文学科核心素养发展的单元教学整体设计——以普通高中语文统编教材必修上册第一单元为例》，载《基础教育课程》，2020(2)。

第三，分析每篇文章在人文主题内涵及表现形式上的侧重。（表1-3）

表1-3　第一单元各篇文章内容分析

序号	体裁	课文名称	内容分析
第1课	诗歌	《沁园春·长沙》	在表现青春价值的人文主题及诗歌艺术表达上更具有经典意义。
第2课		《立在地球边上放号》《红烛》*《峨日朵雪峰之侧》*《致云雀》	既有中国当代诗歌的纵向学习，也有外国诗歌的横向感受。
第3课	小说	《百合花》*《哦，香雪》	除了都突出表现单元人文主题外，在小说叙述与抒情表现方面均有特色，且都以特定时代为宏大叙事背景，塑造典型人物，反映出时代的精神追求。

第四，利用每课的学习提示，确定具体教学目标。第一单元每课的学习提示涉及课文内容简介、学习重点、阅读策略、延伸阅读、背诵要求等，可以帮助教师更好地解读课文和把握教材编写意图。如第1课《沁园春·长沙》的学习提示内容（表1-4）。[①]

表1-4　《沁园春·长沙》学习提示

《沁园春·长沙》学习提示	
课文内容简介	面对"万类霜天竞自由"的壮丽秋景，毛泽东填写了这首词，抒发昂扬向上的青春激情，表达雄视天下的凌云壮志。
学习重点	阅读时注意领略毛泽东以天下为己任的胸怀，品味其中意象的活泼灵动、意境的丰盈深邃。
阅读策略	要反复诵读，仔细揣摩，体会这首词炼字选词的精妙之处。
延伸阅读	老一辈无产阶级革命家的很多诗词都能引发我们对青春的思考，可以课外阅读毛泽东《水调歌头·游泳》、周恩来《赤光的宣言》、朱德《太行春感》、陈毅《赣南游击词》等，感受他们的情怀。
背诵要求	背诵课文。

第五，学情分析。从学习心理与精神状态看，学生刚刚开启高中新生

---

① 《普通高中教科书语文必修上册》，3页，北京，人民教育出版社，2020。

活，青春生命昂扬，多数人会思考与生命价值相关的问题。但由于处于信息社会，外界诱惑复杂，他们对个人、国家与未来的思考不够清晰，需要进一步树立正确的价值观。从文学阅读能力看，经过初中的语文学习，落实义务教育语文课程标准的要求，学生应该能够"欣赏文学作品，有自己的情感体验，初步领悟作品的内涵，从中获得对自然、社会、人生的有益启示。能对作品中感人的情境和形象说出自己的体验，品味作品中富于表现力的语言"。他们过去阅读学习文学作品以感受体验、获得启示、品味语言为主，文学鉴赏能力还有待提高。在本单元学习中，教师应引导学生开展文学欣赏活动，帮助他们在阅读文学作品的过程中了解诗歌、小说等文学体裁的基本特征及主要表现手法，从诗歌意象与抒情、小说叙事与抒情等方面开展探究学习，并尝试从多个角度欣赏作品，获得审美体验，提高鉴赏能力，体味作者独特的艺术创作手法。[①]

基于以上分析，教师确定了本单元的教学目标：

"1. 通过参加'校园朗读者'系列活动，阅读单元选文及拓展资源，理解诗词运用意象抒发感情的手法，把握小说叙事和抒情的特点，体会文学作品的独特魅力。

2. 感受文学作品意蕴的丰富性和语言表达的特殊方式，学习从语言、形象、情感等不同角度欣赏作品，获得审美体验，提升审美能力。

3. 捕捉灵感，尝试诗歌写作，抒写自己的青春岁月，正确认识自我，树立远大理想，为中华民族伟大复兴而努力。"[②]

（三）教学目标的表述方法[③]

编写和表述教学目标的方法有很多，这里仅介绍语文学科常见的四因素法。

教学目标的四个基本要素为：对象、行为、条件、程度。教师从这四个方面进行教学目标的编写与表述的方法，叫作四因素法，也称为"AB-

---

① 纪秋香：《指向语文学科核心素养发展的单元教学整体设计——以普通高中语文统编教材必修上册第一单元为例》，载《基础教育课程》，2020(2)。

② 纪秋香：《指向语文学科核心素养发展的单元教学整体设计——以普通高中语文统编教材必修上册第一单元为例》，载《基础教育课程》，2020(2)。

③ 本部分内容参考张秋玲：《语文教学设计：优化与重构》，159～160页，北京，教育科学出版社，2012。

CD 编写模式"。

1. 对象

对象（A：Audience，即学习者）。教学目标不仅是教师教学设计的起点，也是学生学习活动的结果，因此，教学目标的行为主体应该是学生，而不是教师。虽然在陈述目标时常常省略"学生"二字，但教师要对行为主体心中有数。

2. 行为

行为（B：Behavior，即学习过程中的行为表现）。教学目标应该说明学生在学习过程中或学习结束时应该获得的知识、能力和态度发生的变化。为了便于教学后的评价，描述行为时应该选用那些可观察、可测量、具体明确的动词，如"指导""区分""运用""评价""设计"等，尽量避免使用"提高""培养""理解""掌握"之类笼统模糊的动词。

3. 条件

条件（C：Condition，即学习条件）。指为影响学习结果而规定的限制或范围，即在什么样的条件下达到何等程度的结果。比如"根据……""通过……""借助……""联系……"，等等。

4. 程度

程度（D：Degree，即目标高度）。指学生在学习结束时所应该达到的学习状态，可以从行为的速度（时间）、行为的准确性和行为的质量三个方面来确定。

比如鲁迅的《记念刘和珍君》一文的教学目标可以进行如此表述。

在细读两遍课文的基础上，每个学生至少能圈画出直（间）接参与"三一八"惨案的五个不同身份的人物的称呼，并能结合上下文对其中的一类人物做简单点评。

这条目标包含了四个要素（表 1-5）。

表 1-5 《记念刘和珍君》教学目标的四个要素

对象	行为	条件	程度
每个学生	圈画出，简单点评	细读两遍课文	至少五个不同身份的人物的称呼，简单点评其中的一类人物。

实践操练 ……▶

1. 分析以下案例教学目标设计中存在的问题并进行修改。

《诫子书》教学目标（1课时）

(1)帮助学生提高文言文诵读和理解水平。

(2)能够了解"书"这一文体的特征与古代家书的文化传统。

(3)引导学生通过诵读感受本文骈散结合的韵律感和情理交融的表达特色。

(4)厘清文本说理的结构层次和思路，学习本文正反对比、比喻、想象等说理方式。

(5)了解君子的传统文化内涵和修身养德、求学广才的重要性，体会文中蕴含的感情。

2. 根据本节所介绍的方法，设计一节课的教学目标，需要体现出设计意图，包括对课标、教材、文本、学情等方面的分析。

参考文献 ……▶

1. 崔允漷．教学目标——不该被遗忘的教学起点．人民教育，2004(Z2).

2. 纪秋香．指向语文学科核心素养发展的单元教学整体设计——以普通高中语文统编教材必修上册第一单元为例．基础教育课程，2020(2).

3. 陆志平．语文学习任务群的特点．语文学习，2018(3).

4. 彼得·W.艾瑞逊．课堂评估——一种简明的方法．夏玉芳译．长沙：湖南教育出版社，2008.

5. 孙绍振．读者主体和文本主体的深度同化和调节．课程·教材·教法，2010(3).

6. 孙绍振．孙绍振解读经典散文．北京：中华书局，2015.

7. 王尚文．语言·言语·言语形式——试论语文学科的教学内容．浙江师大学报(社会科学版)，1996(1).

8. 温儒敏．"部编本"语文教材的编写理念、特色与使用建议．课程·

教材·教法，2016(11).

9. 温儒敏.统编高中语文教材的特色与使用建议——在统编高中语文教材国家级培训班的讲话.课程·教材·教法，2019(10).

10. 徐英俊.教学设计.北京：教育科学出版社，2001.

11. 叶圣陶.叶圣陶语文教育论集.北京：教育科学出版社，2015.

12. 张秋玲.语文教学设计：优化与重构.北京：教育科学出版社，2012.

13. 郑桂华.中学语文教学设计.北京：高等教育出版社，2019.

14. 郑桂华.凸显文本的语文核心价值——有效教学设计的前提之一.中学语文教学，2008(3).

15. 义务教育语文课程标准(2022年版).北京：北京师范大学出版社，2022.

16. 普通高中语文课程标准(2017年版2020年修订).北京：人民教育出版社，2020.

▶ 第四讲
如何设计教学活动

教学活动是课堂教学的主体，通过一系列指向目标的活动，把学生、教师、教材、教学环境等要素组织在一起，根据学生在活动中的表现判断其学习情况，并随时调整教学策略，以保证教学目标的有效达成。从教学活动的设计与实施中，我们也可以看出一个语文教师的学生观、教材观、知识观以及对语文学科育人价值等的理解。[1] 可以说，教学活动设计是教学设计最主要的内容。

---

① 郑桂华：《中学语文教学设计》，54页，北京，高等教育出版社，2019。

一、问题案例分析

（一）案例展示

《望岳》教学设计

教学目标			
1. 理解《望岳》这首诗的含义，总结作者所描述的泰山的特点； 2. 体会这首诗所体现的作者情感，并联系自己的生活思考诗中的哲理。			

教学过程			
教学环节	教师活动	学生活动	设计意图
一、资料补充	了解杜甫的生平和这首诗的写作背景。	了解这首诗的背景知识。	帮助学生理解作者的情感。
二、整体感知	1. 结合课下注释朗读本诗，了解诗句含义。	1. 朗读本诗，了解诗句含义。	1. 引导学生初步理解本诗的含义。
	2. 总结作者所描述的泰山的特点。	2. 总结作者所描述的泰山的特点。	2. 引导学生整体感知本诗中泰山的特点。
三、深入探究	1. 找出体现泰山这些特点的诗句。	1. 结合具体诗句分析。	1. 深入理解诗句的含义。
	2. 通过泰山的这些特点，你能感受到作者怎样的情感？	2. 结合具体诗句分析。	2. 理解作者情感。
四、拓展思考	1. 谈谈你登山的经历。	1. 谈自己登山的经历。	1. 联系学生的生活，深入理解本诗。
	2. 谈谈这首诗对自己生活的启示。	2. 联系实际，谈谈这首诗对自己生活的启示。	2. 联系学生的生活，深入理解本诗所包含的哲理。

（二）案例分析

这个案例设计的教学活动，主要存在以下三个问题。

第一，混淆"教的活动"和"学的活动"。案例中的教师活动其实都是学生要做的事情，那么教师要做什么事呢？教师要如何进行引导，提出什么样的要求，提供哪些支持，并没有说明。另外，对于活动方式也缺少细节设计，比如"整体感知"的活动1，学生要"朗读本诗，了解诗句含义"。如何判断学生是否了解了诗句含义，学生在这个环节需要产生哪些活动成果，也没有说明。

第二，活动割裂，不符合学生的认知特点。"整体感知"的活动2和"深入探究"的活动1，分别要求学生概括特点和寻找依据，其实学生是先看到诗中的词句，理解了意思，然后才能概括出词句所描绘的泰山的特点，这一串连续的认知行为不适合分成两个活动进行。"拓展思考"的活动1让学生谈谈自己登山的经历，其实更适合放在课堂开始，创设情境，帮助学生建立生活经验与要学习的作品之间的联系。

第三，缺乏方法指导意识。在语文课上，教师要引导学生在运用语言文字的实践中锻炼能力，提取方法。比如，发现诗中的关键词句并据此理解诗意是学生需要发展的语文能力。教师可以将"整体感知"的活动2和"深入探究"的活动1合并成一个活动：圈画出作者描绘泰山的关键词句，并用"我通过'_____'看到泰山的_____。"的句式来表达你的收获。另外，在学生的语言文字运用实践中，教师可以提供帮助，但要注意帮助的时间和程度是否适宜。教师在课堂开始就把作者生平和写作背景一股脑展示出来，会造成三个问题：①此时的学生连诗都没读，对于背景材料的作用并不敏感；②学生容易抛开具体诗句，仅凭借背景材料谈感受，形成空话和套话；③背景资料太多，学生难以发现与本诗密切相关的材料。教师可以在课前让学生收集背景资料，同时自己也要筛选出与本诗密切相关的材料，在学生遇到困难时再出示材料，以推动活动顺利进行。

（三）常见问题分析

新教师在设计教学活动时，常常出现以下问题。

1. 从"教"的立场出发，忽视学生的"学"

许多教师在进行教学设计时只考虑"教的活动"，即"我要教什么"和"我要怎样教"，不考虑或者很少考虑学生"学的活动"。具体表现为："教师'教的活动'比较有结构，比较完整；学生'学的活动'非常零散，没有结构。教

师'教的活动'相对丰富、多样；学生'学的活动'非常呆板、单调。"①一位教师在教《秋天的怀念》时，一共说了12段抒情的话语，比如在导入环节，在学生读完课文后，在学生发言后，在课堂结束前等，整堂课由这12段话来组织、推进；而学生的学习活动就是听老师发言、回答老师的问题、观看老师播放的多媒体课件，以及作一些不连贯的小组讨论。这样的课堂很常见，但我们经过分析发现，在这样的课堂中，学生的学习活动是零散的，不成结构的、被动的，教师以"教的活动"代替"学的活动"，摒弃了学生在课堂上的主体地位。②

2. 从"语文教师"的立场出发，忽视"常态"的阅读方式

学生的阅读活动就是学生凭借他的生活经验、已有知识和阅读能力，阅读一个作品，产生了自己的理解与感受。③ 在阅读教学中，学生"自己的理解与感受"是主线。有些教师为了"快速"达到教学目标，往往忽视"常态"的阅读方式，将某个阅读方法生硬地搬来变成学生的学习活动，或者直接给出阅读结论，让学生给教师的结论找依据。比如教《秋天的怀念》时，教师一上课就让学生看课文的第一段和最后一段，希望学生抽取出关键句"你要好好活着"，然后围绕它们来分析课文。又如教《春》的时候，教师直接给出几个"美句"，让学生分析这几句"美"在哪里。教师用自己的理解与感受取代学生的理解与感受，长此以往，会限制学生阅读兴趣的产生和阅读能力的发展。

3. 活动太多，重点不突出

有时候，我们可以看到一节课上设计了五六个活动，每个活动的内容含量都差不多，看不出重点。一节课时间有限，若活动太多，容易让每个活动都浅尝辄止，学生没有充足的时间进行语言运用实践和反思，对于重点内容的学习不够深入和充分。比如一位老师教《老王》时，设计了如下活动：①了解作者生平和写作背景；②朗读课文，概括课文的主要内容；③小组活动，

---

① 王荣生：《教学环节就是组织"学的活动"》，载《语文学习》，2010(1)。
② 王荣生：《教学环节就是组织"学的活动"》，载《语文学习》，2010(1)。
③ 王荣生：《教学环节就是组织"学的活动"》，载《语文学习》，2010(1)。

每组选一段情节进行表演；④结合课文，体会作者对老王的情感；⑤品味文章语言，学习作者的写作风格。一节课一般是 45 分钟，假设活动①要用 5 分钟，那么剩下的四个活动平均每个只有 10 分钟。以活动③为例，若要充分展开，学生需要选定情节，分配角色，根据课文内容和自己的想象为角色设计语言和动作，然后分组表演，表演完还要结合文本进行评价和反思。只这一项活动就要花掉至少半小时的时间，留给其他活动的时间就很少了。依据这样的教学设计去上课，最后的结果可想而知——要么是每个活动在老师的生拉硬拽下匆忙结束，要么是活动进行不完，完不成预设的教学任务。

4. 教学活动偏离教学目标

许多新教师为了追求课堂的热闹，会设计很多活动，比如播放音频视频、学生表演、小组讨论等。但是有些活动与教学目标联系并不紧密，或者说并不能有效帮助达成教学目标。比如一位教师在讲《木兰诗》时先播放迪士尼动画《花木兰》的片段，但是看视频的活动跟后续的教学活动没有发生联系，对于达成教学目标"理解花木兰的形象"也没有起到什么作用。又如，让学生表演课本剧的目的是加深对文本的理解，表演之后结合文本进行评价和反思，有助于加深学生对文本的理解，理应作为活动的关键部分。但很多老师将重点放在表演上，热热闹闹表演完就结束，这样的活动并不能有效达成深入理解文本这一目标。

5. 活动不符合学生的认知特点

教师在设计教学活动时要考虑学生的认知特点，活动的难度不能低于或明显高于学生的认知水平，或者远离学生的生活经验。比如一位老师在讲《猫》的时候，课堂上大部分的时间都在带着学生梳理三只猫的特点和命运，填写课后练习题的表格。其实，三只猫的特点和命运在文中体现得很明显，学生完全可以凭借自己的能力在课前完成这个任务，不如把主要时间用在体会作者情感上面。又如，一位教师在教七年级上册第四课的《古代诗歌四首》时，要求学生以作者的身份去解说这些诗歌，由于学生对作者不够了解，所以这个活动难以完成，不如改成"向校刊推荐其中的一首诗歌，并说明推荐理由"。

二、教学活动设计

（一）教学活动的含义

教学活动是教师为实现教学目标而设计的一连串师生行为。"依据教学活动在教学过程中所起的作用，可以将教学活动分为两类：一类是组成课堂结构的结构活动，也就是常说的教学环节；一类是组成结构活动的学习活动。"[①]

"教学活动的构成要素大体有如下几种：（1）参与者，包括教师、学生、家长及社会人士等；（2）环境，包括教室、黑板、教具、多媒体、课外场馆等；（3）内容，包括教材、辅助读物、音视频资料等；（4）活动类型，包括讲授、演示、阅读、写作、讨论、观摩、辩论、报告、网上交流、体验、测验等；（5）过程，主要是对时间阶段与活动环节的划分、利用。"[②]

根据活动主体的不同，教学活动可以分为教师"教的活动"和学生"学的活动"。比如在小组讨论这个活动中，教师的活动应该是设置讨论情境，提出讨论要求，推动讨论进行，评价讨论成果；学生的活动应该是在教师设置的情境中，按照要求进行讨论，展示讨论成果，并结合教师和同学的评价进行反思，修改完善自己的讨论成果。

"语文课程作为一门实践性课程，应着力在语文实践中培养学生的语言文字运用能力"，"要引导学生在语言文字运用的过程中发现问题，培养探究意识和发现问题的敏感性，探求解决问题和语言表达的创新路径"。[③] 根据课标的这一要求，教师应该"设计学习情境帮助学生亲身经历语言实践活动的完整过程，在这个过程中形成对知识与能力，过程与方法，情感、态度与价值观的体验，凝练出基本的知识结构，经由师生交流发现这一知识结构存在的问题，修改、完善，重新建构新的思考与认识"[④]。

因此，虽然讲授、演示等以教师为主体的活动在教学中也是十分必要的，但一堂课的核心活动应该以学生自主的语言实践活动为主。语文教学

---

① 张秋玲：《语文教学设计：优化与重构》，202页，北京，教育科学出版社，2012。
② 郑桂华：《中学语文教学设计》，55页，北京，高等教育出版社，2019。
③ 《普通高中语文课程标准（2017年版2020年修订）》，3页，北京，人民教育出版社，2020。
④ 吴欣歆：《高中语文学习任务群教学笔记》，36页，北京，北京师范大学出版社，2020。

设计，主要不是设计教师做什么、怎么做，主要不是设计"教的活动"；而是设计学生做什么、怎么做，设计"学的活动"。①

高中新课标将语文学习活动分为阅读与鉴赏、表达与交流、梳理与探究三类。要注意这三类活动不应截然分开，而要在发展语文学科核心素养的总目标统领下，在丰富多彩的语文实践活动中有机整合。比如"撰写人物小传"这个活动，需要学生梳理文学作品中的人物经历，然后用自己的语言表达出来，并在班级中交流，活动涵盖了阅读、梳理、表达、交流等一系列语文学习活动，对于学生的语言、思维、审美、文化等方面素养的提升都有帮助。

（二）教学活动的设计原则

1. 活动要指向教学目标

教学活动的目的是达成最终的教学目标，教学中的任何一项活动都应该指向目标的达成，而不应只是烘托课堂气氛或展现教师风采的手段。比如一位教师为《水浒传》的阅读起始课设计的三个活动，分别与三个目标一一对应，活动内容和形式均有助于目标的达成（表1-6）。

表1-6　走进水浒故事——《水浒传》阅读起始课②

教学目标	教学活动
1. 通过了解精彩情节，产生阅读梁山泊故事的兴趣。	活动一：四大名著档案卡之《水浒传》 学生通过查阅资料和调研完成预习表格，包括图书类别、作者、创作背景、精彩内容举隅、同学最熟悉的英雄故事、同学喜爱程度等信息。
2. 结合已有认知，领略名著的语言魅力。	活动二：三看武松打虎 1. 教师展示学生所完成的档案卡，并宣布最熟悉的英雄故事投票结果——武松打虎。 2. 让学生讲讲自己印象中的故事始末。 3. 展示电视剧中武松打虎的精彩片段和连环画中的相关情节。 4. 回归书本，阅读相关章节，说说为什么我们不能只是通过看电视剧或连环画等轻松的方式走进《水浒传》，而一定要阅读原著。

---

① 王荣生：《教学环节就是组织"学的活动"》，载《语文学习》，2010(1)。
② 表格改编自李丽娟：《从娱乐性阅读走向文学性阅读——〈水浒传〉书册阅读教学现场》，见吴欣歆、许艳：《书册阅读教学现场》，79～83页，北京，教育科学出版社，2016。

续表

教学目标	教学活动
3. 通过教师讲授，了解赏析人物形象的基本方法。	活动三：怎么读？这样读 1. 方言俚语怎么读？ 班级建立一个方言俚语表，合力总结生僻词读音和词义。 2. 插入诗词怎么读？ (1)读人物正面描写。 (2)品人物侧面描写。 (3)读情感评价。 (4)读寓意。 3. 人物绰号怎么读？ 符合时代，结合外在，联合内在。 4. 人物性格怎么读？ (1)综合外貌、语言、行为等描写纵向分析。 (2)联系类似人物，横向比较。

2. 活动要保证学生的主体地位

"语文课程作为一门实践性课程，应着力在语文实践中培养学生的语言文字运用能力。……通过阅读与鉴赏、表达与交流、梳理与探究 等语文实践，积累言语经验，把握语文运用的规律，学会语文运用的方法，有效地提高语文能力，并在学习语言文字运用的过程中促进方法、习惯及情感、态度与价值观的综合发展。"[①]因此，学习活动要保证学生的主体地位。教师在设计教学活动时要注意以"学的活动"为基点，"以'学的活动'来组织教学，使'学的活动'得以充分展开"[②]。"学的活动"要充分展开，需做到三点：第一，要有较为充足的时间；第二，学生的学习经验要有较为充分的表达与交流；第三，学生通过学习形成了新的学习经验。[③]

比如宁鸿彬老师教《皇帝的新装》的第一课时，主要有两个教学活动：①读课文，读完之后给这篇童话加个副标题——一个什么样的皇帝。②用一个字来概括这篇童话的故事情节，或者说这个故事是围绕哪个字展开的。

---

① 《普通高中语文课程标准(2017 年版 2020 年修订)》，3 页，北京，人民教育出版社，2020。
② 王荣生：《营造以"学的活动"为基点的课堂教学》，载《语文学习》，2010(5)。
③ 王荣生：《教学流程就是"学的活动"的充分展开》，载《语文学习》，2010(3)。

这两个活动的主体都是学生，并且占据了课堂大部分时间，学的时间比较充足。在第一个活动中，学生提炼出了"愚蠢""爱美""虚伪""不可救药""昏庸""无能""无知""不称职"等词语，从不同角度表达出对皇帝这一形象的理解，学生的学习经验得以充分交流，思维能力和表达能力得到了锻炼。在第二个活动中，学生需要练习如何把握故事情节。在教师的指导下，学生在概括出的"蠢、骗、伪、新"等十多个词中，排除掉不切题的，检验出适合故事中所有人物的，最后用比较法筛选出一个"骗"字，在此过程中锻炼了把握情节的阅读能力、高度概括的表达能力和去伪存真的筛选能力，形成了新的学习经验。[①]

3. 活动要相对集中，突出重点

在一份教学设计中，教学目标条目之下就是教学重点。教学重点是学生在一节课中需要学习的主要内容，教学重点的学习活动是课堂上的主要活动，需要占据课堂教学的主要时间。一般来说，一节课的主要活动以两到三个为宜，每个活动15～20分钟，以保证重点内容的教学效果。教师将学生在学习这一课前的情况作为起点，将教学目标作为终点，在此之间设计两到三个台阶，也就是主要活动，帮助学生一步步到达终点。[②] 每一项主要活动之下，可以设计更具体的活动步骤，帮助学生达成活动目标。

比如，余映潮老师在教《散步》时，除了简短的导入和小结外，做了三项主要的阅读活动——理解文意、朗读课文、品味语言，每项主要活动下分设若干步骤。"理解文意"活动：朗读课文，给课文重拟标题；分享所拟的标题并说明理由；教师点评。"朗读课文"活动：第一步，读全文，想象作者在欣赏自己的作品；第二步，读好文中的波澜，想象自己在扮演故事中的角色；第三步，读最后一段，想象自己在做示范朗读。"品味语言"活动：教师示范方法，学生准备，同桌之间交流，学生展示。三个主要活动对应教学重点内容，层次清晰，学生活动充分，能够较好地达到理解文

---

① 宁鸿彬：《〈皇帝的新装〉教学实录》，见刘远：《语文名师经典课堂（七年级上册）》，268～272页，太原，山西教育出版社，2016。

② 王荣生：《教学环节就是组织"学的活动"》，载《语文学习》，2010(1)。

意、锻炼朗读能力和品味语言能力的目标。

4. 活动要符合学生的认知特点

教师在设计教学活动时，要考虑活动是否符合学生的认知特点：第一，活动对学生来说是否太简单或者太难；第二，活动是否能引起学生的兴趣；第三，活动与活动之间，以及活动中的各个步骤之间是否符合逻辑。

以七年级上册第一单元为例，这一单元包括《春》《济南的冬天》《雨的四季》《古代诗歌四首》，以及"写作：热爱生活，热爱写作"。教师可将作家笔下的自然之美与学生身边的校园之美联系起来，设计如下活动：任务一，"走进九月的校园"，让新入学的学生走进校园去观察、发现校园里的自然美景，并用自己喜欢的方式说说校园之美，这样他们在阅读本单元名家作品时就有一种亲切感；任务二，"在朗读中体会名家笔下的自然"，让学生在班级"读吧"中发布自己的朗读作品，然后组建"朗读者"团队，利用教师给出的学习支架，自主朗读、梳理、比较、分析，合作展示文本中最打动人的内容，并进行书写和交流；任务三，"我感受到的自然"，让学生对比自己原有的观察，修改原有的作文并上传到作文空间站，大家一起交流。从观察身边的校园之美，到欣赏名家作品中的自然之美以及表达手法，再到能结合所学的知识用文字表达自己眼中的自然之美、生活之美，三个任务逻辑层次鲜明，适合学生的认知能力，又能引起学生兴趣。[①]

在阅读教学中，教师最好先按照阅读的"常态"，即作为正常读者去解读文本，有了感受之后，再回顾自己得出结论的过程，依照自己的阅读逻辑，结合学生的情况去设计学习活动。这样符合"常态"的阅读学习活动，一方面有助于学生理解文本，另一方面能够帮助学生掌握阅读方法，提升阅读能力。

5. 活动要设置合理的情境

"情境认知理论认为，知识是具有情境性的，属于活动、背景和文化产品的一部分。知识是处在情境中并在行为中得到进步与发展的。……脱离

---

① 高红：《真实情境，在深度学习中提升学生语文素养——统编本七年级上册第一单元教学设计与实践》，载《语文建设》，2019(11)。

情境的知识教学会导致'惰性知识'的产生，不利于知识的迁移与运用。"[①]"真实、富有意义的语文实践活动情境是学生语文学科核心素养形成、发展和表现的载体。"[②]因此，教师应聚焦关键的语文知识和能力，设计真实而富有意义的学习情境，驱动学生积极开展语文实践活动。为活动设置情境"不只是为了激发兴趣，更是为了给'活动'的展开提供背景、条件与氛围，有时候'情境'就是课堂教学内容涉及的语境。教材的'单元学习任务'和'学习提示'，均已设定'活动'的'情境'，教学中可以参考采用，但更多的'活动'情境还是需要根据课文内容和'任务'的要求来设计"[③]。

比如，程翔老师在教《中国石拱桥》时，为了让学生体会到说明文语言的准确性，根据"大拱的两肩上，各有两个小拱"这句话画了一幅图，要求学生用自己的话去描述这幅图，当发现学生的表述不够准确时，再让学生看课文中茅以升是怎样描述的。在描述和比较的情境下，学生发现了自己的语言与课文语言的差距，体会到了说明文语言的准确性是如此重要，并且学到了用形象化提升语言准确性的方法。[④] 又如，在学习《伟大的悲剧》时，教师可以让学生依据文本对斯科特进行一次简短的访谈，这一情境可以引导学生主动解读文本，体会人物的内心活动，进行深度学习。[⑤]

统编高中语文教材必修上册的第一单元所属的学习任务群为"文学阅读与写作"，人文主题是"青春的价值"，单元学习任务的设计可以创设校园朗读者学习活动情境，设计"学习准备：感受·多彩的青春""嘉宾招募：表达·我的青春""组织展演：展示·青春的价值"三个阶段，引领学生从诗歌意象与抒情、小说叙事与抒情、文学作品意蕴的丰富性、文学作品朗读、文学创作等方面进行学习。[⑥]

---

① 彭程：《教学情境的基本内涵、实践困境与破解路径》，载《当代教育科学》，2022(12)。

② 《普通高中语文课程标准(2017年版2020年修订)》，48页，北京，人民教育出版社，2020。

③ 温儒敏：《统编高中语文教材的特色与使用建议》，载《北京教育(普教版)》，2019(11)。

④ 刘远：《语文名师经典课堂(八年级上册)》，98~99页，太原，山西教育出版社，2016。

⑤ 江跃：《大单元设计，指向真实任务的积极言语实践——统编本七年级下册第六单元教学实践与思考》，载《语文建设》，2019(11)。

⑥ 纪秋香：《吟唱青春 拥抱未来——统编高中语文教材必修上第一单元教学建议》，载《中学语文教学》，2020(2)。

学习林语堂的《苏东坡传》时，可以设计如下的"体验式学习活动链"："(1)在苏东坡时代的中国地图上，勾勒苏东坡的'人生地图'；(2)如果建一座苏东坡纪念馆，你会选择哪个地方，为什么？(3)苏东坡纪念馆分为几个展厅合适？请为你划分的展厅撰写前言；(4)在苏东坡纪念馆中建造一座人物雕塑，你会选择哪位或哪些人物，为什么？(5)请你为苏东坡纪念馆拟写一副张贴在大门上的对联；(6)梳理上述活动，撰写'苏东坡纪念馆策划方案'。"①"建苏东坡纪念馆"这一情境，促使学生在完成活动的过程中不断追问和反思，提炼出自己对苏东坡的认识与思考，并在下一阶段的活动中检验；最后通过对比自己和他人的学习成果，重新建构对苏东坡的认识。

6. 活动要具有操作性

为了保证活动的顺利开展，教师要注意使活动具有操作性：第一，有明确的任务与具体的要求；第二，给学生提供有效的学习支架，学习支架可以是教师补充的拓展材料，也可以是教师说明的学习方法。

在学习《荷叶　母亲》一课时，余映潮老师这样介绍一个活动："下面我们有一个默思静想的学习过程，尝试一下'术语点评'的学习方法。什么是术语点评呢？很简单。所谓术语，在咱们的课堂上就是语文的话语。比如，这个结尾是文章的高潮，你们老师常给你们讲的开门见山、篇末点题、过渡、照应、描写、抒情等，都是语文的术语。现在，默读课文，拿起笔，对课文进行发现。哪个地方是什么，为什么，说明了一个什么道理，都要搞清楚。好，我再举一个例子，在这篇课文里，第2、3两段从全文的脉络来讲，从全文的构思来讲，是插叙。从另外一个角度讲，是由莲花作者展开了联想。'联想'也是术语。"②这段介绍中包含了明确的任务——"术语点评"；具体的要求——"默读课文，拿起笔，对课文进行发现。哪个地方是什么，为什么，说明了一个什么道理，都要搞清楚"；方法示范说明——对于"术语"的解释和举例说明，以课文第2、3两段为例展示如何进行术语点评。

---

① 吴欣歆：《体验式学习活动链：语文教学转型的有效路径》，载《教育科学研究》，2016(11)。
② 余映潮：《〈荷叶 母亲〉教学实录》，见刘远：《语文名师经典课堂(七年级上册)》，36页，太原，山西教育出版社，2016。

又如整本书阅读的自主通读活动，教师可以引导学生制订阅读时间计划表，将长的、难的作品分解成每天的阅读内容，也可以设计学程手册，包括阅读范围、局部阅读目标、阅读任务和助读资源等内容，提示学生关注文本重要信息，学习一些基本的阅读方法。[①] 在整本书阅读的交流研讨课上，教师可以向学生推荐名家解读文献的方法或者介绍自身的阅读经验，丰富学生知识，提供思维路径；也可以以学生提出的有思维含量的问题为突破口，推进学生的深度阅读，引导学生读出书籍的精华。[②]

7. 活动要设计合理的评价方式

义教新课标提倡评价的过程性、导向性和评价主体的多元化。"在小组合作、汇报展示过程中，教师应提前设计评价量表、告知评价标准，引导学生合理使用评价工具，形成评价结果；……课堂互动中，教师要关注学生知识基础、认知过程、思维方式、态度情感等方面的表现，深入分析这些表现及其影响因素，及时给予有针对性的指导。"[③]由于教学经验的缺乏，新教师在课堂上很难及时判断学生的课堂表现，分析其影响因素并提供针对性指导，因此更应该在教学设计阶段做好预设，为每一个学习活动设计合理的评价方式，从而保证活动的有效开展以及学习目标的最终实现。

第一，每一个活动都应要求学生产出口头或书面的活动成果，这样才能使活动落到实处，教师也能根据学生产出的成果判断学生的掌握情况。成果的形式可以是多样的，比如"朗读课文，理解大意"这个活动，可以设计复述主要内容、抓取关键词句、重拟题目等方式来检测学生理解课文大意的效果。王君老师在教《从百草园到三味书屋》时，要求学生在初读课文后完成"从百草园到三味书屋，就是从＿＿＿＿到＿＿＿＿"这个句子，以表达自己对课文的理解。谢军梅老师在《三国演义》整本书阅读的第一次重点突破课上，设计了这样的活动："如果《三国演义》电视剧一共分为五部，请把原著内容划分成五个部分，并分别用四字词概括。如果每一部拍摄 10 集左

---

① 许艳：《整本书阅读与研讨：实践探索与学理思考》，95～96 页，北京，华文出版社，2019。
② 张媛：《和学生共读"整本书"：流程设计与策略使用》，载《语文教学通讯》，2016(17)。
③ 《义务教育语文课程标准(2022 年版)》，48 页，北京，北京师范大学出版社，2022。

右，你会选择哪些故事？请列出五个部分的内容提纲。"通过学生为每部分选择的内容和概括的提纲，教师就能了解学生对全书情节的掌握情况。

第二，教师对学生成果的评价不能是泛泛地肯定、否定或者称赞，而要发挥引导和提升的作用。备课时教师可以根据经验预测学生可能会出现的困难，并设计好对策。比如郑桂华老师在《说"木叶"》的教学设计中，给学生布置了课前预习作业，在课上交流预习作业的活动设计中，预测了学生可能有的阅读障碍，并设计了相应的对策："学生可能有的阅读障碍有：1. 引用太多，不少诗句不熟悉。2. 概念较多，'木叶''落木''树叶''落叶'等，容易纠缠不清。3. 思路梳理比较难。4. 有些内容看起来不太好接受。对策：1. 不是古典文学专业作学术研究，一般不需要扩展阅读、对这些引用的诗句刨根问底。阅读此文最重要的是把握作者观点。2. 画出作者针对不同概念展开评述的语句，完成预习作业一和二，就可以解决第二、第三个困难。3. 结合作者的学术背景，理解林庚作为诗人学者的研究旨趣——作为诗人的审美体验超过作为学者的严谨的学术研究。"[①]这样，教师就可以在学生展示预习成果时有的放矢地进行评价和指引。

三、优秀案例分析

（一）案例展示

【案例1】

《老王》第二课时教学设计

教学目标：

1. 通过体味、品评老王和作者的生命状态及交往过程，理解作者想要表达的情感。

2. 调动生活体验，通过品读细节、拓展联读等方法，感受作者深沉的感情。

教学过程：

一、导入（略）

---

① 郑桂华：《中学语文教学设计》，173 页，北京，高等教育出版社，2019。

二、活动一：提取信息，制作"老王档案"

1. 阅读课文，概括老王的基本信息，不超过 50 字。

提示：可以从杨绛、老王或其他人的视角来概括。

预设：略。

明确：略。

2. 能不能将 50 字的信息压缩为一个词语或一个字来表现老王的生存状态？

预设：略。

教师小结：略。

三、活动二：借助符号，诠释形象

1. 结合文章中的细节，尝试用一个抽象的符号概括老王在杨绛心中的印象。

提示：选取细节时，可关注老王为杨绛做了哪些事情；结合符号的意义与特点，说明所选符号的理由。

预设：略。

明确：品读细节，我们认识了质朴、善良、不起眼的老王，他"伛着身子"的样子像逗号，也像问号；省略号表明，老王无力无奈，他有一言难尽的苦楚，还有他对杨绛一家默默的尊重和细心的照顾；破折号让人想到老王用行为给自己的品质作诠释。

2. 文中哪个细节最让你感动？

明确：略。

3. 我们一起来品味作者用了哪些手法，来描写这一情境。（PPT）

(1)老王直僵僵地镶嵌在门框里……

(2)他"嗯"了一声，直着脚往里走，对我伸出两手。

(3)我忙去给他开了门，站在楼梯口，看他直着脚一级一级下楼去……

(4)那直僵僵的身体好像不能坐，稍一弯曲就会散成一堆骨头。

明确：略。

四、活动三：品读语段，理解主旨

1. 关于杨绛对老王的情感，老师摘录了几个观点，你是否认可，说说你的理解。（PPT）

观点 1：作者没有平等待人，在她眼里，老王不过是一个"蹬三轮的"！

观点 2：老王和杨绛之间有明显的隔膜——在"我"心中，老王只是一个不幸的陌生人，或者说是一个一般的熟人，一个熟悉的陌生人。

观点 3：作者杨绛十分高尚，"作者，包括作者这一家，该做的事情都做到了，但是作者仍然觉得愧怍"，"这实际上是一个知识分子的良心的表现"。

预设：略。

（无论赞同或反对，只要能结合文本，言之有据即可。）

2. 聚焦文章最后一段，"愧怍"无疑是一个关键词语。比较"我"为老王所做的事以及老王为"我"所做的事，我们该如何理解杨绛所说的"愧怍"？

教师提供背景资料：杨绛年表（略）

（如何理解"愧怍"？每个人都可以有自己的解读，只要言之成理，言之有据。学生也可以整合资源，完成更深刻的解读。）

五、活动四：文本联读，拓展延伸

《老王》这篇文章写于 1984 年前后，事情过去十几年，作者依然心有愧怍。作者想通过表达自己对老王的愧怍向我们传达什么？请同学们结合预习时所读的《林奶奶》《顺姐的"自由恋爱"》，谈谈自己的看法。

教师小结（略）。①

【案例 2】

统编版《普通高中教科书语文必修下册》第六单元学习项目设计②

一、《祝福》学习项目设计

1. 通读全篇，按照时间顺序整理相关信息，撰写《祥林嫂小传》。

2. 重读小说，整合相关细节，准备演讲稿《_____杀死了祥林嫂》。

3. 拓展阅读鲁迅《我怎么做起小说来》，以《祝福》为例说明鲁迅先生做小说的原因。

---

① 张媛：《〈老王〉第二课时教学设计》，载《中学语文教学》，2018(7)，有删减。
② 选自吴欣歆：《高中语文学习任务群教学笔记》，82～85 页，北京，北京师范大学出版社，2020。有删减，题目为编者所加。

4.《祝福》中的白描手法体现出鲁迅创作的个性特征，请以《鲁迅式白描》为题提炼并分析其特点。

二、《林教头风雪山神庙》学习项目设计

1. 通读全篇，绘制情节曲线图并配文字说明。

2. 联系情节曲线图，以《林冲性格的两次"陡转"》为题，分析林冲形象的发展变化过程。

3. 在情节曲线图上补充环境描写摘录卡片和说明性文字，阐释环境对情节的推动作用。

三、《装在套子里的人》学习项目设计

1. 通读全文，选择标准为别里科夫的"套子"分类。

2."套中人"可视为现代语境中的"熟语"，请检索相关资料，阐释"套中人"这个词语的形成过程，检索过程中你还关注到了哪些源自文学作品的"熟语"，请举例说明。

四、《促织》和《变形记》学习项目设计

1. 对比阅读两篇小说，以《似曾相识的"人"和"事"》为题，讨论两篇小说人物、情节设计的异同。

2. 如果蒲松龄和卡夫卡相约聊天，他们会聊些什么？以《蒲松龄遇到卡夫卡》为题撰写小剧本，选择一个主题撰写"台本"。

五、单元整体学习项目设计

1. 如果将这五篇小说编辑成一部短篇小说集，你会为这部小说集拟定什么书名？理由是什么？

2. 请以《虚构的情节，真实的生活》为题，讨论小说的文学价值与社会价值。

3. 读完这五篇经典小说，你对小说的艺术手法产生了哪些新的认识和思考？请选择一个角度阐释分析。

（二）案例分析

【案例 1】

这节课除导入外，共设计了四个活动，每个活动都以学生的语言运用

实践为主，并且都指向教学目标。"活动一：提取信息，制作'老王档案'"，目的是整体感受老王的生命状态；"活动二：借助符号，诠释形象"，目的是引导学生品味细节，深入理解老王的形象；"活动三：品读语段，理解主旨"，目的是在学生了解老王和杨绛交往的一个个细节的基础上，引导学生体会杨绛对老王的情感；"活动四：文本联读，拓展延伸"，目的是通过拓展阅读，引导学生感受杨绛对善良的普通人的关心和尊重。从活动内容来看，前三个是主要活动，帮助学生理解作者想要表达的情感，达成主要教学目标。从活动之间的关系来看，四个活动由整体感知到局部分析，由筛选信息到挖掘主旨，由单篇品读到拓展联读，层层递进，逻辑清晰。

活动情境真实合理。如第一个活动"提取信息，制作'老王档案'"，用制作档案的形式引导学生概括老王的信息，并且提示从不同的视角概括，与单纯的"概括老王的基本信息"这一活动相比，更容易激发学生的参与热情，也有助于学生形成多角度思考的思维品质。"借助符号，诠释形象"的活动，用抽象的符号诠释具体的形象，巧妙有趣，引导学生在选择符号的时候关注文章在对老王的描述中透露的情感。

活动操作性强。在每个活动中，教师设计了若干步骤，为学生的学习提供有效的支架。①活动指令明确，如"概括老王的基本信息，不超过50字"。②做了提示，如概括老王信息时"可以从杨绛、老王或其他人的视角来概括"，用符号概括形象时提示"选取细节时，可关注老王为杨绛做了哪些事情；结合符号的意义与特点，说明所选符号的理由"。③提供了拓展材料，如关于杨绛对老王的情感，教师提供了3个观点让学生谈理解，拓宽了学生的思路；在深入理解杨绛的"愧怍"时，提供了杨绛年表，等等。另外，教师也考虑到了评价方式，比如关于学生对"愧怍"的理解，教师的评价原则为："如何理解'愧怍'？每个人都可以有自己的解读，只要言之成理，言之有据。学生也可以整合资源，完成更深刻的解读。"教师在设计教学活动时考虑得越是全面细致，就越能保证活动的顺利展开。

【案例2】

统编版高中语文教材提倡任务群教学，在具体教学中，"既可以从任务出发，围绕任务解读文本，把握课文；也可以从课文出发，在解读文本的同时，暗含着为完成任务提供支撑的内容"①。必修下册的第六单元包括5篇小说，学生在本单元需要"在人物与社会环境共生、互动的关系中认识人物性格的形成和发展，关注作品的社会批判性。要了解作者如何运用多种艺术手法实现创作意图，品味小说在形象、情节、语言等方面的独特魅力，欣赏小说不同的风格类型；学习用读书提要或读书笔记记录自己的阅读感受和见解，借鉴小说技法进行创作"②。

在本案例中，教师采用先分后总的思路，先逐篇设计学习活动，再综合整个单元的作品设计统整性的学习活动，用写作活动引领阅读进程，呈现阅读成果。

活动逻辑层次清晰，指向明确。以《林教头风雪山神庙》学习项目设计为例，活动1绘制情节曲线图引领学生梳理小说情节，关注重要节点；活动2分析林冲性格的两次"陡转"，提醒学生关注情节对人物形象的推动作用；活动3补充环境描写摘录卡片和说明性文字，要求学生分析环境对情节的推动作用。三个活动引导学生从把握整体到探究细节，对文本的理解层层深入。另外，这些活动既有利于学生发掘这篇小说独特的文学价值，又指向单元学习目标，即分析小说的艺术手法。

活动成果形式多样，情境真实。本案例中的活动，从写作特点来看，可分为过程性写作、评论性写作、文学性写作、读书笔记等形式，不同的写作活动适合学生不同的阅读阶段。从任务形式来看，包括写小传、演讲稿、绘制情节曲线图、补充摘录卡片、写剧本和台本、为短篇小说集取名等。这些活动既能引起学生兴趣，又能帮助学生进入文本，关注这些文本中蕴含的语文要素，在完成活动的过程中有效提升语文能力。

实践操练

1. 找一篇成熟教师的教学设计，结合本节所介绍的教学活动设计原

---

① 王本华：《任务·活动·情境：统编高中语文教材设计的三个支点》，载《语文建设》，2019(21)。
② 《普通高中教科书语文必修下册》，93页，北京，人民教育出版社，2020。

则，分析其教学活动的有效性。

2. 选择自己写过的一篇教学设计，分析其中教学活动设计存在的问题，并进行修改。

参考文献 ┈┈►

1. 高红．真实情境，在深度学习中提升学生语文素养——统编本七年级上册第一单元教学设计与实践．语文建设，2019(11)．

2. 纪秋香．吟唱青春 拥抱未来——统编高中语文教材必修上第一单元教学建议．中学语文教学，2020(2)．

3. 江跃．大单元设计，指向真实任务的积极言语实践——统编本七年级下册第六单元教学实践与思考．语文建设，2019(11)．

4. 普通高中教科书语文必修下册．北京：人民教育出版社，2020．

5. 刘远．语文名师经典课堂．太原：山西教育出版社，2016．

6. 余映潮，王君，肖培东等．备课到底备什么：语文名师备教手记．武汉：长江文艺出版社，2018．

7. 王本华．任务·活动·情境：统编高中语文教材设计的三个支点．语文建设，2019(21)．

8. 王荣生．教学环节就是组织"学的活动"．语文学习，2010(1)．

9. 王荣生．依据文本体式确定教学内容．语文学习，2009(10)．

10. 王荣生．营造以"学的活动"为基点的课堂教学．语文学习，2010(5)．

11. 王荣生．教学流程就是"学的活动"的充分展开．语文学习，2010(3)．

12. 温儒敏．统编高中语文教材的特色与使用建议．北京教育(普教版)，2019(11)．

13. 吴欣歆．体验式学习活动链：语文教学转型的有效路径．教育科学研究，2016(11)．

14. 吴欣歆．高中语文学习任务群教学笔记．北京：北京师范大学出版社，2020.

15. 许艳.整本书阅读与研讨：实践探索与学理思考.北京：华文出版社，2019.

16. 张媛.和学生共读"整本书"：流程设计与策略使用.语文教学通讯，2016(17).

17. 张媛.《老王》第二课时教学设计.中学语文教学，2018(7).

18. 郑桂华.中学语文教学设计.北京：高等教育出版社，2019.

▶ 第五讲
如何设计教学评价

　　教育质量已成为我国教育领域的关注焦点。评价是教学过程中不可或缺的一部分，是保障教学质量的重要部分，在教学中的作用之大毋庸置疑。运用科学的手段测量学生的能力，发现学生的长处和短板，有利于教师制定教学决策，解决学生的实际困难，促进学生多种能力的发展。运用科学的手段评价学生的学业成就应该成为教师掌握的能力之一。但是新教师大都未受过专门的评价培训，可以说，如何进行教学评价是新教师的一个能力盲点。

　　由于分类标准不同，评价有多种分类：按照评价功能分类，评价可分为选拔性评价、水平性评价、发展性评价；按照评价时机分类，评价可分为前测性评价、过程性评价和课后评价；按照评价时间分类，评价可分为诊断性评价、形成性评价和终结性评价；按照评价形式分类，评价可分为自评、互评和他评等。

　　评价不应该独立于课堂教学之外，而应该贯穿于课堂教学和课程中。其实课堂教学的师生对话中也包含了评价，作业中也包含了对学生学业成绩的评价，学校的阶段性测试更是一种评价。关于课堂中的即时性评价请参阅第二单元第七讲的"提问技能"部分。

　　如今标准化测验这一评价方式的局限性日益突出，新型评价方式已经兴起，并且在大规模测试中逐步发挥重要作用。表现性评价就是其中的

一种。它可以作为作业设计的一种方式，也是阶段性测试中命题的方法之一。表现性评价不仅是当前评价教育的热点问题，而且也是我国中高考改革的方向之一。

一、表现性评价是什么

（一）表现性评价的含义

表现性评价在我国古已有之。例如，唐代通过科举考试者，要经过吏部选官才能任职，选官的标准为"身言书判"，即身材丰满高大、言谈雄辩有理、书体法式刚劲美观、判案文辞优美通畅。可见，学问并不是唯一评判标准，综合能力以及实际应用能力很受重视。在语文教学中，教师常用表演课本剧、演讲、辩论、调查等形式测查学生的某些能力。这些都是表现性评价，不过并没有用这个概念去称呼而已。

表现性评价，按字面意思解释就是通过学生的表现去评价其能力。学界对这个概念的界定有很多表述，这里采用赵德成[①]的定义：表现性评价通常要求学生在某种特定的真实或模拟情境中，运用先前所获得的知识完成某项任务或解决某个问题，以考查学生对知识与技能的掌握程度，或者问题解决、交流合作和批判性思考等多种复杂能力的发展状况。

（二）表现性评价的关键特征

表现性评价的三个关键特征为：真实或接近真实情境中的任务、学生的建构反应、基于标准的判断。

与传统的测验相比，表现性评价强调在一个真实或者接近真实的情境中，让学生去解决问题，这在一定程度上弥补了学校教育去情境化的不足，同时真实情境中的任务更能引起学生的兴趣，促使学生主动参与到任务中；表现性评价是一种建构反应测试，而不是简单的选择反应，检测学生多种能力，特别是高阶思维能力的发展，所以学生的反应是开放的、自由的；表现性评价事先就要确定评价学生表现的规则和标准，学生反应的开放性决

---

① 赵德成：《促进教学的测验与评价》，101 页，上海，华东师范大学出版社，2016。

定了答案的非唯一性，所以评分规则必须明确、统一，以保证评价的信度。

（三）表现性评价的主要类型

在教学评价中，通常采用的表现性评价主要有以下几种类型[①]。

1. 口头报告与答辩

口头报告是用口头语言对学习内容进行反映，如情景对话，有时采用难度更大的答辩。此外，还可以在口头报告之后，由教师或其他学生提问，报告者对他人提出的问题做进一步的解释、回答。

2. 项目调查

项目调查可分为个人项目、小组项目、个人—小组项目三种。个人项目，即学生个人完成的项目，如对班里同学阅读习惯的调查；小组项目，通常需要两个或两个以上的个体合作完成，如合作完成对乡村群众文化生活的调查；个人—小组项目，这种项目通常耗时较长，完成之后每个人撰写一份报告。

3. 角色扮演

一般是为配合或代替真实情境中的表现，局部或全部模拟真实情境而设立的。如学习古诗文时，学生根据内容改编的课本剧表演。

4. 小论文

要求学生对某个现象、问题或者观点进行描述、分析、解释、总结、评价或论证，它不仅可以有效地评价学生对某个问题或学科知识的理解程度，还可以测量学生的观点和论证的清晰性、表现出来的批判意识和批判能力以及内容的新颖性等。如对网络流行语的思考和讨论。

5. 学习日志

这是让学生收集和留下有关学习活动的资料，如小组合作中对成员讨论过程及观点的记录和思考等。

6. 科学实践

它是结合教学过程要求学生操作实验设备直接感知事物的一种综合性

---

① 张大均：《教育心理学》（第三版），604～605页，北京，人民教育出版社，2015。

评价方法。它不仅有助于发展学生的高层次认知技能，而且给他们提供了直接感知和体验事物的机会，从而促进其动作技能、心智技能和问题解决能力的全面发展。如寻找乡村文化古迹保存的方法等。

7. 艺术作品

这是让学生进行艺术创作，包括诗歌、文章、图画或者其他形式的艺术作品的创作，如把诗歌改编成歌曲或散文。

（四）表现性评价的案例分析

【案例】

在评价学生口语交际能力的时候，教师可以设计和使用以下方法[①]：

①让学生完成一些判断题，题目的内容主要是关于倾听、表达与交流的基本要求。

②让学生完成一系列选择题，选择在某一特定的口语交际情境中如何表现或如何说话。

③让学生简短地回答几个关于口语交际要求与技巧的问题。

④提供一个模拟口语交际情境，要求学生写一篇短文，说明一件事情(如怎样寄包)或说服某个人(如选修某门课)。

⑤提供一个模拟情境，必要时由教师和学生配合，让学生完成一个模拟口语交际任务(如解释某件事情的来龙去脉)。

⑥要求学生完成一个比较真实的口语交际任务，如与同学讨论某一主题或向不知情人陈述某个事件。

这些方法中，属于表现性评价的有哪些？

【分析】

很明显，方法①②③并不是表现性评价，方法⑥是很典型的表现性评价，有较真实的情境，学生在完成任务的时候反应多样，能体现出学生在真实情境中的口语表达能力水平。方法⑤在有些方面具有表现性评价的特征。方法④也在有些方面具有表现性评价的特征，但是教师设计的主要目

---

① 赵德成：《促进教学的测验与评价》，102～103页，上海，华东师范大学出版社，2016。

的是评价学生口语交际能力，与最后形成的写作成果——短文不一致。

二、如何设计表现性评价

（一）确定目标

目标是教学的起点，也是教学的归宿。这里的目标是教师希望评价的具体方面，也就是教师期待学生在表现性评价中学习和展示的知识、行为和技能。

确定目标通常有以下三个原则：

1. 基于课程标准

表现性评价的目标一定要与语文课程标准保持一致。教师需要研读课程标准，熟悉课标中对每个学段学生能力的具体要求。

2. 合乎学习理论

目标要符合学生的认知水平和年龄特征，有利于学生的积极参与，保持表现性评价对学生的吸引力。

3. 考虑既有教学资源

一项教学活动的开展往往需要多种资源的支持，教师要考虑在目标的达成过程中，是否有足够的课时、是否有所需要的教学设备等教学支持。

确定目标的时候，建议以语文课程标准为切入点寻找关键词，对课标的内容进行改编，成为表现性评价的目标。描述目标的时候，建议语言使用要具体、可观察、可测量。

【案例】

语文综合性学习——演讲目标[①]

①围绕一个主题自信、积极地表达个人的观点。

②根据听众的背景知识调整信息，以吸引听众的兴趣。

③利用提示卡片、多媒体演示等工具辅助演讲。

④利用合适的言语提示和眼神交流吸引听众的注意力。

---

① 参考申宣成：《表现性评价在语文综合性学习中的应用》，博士学位论文，华东师范大学，2011。

⑤参与小组活动时能够积极发表自己的看法。

⑥倾听、分享、支持同伴的工作，增强小组的凝聚力。

【分析】

这是八年级学生语文综合性学习——演讲的学习目标，计划 12 课时完成任务。在目标设定的时候，教师根据语文课程标准，选取与"演讲"有关的方面，确定表现性评价的目标。可以看到，这些目标大都是具体的、可以观察到的。比如，如何根据对象的反应来进行演讲，目标中描述为"根据听众的背景知识调整信息""利用合适的言语提示和眼神交流吸引听众的注意力"等可以观察到的目标。这样的目标有利于学生快速通过表现测查能力，也为后续评分系统提供了评分维度。

（二）确定评分系统

表现性评价的评分系统主要有以下特征：是标准参照的评分系统，是学生的表现和既定目标之间的比较，而非学生之间的比较；由于表现性评价针对的是高层级的认知过程，所以评分系统需要对关键要素做出详细的描述才能做出评价；在任务开始前就要出示给学生评分规则，以便学生做出符合标准的表现和结果。

常见的表现性评价的评分系统有检核表、踩点计分表和量表三种。建议教师采用量表作为表现性评价的评分规则，因为描述性的评分量表，能对学生成果的质量进行判断和测量，与表现性评价的评分系统特征非常吻合。特别是通过分析性量表，教师或学生能够清楚地得知学生或自己能够做什么，哪些地方需要更多的教授或学习等详细的信息。

当然，开发适宜的分析性量表是费时费力的工作，而且需要比较专业的知识。建议新教师利用现有的比较成熟的量表，根据目标对这些量表进行调整，形成适合某一目标的分析性量表。在修改的时候，要注意描述语言尽量积极，如"没有从文本中得出推论"和"从文本中总结出了一些观点"，建议使用后者，尽量描述学生做了什么，而不是没有做什么。

【案例】

表 1-7　演讲评分规则 [1]

指标	4	3	2	1
内容	紧扣主题，富有趣味；以多种形式和听众互动，如现场提问等	能围绕主题进行，有两处偏离了主题；听众容易理解演讲内容	有两处内容偏离了主题；使用了许多生僻的词汇和术语	基本与主题无关；只关注自己，忽视听众和周围的环境
条理	开始即点明主题；结构清晰，有过渡和总结	听众能归纳出演讲的层次，可以形成演讲大纲	有三处跳跃或重复，听众不能形成演讲大纲	内容颠三倒四，让人摸不着头脑
语调和语速	声音高低起伏，能用顿挫突出重点，传达感悟；速度快慢适中，发音清晰，没有口头禅	音量适中，但有两处音量的高低处理不当或未能根据表达的需要而变换语速；有三处发音不清	声音过低或过高；速度过快或过慢；有四五处发音不清，有口头禅，如"啊""你知道"等	声音太低，速度过快，大部分内容听不清
态势语	和听众有充分的目光接触，手势、移动、点头等肢体语言很自然	有三四次目光游离了观众，或肢体语言显得不合适	有五六次目光游离了观众，仅偶尔使用肢体语言	和听众几乎没有目光接触，没有使用肢体语言
语法	有一两处语法错误；句式结构富于变化	有三四处语法错误；句式结构有变化	有五六处语法错误；句式简单或杂糅	语法错误在六次以上，句式杂糅、没有变化

【分析】

这是八年级学生语文综合性学习——演讲的评分规则。可以看出，这个分析性量表共有"内容""条理""语调和语速""态势语""语法"五个评分维度，各分为四个等级，每个维度和等级下都有相对应的具体评分指标。在任务开始前，学生就可以根据这些具体指标明确任务的标准；在任务实施过程中，评分规则引导学生学习的方向；任务结束时，通过教师评分、生

---

[1]　申宣成：《表现性评价在语文综合性学习中的应用》，博士学位论文，华东师范大学，2011。

生互评和学生自评，评出学生的等级；在任务结束后，根据评分，教师可以有针对性地设计后续的教学，学生也可以清楚地了解自己的水平及今后努力的方向，制定相应的学习对策。这是一个非常不错的分析性量表，还可以继续完善，因为在完成任务的过程中，学生要进行 2～3 次演讲，所以这个量表可以设定几个中间等级，如 1.5、2.5、3.5，这样能更清楚地显示学生的进步；此外，描述语言应尽量正面，最好采用定性的描述语言。

（三）设计任务

设计表现性评价的任务就是设计一系列的活动，任务的价值在于把活动课程化，表现性任务是学习目标的载体，也是教学意图的物化。因此，表现性任务设计得是否精细合理，直接影响语文学习的质量。具体步骤如下：

1. 明确目标

在分析学生情况的基础上，明确任务的目标。主要目的是设计适合自己的表现性任务。可以参考如下问题：为了完成此任务，学生需要具备什么样的知识和技能？我的学生是否具备？我可以在哪些方面提供帮助？

2. 设置情境

设置情境的价值在于把语文教学和真实的生活联系在一起。设置的情境要尽量贴近学生的现实生活，以吸引学生的注意力。当然这个情境不一定是真的，这里所说的情境是杜威所说的"简化的社会"，也就是真实地再现生活中的情景。

根据真实程度，任务情境通常可以分为完全虚拟的生活情境、真实的校内情境和真实的校外情境三种类型。这三类任务情境各有利弊，如虚拟的生活情境相较于后两种任务更简单，省时省力，但是学生难以真正地置身于情境中进行表现。

3. 提供支架

表现性任务的复杂性决定了任务中可能会用到学生所不具备的能力和知识，为了让学生顺利地完成任务，老师要提供给学生一些必要的帮助，即支架。常见的支架有知识支架，如讲解如何做批注；程序性支架，如给学生提供完成活动需要的参考步骤；资源支架，如阅读清单等；思维支架，如某些思维工具等。

4. 完善设计

设计表现性评价的最后一步是完善设计，形成书面的表现性评价任务单。需要提醒的几点是：

①加入相关要素：目标、评分规则以及样例（如果有）；

②提出相关要求，如明确任务完成的时间等具体要求；

③任务单中的语言要清晰、明了。

实施这一步骤的主要目的是让学生明确地知道具体要做什么，要形成什么样的成果。

【案例】

"家乡文化生活现状调查"表现性评价任务单[①]

祝贺你被推选为村委会主任（居委会主任）助理，为了更好地和村民（居民）沟通，促进乡村（社区）文化健康发展，倡导新文化、新风尚，建设和谐村庄（社区），村委会主任（居委会主任）请你针对村民（居民）文化生活问题进行一次调查，并提交给村民（居民）委员会。你的报告将作为本村（本社区）文化管理工作的重要依据。你可以选择一个同伴或者一个小组一起工作。

[成果形式]"家乡文化生活现状调查"书面调查报告

应做到：

(1)围绕所调查的问题展开自己的观点；

(2)报告内容能够吸引村民（居民）委员会的兴趣；

(3)以图形、表格等形式展示调查数据。

[完成时间]第五周的周一

[可参考的资源和步骤]

可参考的资源：教材中的"选题参考"和《调查报告结构表》《调查的技

---

① 参考胡根林：《以表现性评价引导语文实践活动落地生根——对"家乡文化生活"单元教材内容教学化的思考》，载《语文建设》，2020(21)。

术》等学习资料。

可参考的步骤：

步骤1：讨论你/小组就哪个问题进行调查。

步骤2：讨论要问的问题以及收集信息的方式。

步骤3：讨论呈现信息的方式，看哪种更能引起受访者的兴趣。

步骤4：向受访者提问并记录结果。

步骤5：为了使报告达到目的，小组讨论应该如何组织得到的信息。

步骤6：根据目标，讨论如何呈现观点和信息。

步骤7：打草稿，并考虑优点和缺点。

步骤8：在考虑别人意见的基础上，写出定稿。

步骤9：在班级中展示报告，并且说明为什么用这样的方式组织报告。

需要思考下面的问题：

你觉得调查报告达到目的了吗？

与书面的调查报告相比，口头表达有什么不同？

[评分规则]

表1-8　小组合作评分表

分项目	具体指标	权重
贡献	积极参与讨论 接受并积极完成任务 能做一些事情促进小组工作进程	0.3
合作交流	能根据主题分享想法 贡献合适的信息 鼓励其他成员共享思想观点 能倾听别人的想法 能和小组成员友好交流	0.4
解决问题	积极和小组成员一起解决问题 提供解决问题的相关建议	0.2
决策	帮助小组做出公平的决定	0.1

表 1-9　调查报告评分规则

指标	4	3	2	1
选题	选题针对性很强，能充分反映家乡文化生活的现状，引发读者的浓厚兴趣	选题针对性较强，基本能反映家乡文化生活的现状，对读者有一定吸引力	选题与家乡文化生活有关，对读者需求有一定关注	选题与家乡文化生活无关，忽视读者阅读需求
结构	结构要素齐全，调查背景与目标、步骤与方法都非常明确	结构要素基本齐全，调查背景与目标、步骤与方法基本明确	结构要素有缺项，调查背景与目标、步骤与方法有涉及但不明确	结构混乱，调查背景与目标、步骤与方法模糊或混乱
表达	图文并茂，衔接紧密；内容分析具体深入；结论可靠、有见地；提出的改进建议具有很强的针对性和操作性	以图表呈现数据，并有文字说明；内容分析展开充分；结论较可靠；提出的改进建议有较强的针对性和操作性	图表和文字说明不配套；对调查内容有分析，但与结论之间关系不够紧密；提出了改进建议，但不具有可行性	简单罗列数据；对调查内容不作分析，没有得出相应结论；没有提出改进建议
规范	对报告中的引用均给出了注释，且注释正确、规范；报告后列出了相关参考文献	对报告中的大部分引用给出了注释，注释基本正确、规范	对报告中的少数引用给出了注释，存在引用文献不实或错误的情况	对引用不加任何注释，也没有任何参考文献
语言	语言平实、简单明了、科学严谨	语言较平实、较明了	语言总体上平实，但有两处以上描写或抒情的句子	语言啰唆，多描述性和抒情性句子

【分析】

　　高中统编教材必修上册第四单元"家乡文化生活"，属于"当代文化参与"学习任务群。其中活动二为"家乡文化生活现状调查"。要求学生从不同主题，如人际关系、道德风尚、文物古迹的保护、文化生活的方式等方面开展调查研究，在某一个专题方向深入了解家乡的文化生活现状，感受家乡的变化。上面的这份表现性评价任务单即为此设计。

这份任务单首先介绍了任务情境：学生的角色是什么？学生在什么位置上会进行这样一个调查？给学生一个村委会主任（居委会主任）助理的角色。然后提出了这个任务的核心目标"书面调查报告"和三个小目标，还明确了任务完成的时间；之后提供给学生可参考的课程资源和完成步骤。最后列出了两个评分规则"小组合作评分表""调查报告评分规则"。这样的任务单条理清晰、细致全面，学生一目了然，在一定程度上解决了面对活动单元时，教师担心的诸如设计费时费力、实施缺乏有效评价工具等实践问题。

设计完成表现性评价任务单后，如果条件允许，教师可以进行小范围的试验，并根据实际情况进行调整，这也印证了表现性评价是一个不断反思修改的过程。需要提醒两点：一是确定评分系统和设计任务两个步骤在实际操作中是交叉进行的，不能截然分开。这里先列评分系统，是因为比较成熟的评分系统可以给表现性任务提供某些"关键步骤"，检验任务的完整性和针对性，让任务更合理。二是这三个步骤在实际操作中要互相对应，即要注意目标在任务进行中或完成后是不是能够达成，是否在评分系统中有对应的维度去测评，以保证三者的一致性。

三、如何实施表现性评价

表现性评价的有效实施，能够保证教学评价的质量。在实施阶段，主要有以下两个步骤。

（一）实施任务

在实施阶段，要给学生出示详细的任务单，让学生清楚地知道做什么以及怎么做。必要的时候教师要提供一些指导，帮助学生理解任务，同时，帮助学生理解并学习评分规则。也可以让学生参与评分规则的制定。

在任务开始后，利用纸笔或录音、录像等手段及时收集学生的表现信息。必要的时候，根据学生的表现情况，教师可以对任务进行调整，如增加或减少某个环节的用时。

（二）评分及后续

评分及后续是表现性评价不可或缺的一个环节。评分就是根据评分规则，将学生的表现信息与评分规则进行对照，得出评价结果。后续主要是对评价结果进行解释和运用，这是表现性评价的优势之一。主要包括对评价结果的分析，分析学生的强项和弱项，思考表现性任务和评分规则有无需要修改的地方；利用评分规则，对学生的表现给出具体的描述性的反馈，这个反馈可以是教师对学生的，也可以是学生给自己的，还可以是同学之间的；最后根据整体的评分及分析，教师确定后续的教学内容，学生进行学习决策，为下一步的学习做出规划。

【案例】

课本剧活动包含读、编、演、评四个阶段，融合了读、写、听、说四种语文学习要素。学生首先要阅读筛选文本，这是读的要素；阅读之后要把文本改编为剧本，这是写的要素；剧本改编完成之后，就要排练、演出，之后还要对照评分规则进行评议，这是听、说的要素。如此一来，课本剧就将阅读、写作和口语交际很好地融合在了一起。为了使学生有较为充足的阅读时间，范老师每周安排了一节阅读课，利用学校图书室和梦想中心里的多册图书，扩大学生的阅读面，寻找能够触动学生的、便于改编成剧本的素材。为了激发学生编演课本剧的兴趣，范老师让学生把课本剧的脚本办成手抄报，在教室和梦想中心里展览。但是，在实施过程中，学生反映办手抄报太浪费时间，因为初中生学习任务重，时间实在不够用，范老师临时决定删繁就简，把办手抄报的任务从人手一份改为一个小组合作办一份，这样不但增加了学生合作的机会，而且节省了办手抄报的时间。[①]

【分析】

这是七年级学生16课时的"课本剧"实施的部分介绍。范老师根据任务的情况，每周安排了一节阅读课；为了激发学生的兴趣，让学生把课本剧的脚本办成手抄报。这些是提前设计好的，但是在实施过程中，由于时间限制，范老师根据学情，把办手抄报的任务从人手一份改为一个小组合作

① 申宣成：《表现性评价在语文综合性学习中的应用》，博士学位论文，华东师范大学，2011。

办一份，这种适时的调整，达到了最初的目的，解决了学生的困难，灵活度很高。

四、小结

表现性评价不仅能测量学生的学习结果，还可以激发学生的学习热情；不仅提供了评测学生学习情况的机会，同时也为学生提供了学习的机会。对于语文这种实践性的课程，表现性评价不仅评价学生"知道了什么"，更重要的是评价学生"做了什么"，突出语文学科知识的应用性，促进学生多种智能的发展。

表现性评价也有信度及成本问题，对教师的评价素养提出了较高要求。科学合理地设计任务及评分细则，在一定程度上能解决信度不高的问题；在现有成熟的量表和任务库中选择并修改评分系统和任务，也能部分解决表现性评价费时费力的问题。最重要的是教师主观上要重视，教学中多实践，不断地在"做中学"，以提高自身的专业判断和评价素养。

实践操练 ·····▶

请初中老师针对一个综合实践性学习、高中老师针对一个学习任务群，讨论设计一个表现性评价任务单，包括目标及符合既定目标的表现性任务和对应的分析性量表。

参考文献 ·····▶

1. 赵德成. 促进教学的测验与评价. 上海：华东师范大学出版社，2016.

2. 胡根林. 以表现性评价引导语文实践活动落地生根——对"家乡文化生活"单元教材内容教学化的思考. 语文建设，2020(21).

3. 申宣成. 表现性评价在语文综合性学习中的应用. 博士学位论文，华东师范大学，2011.

4. 张大均. 教育心理学(3版). 北京：人民教育出版社，2015.

5. 周文叶 . 学生表现性评价研究 . 博士学位论文，华东师范大学，2009.

单元小结 ⋯⋯▶

教学设计是教学实践的前提和保障。对于缺少教学经验的新教师而言，掌握教学设计的方法尤为重要。本单元从解析课程标准和教材文本出发，介绍了教学设计中确定教学目标、设计教学活动及教学评价各要素的方法策略和注意事项。新教师需要在具体的实践过程中反复思考，逐步提升自己的教学设计能力。

新教师在进行教学设计时还要注意两个问题。

第一，教学设计各个环节之间应该具有一致性。教学目标是否符合课标要求、文本特点和学生需要？教学活动能否有效地落实教学目标？教学评价能否真实地促进和检测学习效果？这些都是教学设计时要始终思考的问题。

第二，教学设计要兼具充分性和灵活性。教师在进行教学设计时要充分预设，而且设计好的内容并非不能更改。为了完成教案上的内容一味地往前推，学生回答不出来就由教师来回答；或者学生明明已经会了，教师还在照本宣科地进行无效活动。这样的做法其实忽视了学生作为学习主体的重要性，也忽视了实际的学习效果。教师在课堂上要根据课堂生成随时调整教学环节和教学方法，使教师的"教"真正地促进学生的学习，使学生的"学"真正发生。

单元练习 ⋯⋯▶

请结合本单元所学内容，对自己现有的一份教学设计进行反思和修改，力求在教学设计的每个环节都体现所学的至少一条设计原则或设计策略。

阅读链接 ⋯⋯▶

1. 格兰特·威金斯，杰伊·麦克泰格 . 追求理解的教学设计（2 版）. 闫

寒冰，宋雪莲，赖平译．上海：华东师范大学出版社，2017．

2．孙绍振．名作细读：微观分析个案研究（修订版）．上海：上海教育出版社，2009．

3．张秋玲．语文教学设计：优化与重构．北京：教育科学出版社，2012．

4．郑桂华．中学语文教学设计．北京：高等教育出版社，2019．

第二单元　教学实践

1. 了解课堂教学管理相关理论及策略。

2. 能够立足课堂教学实际合理选择并灵活运用课堂教学管理方法。

3. 了解课堂各项教学技能的要素。

4. 能够掌握各项教学技能，有效呈现教学内容。

5. 了解课堂调控的相关理论及方式。

6. 能够灵活运用调控方法进行教学调控。

单元导读 ……▶

　　刚刚走上教育教学岗位的教师，通常会经历一个艰难而又影响自我发展的初任阶段。在这一阶段，新教师要完成从"学生"到"教师"角色的转换，逐渐适应教育教学工作。虽然很多新教师经过师范教育或学科教育，具有了系统的理论知识和基本的教师职业技能，但是理论不同于实践，新教师"对教材不能全面准确的把握、不了解学生的学习规律和具体情况"，在"教学技能、教学内容分析、学生学习心理等方面"[1]存在问题。如何把所学的理论和教学实际相结合，对新教师来说是个不小的挑战。

　　新教师年轻有活力，有比较先进的教学理念，熟悉现代教育技术，优势不言而喻。但是调查显示："新入职语文教师在师范院校培养时期，课堂教学能力没有很好的养成""系统训练不够"[2]，个别新教师甚至没有接受过

---

[1]　钟祖荣、张莉娜：《教师专业发展阶段的调查研究及其对职后教师教育的启示》，载《教师教育研究》，2012(6)。

[2]　郑世奎：《普通高中新入职语文教师课堂教学能力培养研究》，硕士学位论文，四川师范大学，2017。

严格的师范技能训练，理论与教学实践相分离，课堂实践经验和应变能力不足。在专业发展上，新教师存在教学技能不成熟、缺乏实践经验的问题，需要得到一定的培训和指导。

那么新教师如何应对这样的挑战，促进自身专业发展呢？首要考虑的应该是迅速培养基本的教学能力，让自己快速适应新的课堂教学环境。具体来说，要解决三方面的问题，即"教什么"、"怎么教"以及"教的效果"，也可以依次描述为"教学设计"、"教学实施"和"教学评价"。"教什么"的问题，涉及以课标为基准，解读教学文本、制定教学目标、确定教学内容等能力；"怎么教"的问题，涉及教学中管理和调控课堂、实现教学设计内容等能力；"教的效果"的问题，涉及多元评价和反思教学行为等能力。

第一单元解决的是新教师"教什么"的问题，本单元将以"怎么教"为总切入点，关注教学实践的种种问题，下一单元将讨论"教的效果"，如何进行反思、评价等问题。可以说本单元是承上启下的一个单元，既需要以前一单元"教学设计"作为前提条件，才能保证课堂教学的有序正常实施，也需要以后一单元的"教学评价和反思"作为后续，不断地提高新教师的课堂教学能力。

课堂是教学发生的场所，是教师工作的主要阵地，所以本单元的教学实践主要指教师的课堂教学。本单元将聚焦语文课堂教学实践，在教学技能上给予新语文教师一定引导，以期促进其教学能力的发展，使其尽快适应语文教师角色。

单元思维导图 ⋯⋯▶

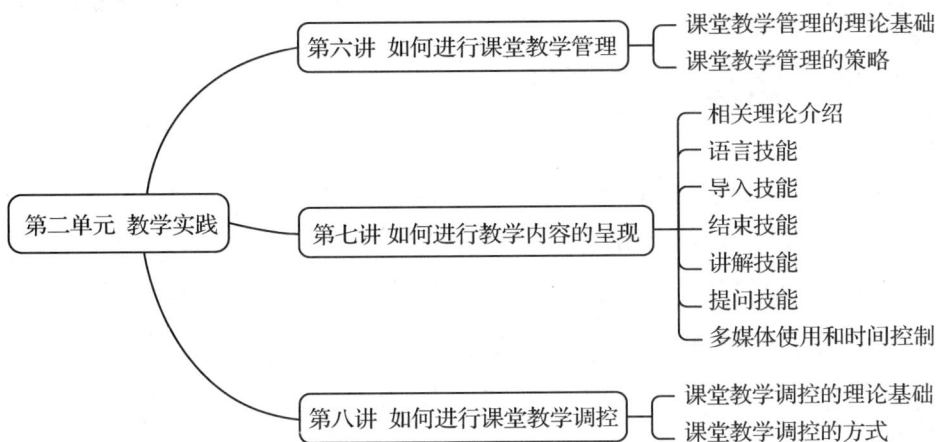

第二单元 教学实践
- 第六讲 如何进行课堂教学管理
  - 课堂教学管理的理论基础
  - 课堂教学管理的策略
- 第七讲 如何进行教学内容的呈现
  - 相关理论介绍
  - 语言技能
  - 导入技能
  - 结束技能
  - 讲解技能
  - 提问技能
  - 多媒体使用和时间控制
- 第八讲 如何进行课堂教学调控
  - 课堂教学调控的理论基础
  - 课堂教学调控的方式

如果不坚强而温和地抓住管理的缰绳，任何功课的教学都是不可能的。

——赫尔巴特

▶第六讲
如何进行课堂教学管理

我们发现在现有的相关著作和论文论述中，与"课堂教学管理"有关的术语在使用时存在界定不清、混用的情况。例如，有人认为教学管理包括课堂管理，等同于班级管理；有人认为教学管理、课堂管理、课堂教学管理是三个意义相同的概念；还有人把课堂管理和班级管理合起来称为班课管理。对术语内涵和外延的界定不清会使读者感到困惑甚至产生误解，以致影响教学实践。所以，我们有必要先厘清这几个相关概念："教学管理""课堂管理""课堂教学管理""班级管理""班课管理"。

李秉德《教学论》中认为，"教学管理是以教学的全过程为对象，遵循教学活动的客观规律，运用现代科学管理的理论、原则和方法，对教学工作进行决策、计划、组织、实施、检查、指导、总结、提高，最大限度地调动教师和学生的积极性，以保证教育教学目标实现的活动"[1]。顾明远主编的《教育大辞典》中认为教学管理是依据教学规律，对教学的计划、组织，以及对教学工作的监督，教学管理是一个完整的运行系统。[2]

关于"课堂管理"，由于其自身的复杂性以及研究视角的不同，至今没有形成统一的论述。埃默认为课堂管理是指"一套旨在促使学生合作和参与课堂活动的教师行为与活动，其范围包括物理环境的创设、课堂秩序的建立和维持、学生问题行为的处理、学生责任感的培养和学习指导"[3]。莱蒙齐认为"课堂管理是一种提供能够开掘学生潜在能力和促进学生学习进步的良好的课堂生活，使其发挥最大效能的活动"[4]。田慧生等人认为"课堂管理指教师通过协调课堂内的各种教学因素而有效地实现预定的教学目标的过

---

① 李秉德：《教学论》，366 页，北京，人民教育出版社，1991。
② 顾明远：《教育大辞典》(简编版)，189 页，上海，上海教育出版社，1999。
③ Emmer E. T., *Classroom Management*, Oxford, Pergamun Press, 1987, p. 437.
④ Lemlech K., *Classroom Management: Methods and Techniques for Elementary and Secondary Teachers*, New York, Longman, 1988, p. 89.

程"[1]；施良方等人认为"课堂管理是指教师为了保证课堂教学的秩序和效益，协调课堂中人与事、时间与空间等各种因素及其关系的过程"[2]。

在《教育大词典》《教育管理词典》《中国大百科全书·教育卷》等辞书中，我们没有找到"课堂教学管理"这一术语。在相关的文献资料中，有一些这样的界定：课堂教学管理，是在课堂教学的长期发展过程中提出，并逐步形成的一种有序的、规范化的要求[3]；课堂教学管理"从开始决策，到确定管理目标、制定计划、组织实施、检查督促、总体评价循环往复，不断推动管理目标的实现"，"它的根本任务，就是要通过协调、理顺和调整好教学过程中的各种关系，保证教育教学目标的顺利实现"[4]；"在课堂教学中，教师作为管理的主体，为保证教学顺利进行而对自身教的行为、学生学的行为作出及时、有效的监控和调整，从而有效地实现教学目标的行为方式"[5]。可见，目前由于对相关概念的理解不同，研究者研究角度和价值取向存在差异，对"课堂教学管理"这一概念也并无清晰统一的说明。

黄甫全、吴建明的《课程与教学论》使用了"班级管理"和"班课管理"的概念。班级管理是指班级班主任为了建构良好的班级集体和实现班级工作目标，对学校班级中的各种资源进行计划、组织、指导、协调、控制的一系列活动。主要模式之一为班级常规管理，指通过制定和执行规章制度去管理班级的经常性活动。规章制度包括班级层面的规章制度、学校层面的规章制度以及教育行政部门层面的规章制度。班课管理是将班级管理与课堂管理整合起来，没有离开课堂的纯粹班级管理，也没有离开班级的纯粹课堂管理。班课管理的有效标准包括 6 个方面，即活动流畅、时间有效、环境诱人、学生负责、限制清晰、方法适宜。[6]

从上可以看出"教学管理""课堂管理""课堂教学管理""班级管理""班课

① 田慧生、李如密：《教学论》，332 页，石家庄，河北教育出版社，1999。
② 施良方、崔允漷：《教学理论：课堂教学的原理、策略与研究》，279 页，上海，华东师范大学出版社，1999。
③ 向延华：《论课堂教学管理》，载《中国教育学刊》，2002(5)。
④ 王德清：《学校管理学》，281、284 页，成都，四川大学出版社，2005。
⑤ 李莹：《追求"教学合一"的课堂教学管理研究》，硕士学位论文，南京师范大学，2016。
⑥ 黄甫全、吴建明：《课程与教学论》，258～261、271 页，北京，中国人民大学出版社，2019。

管理"这些术语，特别是前三个，由于教学的复杂性及研究视角的不同，存在界限不甚明晰的问题。通过分析以上代表性的概念表述以及查阅其他文献资料，我们对这几个术语表述如下：

①教学管理是一个完整的运行系统，是上位概念，包括教学工作的计划管理、教学过程中各个环节的管理、学生学习过程的检查管理等。凡是能全面提高教学质量的管理都属于这个范畴。

②课堂管理是教学管理的一部分，一般包括课堂人际关系管理、课堂环境管理、课堂纪律管理等方面。如对课堂中的师生关系、同伴关系、座位等环境的管理，课堂行为规范、准则的制定与实施等。

③课堂教学管理关注的是具体的一节课教学过程中，为了保证和促进这节课的有效教学而采取的一系列活动，属于下位概念，如教师对课堂教学的组织、协调、保障和促进等行为。

④班级管理的对象是班级中的各种重要资源，包括学生、财、物、空间等，目的是建构良好的班级集体和实现班级工作目标，所以更倾向于规章制度的制定、贯彻和执行等方面。

⑤班课管理基本等同于课堂教学管理。

由于第三单元的内容关注教师"怎么教"，研究课堂教学实践中方方面面的问题，所以本节的讨论对象主要为"课堂教学管理"，主要涉及教学过程中课堂纪律的维持、心理环境的建设以及问题行为的管理等，虽然与教学过程外的诸如物理环境的营造、作业的批改、成绩评定等不能完全割裂，但不过多涉及后者。

需要说明的是，以上讨论不是为了得出一个精确的定义，而是为了厘清这些概念之间的关系，为新教师准确使用这些术语提供参考，同时也能清晰地界定本节的讨论对象。对于一线教师来说，比起精确的定义，更重要的是意识到教学实践中的问题，以便根据教学要求，做出恰当的反应。

一、问题案例分析

（一）案例展示

【案例1】

教师 T2 是一位高级教师，业务能力较强，素以严谨治学。这节课上的是诸葛亮的《出师表》。课堂上，基本上是教师 T2 一个人在侃侃而谈，其中在介绍作者时，教师 T2 提到新版《三国演义》诸葛亮的扮演者是陆毅，于是中后排两个女生，即学生 S8 和 S9 就陆毅聊到了之前热播的某真人秀节目。起先教师 T2 没有理会，没想到后来后座的两个男生即学生 S10 和 S11 也加入讨论，而且声音越来越大，甚至影响了教师 T2 上课。教师 T2 很生气，说："你们几个不愿意上课就给我出去！"课后，教师 T2 把学生 S8、S9、S10、S11 叫进办公室予以严厉批评，并要求他们写保证书。学生 S8、S9、S10、S11 被迫写了保证书，但出了办公室我无意中听到他们大谈教师 T2 小题大做，大有不信服之意，S9 更表示非常讨厌教师 T2。[①]

【案例2】

日志记述（2009.9.27）：

赵老师对班级的控制范围明显过小，只是顾及身边三到四排的同学，再远一点的同学就难于控制了。两节课特别是第二节课几乎是在各种杂音下进行的。课下在与赵老师交流的过程中，我问到了注意转移的问题，就是如何在听同学读书或回答问题的同时兼顾其他同学的上课情况，赵老师的回答是快速转移注意。我也注意到了一次有同学溜号，赵老师正要处理，正好这时读书的同学有了问题，赵老师就放弃了对问题学生的关注和处理。[②]

【案例3】

在很多的原生态课上，我们发现，一些老师为了节约时间，一般不愿

---

① 吕欢：《初中语文课堂管理有效性之研究——基于浙江省宁波市×中学的个案调查》，硕士学位论文，中央民族大学，2016。

② 张立忠：《课堂教学视域下的教师实践性知识研究》，博士学位论文，东北师范大学，2011。

意用沟通和询问的方式来管理，而主要通过严厉的课堂纪律和一定的惩罚，如抄班规、写保证书来保证教学的进行。还有的教师用所谓民主的学生自主管理形式来实现教学管理，如一位教师用自己的课代表"上课记名字，下课打报告，放学惩罚违规学生"的做法来发动学生"自主管理""民主管理"，实际上师生关系反而搞得不好，同时也影响了学生之间的正常人际交往，大部分学生比较讨厌这种学生自主管理方法。[①]

（二）案例分析

【案例1】

案例中的教师虽然是个老教师，但是他所遇到的课堂纪律问题和他所做出的反应，在新教师中也很常见。新教师刚进行教学工作时，由于缺乏对教育教学工作的深刻体会，往往认为教师的尊严不允许挑战，学生的一切行动都得听从老师的指令，这样才能维持纪律。教师是需要维持良好的课堂教学秩序，以保证课堂教学的顺利进行。但是如何抓纪律？这位老师的做法并不明智。表面上学生接受了教育，写了保证书，但是从学生对教师的反感中可以看出，实际上并没有起到很好的教育作用。对处于青春叛逆期的初中生，教师要了解他们的特定心理，最好以鼓励教育为主，多方面引导学生的正确课堂行为。

【案例2】

新教师在课堂教学中经常会遇到这样的问题：课堂教学时的某一时刻，我的注意力放在哪里，是学生情况上还是下一步的教学内容上？处理不好，难免会乱阵脚。如果把大部分的注意力放到教学内容上，对于学生状态的感知和控制就会下降，而如果注意了学生的状态，往往需要中断教学。通常新教师会把注意力放在教学内容上，而且往往注意离自己较近的学生，而对于离自己较远的学生则关注度较低。有经验的老教师，一般会在教学时有意识地在班级里来回走动，关注每一个学生的动作和反应。所以在课堂情况的及时感知方面，新教师与老教师存在一定的差距。不能及时、全

---

① 张东：《课堂教学管理创新策略研究》，硕士学位论文，西南大学，2006。

面地感知课堂情况正是新教师难以控制课堂的主要原因。

【案例 3】

具有良好的课堂人际关系才能形成和谐的课堂教学氛围，保证教学的顺利进行，助力学生的全面成长。但是课堂教学中的人际关系问题，正是新教师遇到的困惑之一。新教师常常不能很好地把握与学生交流的"度"。太严厉，会激发青春期学生的逆反心理，使师生关系陷入恶性循环；太宽松，一味迁就顺从学生，对学生的问题采取妥协的处理办法，表面上一团和气，实际上，很可能无法控制课堂教学，影响教学任务的完成，不利于学生的综合发展。

二、课堂教学管理

（一）课堂教学管理的理论基础

20 世纪以来，教育改革和研究的开展，使人们开始以科学的态度与方法研究课堂和课堂管理，以期提高教学质量。对课堂管理的关注，首先得到了心理学研究的支持。他们对传统课堂管理的弊端进行了抨击，确立了许多新观念，并试图寻找课堂管理的心理学基础。心理学的研究为课堂管理确立了一种新的研究思路。[①] 桑代克的《教育心理学》确立了一种客观的研究精神，将课堂诸现象解释为刺激与反应之间的联结，这种以行为主义为代表的心理学成为之后几十年中课堂管理研究的主要理论来源。20 世纪 60 年代，认知心理学和人本主义心理学使课堂教学管理理论产生了一种新的范式，如认知心理学强调从对人的认知分析入手，试图使学生了解课堂教学管理的一般规范，理解教师课堂教学管理行为的原因与方法，从而使学生形成自觉的课堂行为，并由认知逐渐形成积极的师生关系，维持与促进课堂秩序；人本主义心理学则从对学生的需要、潜能的分析入手，对人的行为产生的原因和发生机制进行研究，进而将这种研究运用于课堂，形成各种各样的行为控制方法和技术。所以心理学毋庸置疑是课堂教学管理

---

① 刘家访：《课堂管理理论研究述评》，载《课程·教材·教法》，2002(10)。

最重要的理论依据之一。

教学活动包括智力因素和情感、动机、兴趣、个性特点等非智力因素。课堂教学是学生获得知识、形成情感价值观的主要活动，学生的兴趣、意志和个性特点都影响着这个活动的进行。在课堂教学管理中，学生对教师的信任和教师的威信在很大程度上来源于非智力因素，如教师的亲和力、性格、表达力等。这些非智力因素影响着师生互动以及整个教学过程。所以忽视任何一个因素都是片面的，都将影响课堂教学管理的成效。

此外，学者们也用诸多具体的理论来研究课堂教学管理，举例如下。^①

1. 生态学理论

生态学可以理解为一种为了营造良好的生存环境而对相关生物和环境进行管理的科学。1866 年，德国生物学家海克尔（Haeckel E. H.）首次对生态学进行了明确的定义，即"研究动物与其无机环境和有机环境间彼此关系"的科学。在我国，生态学家马世俊提出的定义是"生态学研究的是生命和环境系统间互相联系、互相作用的科学"。如今，随着"生态"概念的不断发展和衍变，生态学的内涵也在发生变化。生态学发展到今天，已经不单单指具体一门学科，它所延伸出的是一种观点、一种思想、一种不一样的研究方法。

课堂教学生态系统中的物质流动发生在课堂环境与生态主体之间、生态主体与生态主体之间，主要包括教师与环境之间、学生与环境之间、师生之间以及生生之间几个方面。这些流动不是机械的，也不是自然发生的，是建立在师生关系平等和生生合作的基础之上的。只有课堂生态内的各种环境因素得到优化，学生的个人空间适宜，生生之间能充分合作，班风正，师生关系、生生关系融洽，气氛和谐、活跃，课堂生态系统内物质的流动渠道才会更畅通，课堂教学的效果才会更好。如果各种因素不和谐，学生有无所适从的压抑感或不满情绪，就很难积极地参与课堂教学过程，这说

---

① 刘家访：《有效课堂管理行为研究》，博士学位论文，西南师范大学，2002；彭煜曦：《中学课堂管理有效性现状和对策研究》，硕士学位论文，湖南大学，2016；徐伟：《中学课堂和谐管理研究》，硕士学位论文，西南大学，2008；付强：《生态学视野下的中学课堂管理研究》，硕士学位论文，河南师范大学，2014。

明课堂教学管理的生态系统出现了问题，需要调整。

2. 和谐沟通理论

和谐沟通理论是美国临床心理学家戈登（T. Gordon）于 20 世纪 70 年代提出的教师效能训练理论在课堂管理中的应用。基本观点是真正有效的管理来源于学生个人发自内心的自制。

在课堂教学管理中，教师应该保持一种接纳、鼓励、支持的态度，与学生和谐沟通，这样，能由外向内地培养学生的自制行为和责任感。教师应更多地通过人格的力量来影响学生，而不是用权威去压制学生，要尽力创设支持性的而非批判性的教育教学情境，鼓励学生表达问题及陈述内心感受，实现双方的有效沟通，促进教学的顺利进行。

3. 目标导向理论

目标导向理论由奥地利心理学家、行为学家德雷克斯（Dreikurs R.）提出。他认为，人的所有行为（包括不良行为）都受其内在需求的驱动，目的是追求个人的社会认同。学生是社会个体，有强烈的归属需要，其所有的行为都反映了被接纳和被重视的企图。如果学生得不到认同，其行为目标就会出现偏差。错误的行为目标会导致学生选择不良的行为。当前一个行为目标未能实现时，他们就会转到下一个错误的行为目标。教师要了解学生问题行为背后的原因，帮助学生找到正确的目标，阻断不良行为的发生。同时，学生应该知道为自己的选择或行为负责，要知道所有的行为都会导致与之相一致的后果：好的课堂行为能带来奖赏，而不被接受的课堂行为则只能带来不愉快的结果。

课堂教学管理中运用目标导向理论的基本步骤为，第一，确认学生的错误目标。课堂上学生的不良行为是由错误目标引起的，因而教师在处理过程中首先应确认学生的错误目标。第二，向学生解释错误目标及相应的错误逻辑。在确认错误目标后，教师要向学生解释其目标为何是错误的，并解释隐含的错误逻辑。第三，帮助学生改变其错误目标，引发学生新的建设性行为。

（二）课堂教学管理的策略

表 2-1　课堂教学管理的策略

策略名称	来源	主要观点及具体策略
创新策略	张东《课堂教学管理创新策略研究》	"以生为本"是课堂教学管理创新的最高理念。八个创新策略分别为：①管理理念创新策略；②管理目标创新策略；③问题管理创新策略；④环境共构创新策略；⑤人际沟通创新策略；⑥行为激励创新策略；⑦差异管理创新策略；⑧生态管理创新策略。
项目管理策略	郭卿《新课程标准下中学课堂教学管理的研究》	基于项目管理原理的新课程标准下中学课堂教学管理模式，提出了中学课堂教学管理具体切实可行的对策：以人为本改进课堂教学管理主体片面化；运用多种学习方式组织教学，改善课堂教学组织形式僵硬化；打造和谐的建构主义课堂，改变课堂教学管理氛围控制化；实施多元化评价，改变课堂教学评价机制单一化。
生态管理策略	付强《生态学视野下的中学课堂管理研究》	运用生态学的视野对当前课堂管理进行考量，提出了四个策略：①培养和谐、协调的生态型课堂文化；②注重开放、匹配的有机化课堂教学；③建立平等、自主的生态型师生关系；④构建全面、协作的多元化管理体制。
有效管理策略	刘家访《有效课堂管理行为研究》	以有效课堂管理研究的多种理论模式为基础，提出了有效课堂管理行为的环境建构策略、纪律的制定策略以及具体实施策略。
	彭煜曦《中学课堂管理有效性现状和对策研究》	提出了提升中学课堂管理有效性的技巧，主要包括：教师要提升教学质量、提高课堂管理能力、发挥个人非言语行为的管理作用、增加性格魅力、了解并满足学生需求、鼓励学生参与课堂管理、构建良好的课堂物理环境和健康的课堂心理环境，学校要促进班级规模合理化和建立合理制度。
情感策略	钟柳《中学课堂管理中的情感策略运用研究》	建议运用情感策略来实施课堂管理，具体为以下五点：①角色心理互换情感策略；②激励强化情感策略；③归因引导情感策略；④情感评价策略；⑤情感展现策略。

续表

策略名称	来源	主要观点及具体策略
开放理念下的策略	刘丽军《开放理念下中小学课堂教学管理研究》	提出开放课堂教学理念，从师生关系的开放、教学内容的开放、教学方法途径的开放等方面构建开放的课堂教学体系，创建自主民主的、多向联系的课堂教学模式。
教师能力角度	刘秋云《中学教师课堂教学管理能力的探索性研究》	认为教师的课堂教学管理能力足以决定教学的成败。因此课堂教学管理能力在教学上非同小可，举足轻重。提出了适合中学教师课堂教学管理能力的培养途径，即"理论学习—间接培养"与"实际操作—直接培养"相结合的培养模式。
"教学合一"的课堂教学管理模式	李莹《追求"教学合一"的课堂教学管理研究》	从课堂教学的观察入手，针对"教学分离"这一普遍存在而缺乏系统讨论的课堂教学问题进行分析阐述，并借鉴陶行知"教学合一"理念，提出课堂教学管理应当追求"教学合一"。
其他策略	郭子楹《新课改背景下高中课堂教学管理策略探究》	提出为了适应新课程改革发展，高中课堂教学管理应采取以下策略：①转变管理理念、提高管理能力；②丰富教学组织形式；③建立良好的师生关系；④以学生为管理主体；⑤塑造良好的课堂教学环境；⑥构建多元化的教学评价机制。
	乔一航《中学语文课堂管理存在的问题及应对策略研究》	提出中学语文课堂管理提升的四个策略：①营造综合育人的和谐课堂环境；②形成有效的互动型教学参与主体关系；③构建多元化课堂教学问题及应对策略管理模式；④形成科学有效的课堂管理评价体系。

其中课堂问题行为管理策略和情感策略可供新教师借鉴。

1. 课堂问题行为管理策略[①]

问题行为就是在课堂中发生的、违反课堂纪律或规范的行为。对于课堂问题行为的处理，教师可以从两个方面给予关注：一是预防，防患于未然；二是干预，当课堂上发生问题行为时，及时进行处置。

---

① 刘家访：《有效课堂管理行为研究》，博士学位论文，西南师范大学，2002。

预防策略：

①认真落实所制定的课堂纪律，使学生明了课堂中的合理行为是什么。

②尽量使教学的节奏紧凑，保证教学的流畅性，让学生总是处于连续的教学情境之中和联系不断的教学活动之中，避免学生注意力的分散。

③关注全体学生，随时观察，在学生发生问题之前给予提醒。

④给学生表现自我体验成功的机会。

⑤充分利用师生之间情感的交流。

干预策略（表 2-2）：

表 2-2 课堂问题行为干预策略

教师的反应	提供情境帮助	采取温和反应	采取中等反应	采取强烈反应
目的	帮助学生应付教学情境，使他们专心于教学活动	采取非惩罚性的行为，将学生唤回学习活动中	剥夺奖励以减少问题行为	加大剥夺奖励以减少问题行为发生的次数
干预行为举例	移走引起分心的事物 提供常规支持 强化恰当行为 提高学生的兴趣 提供线索 帮助学生克服障碍 再次指导行为 调整教学 非惩罚性的暂停 调整课堂环境	漠视问题行为 运用暗示干预 接近控制 接触控制 强化其他学生 请学生答问 运用幽默 运用积极措辞 提醒学生遵守纪律 给学生提供机会 给予语言谴责 运用不同强化	逻辑理论 行为矫正 剥夺奖励 暂停	过度纠正

2. 情感策略[①]

教师对自己可运用的情感策略包括情感自控和自我暗示。前者的具体方法是：第一，发泄不良情绪，教师应学会在工作中劳逸结合，在休闲娱

---

① 钟柳：《中学课堂管理中的情感策略运用研究》，硕士学位论文，四川师范大学，2014。

乐中调整心情；第二，疏通不良情绪，教师可以以写日记、发微信、和朋友或同事聊天等方法疏导情绪；第三，正面积极鼓励，教师可以每天给自己打气加油，写一两句励志名言贴到自己看得见的地方。后者是用含蓄、间接的方式对人的心理和行为产生影响，是运用内部语言调节自己情感的方法。此方法可以使人按一定的方式去行动或接受一定的意见，使其思想、行为与意愿相符合。例如，当不喜欢某个班或某个学生时，教师可以运用有意的自我暗示，告诉自己"我要学会喜欢这个班/他"，"他们其实很棒，现在的不喜欢只是暂时的"，并有意识地、主动地、时不时地向班级或学生传达出"我喜欢这个班或我喜欢你的性格"的积极正面情绪。多次的自我暗示可以帮助形成积极的心态，并切实转变对某个人或某个班级的不好印象，对于课堂管理的顺利实施和课堂教学的促进，有非常大的影响和作用。

通过分析，我们发现这些策略或模式有以下共同点。

①目标明确。不管采用何种课堂教学管理策略，教师的目的都不是要控制学生的言行、压制学生的成长，而是要促进课堂教学的有效实施，最终目的是促进每一个学生身心的健康发展和素质的全面提高。

②理念先行。理念是行为的先导，有什么样的教学理念，就有什么样的课堂教学行为，而且理念对行为的影响常常表现为潜在的或者是不自觉的。教师只有改变陈旧的、不合时宜的教育教学观念，才能够使课堂教学管理发生根本转变，才能够不管用何种具体的策略，都保证方向的正确性。

③以生为本。这是课堂教学管理最根本的理念，是课堂教学的应然追求。教学以学生需要为出发点，以学生发展和获得为终点。教师应以学生为本设计教学、管理课堂，主动了解学生的心理和需求，平等对话，尊重学生的个体差异，允许学生有不同的发展进度和个性化需求。

④注重交流。课堂教学管理策略多种多样，其中提得最多的是师生交流。双方要以尊重、平等为前提进行交流，教师倾听学生的真实想法，探究学生行为背后的真正心理，建立和谐的师生关系，才能有针对性地进行课堂教学管理，悉心教导，强化学生的正面行为，引导其改正问题行为。

⑤学生自治。学生进行自我管理，是较好的课堂教学管理策略。学生作为能动性主体，大多乐意参与课堂管理，教师要给学生自我管理的机会。引导学生进行自我管理，不仅体现了教师对学生的信任，而且可以使学生在自主管理的过程中锻炼各方面的能力，还有利于形成团结向上的积极班风。

此外，管理是一门艺术，如何掌握这门艺术？新教师需要不断探索，同时也要不断反思自己的课堂教学管理行为，从学生实际出发，不断改进和完善，最终形成独特的管理艺术。

三、优秀案例分析

【案例1】

成长的尊严①

在我毕业后走上讲台的第二年，班里来了一个内向、胆怯的小女孩。她在课堂上总是不敢举手回答问题。我找到她，她对我说，因为在农村学校基础没打好，现在来到城里学校读书，怕大家笑话她，越是害怕就越不敢举手，甚至一听到教师提问就胆战心惊。

我对她说："以后，你碰到能够回答的问题，就举左手；遇到不会回答的问题，就举右手。但每次都一定要举手，好吗？"当时，小姑娘显然不太明白我的意思，她将信将疑地点了点头。

从那以后，当小姑娘颤抖地举起右手时，我便送给她一个会心而温暖的微笑；当她勇敢地举起左手时，我便将答问的机会巧妙地送给她。有几次，我设置的问题太难了，学生们都回答不上来，但她仍按我们的约定，勇敢地举起了右手，我同样把问题交给她，虽然她答错了，但我还是当着全班学生的面表扬了她，并让全班学生都要学习她勤于思考的习惯。经过一次又一次的锻炼，这个女孩子不断获得来自班上同学的尊重，她学习的信心也越来越足了。渐渐地，在课堂上，她便自信而又勇敢地一次次地举

---

① 李桂芳：《成长的尊严》，转引自黄甫全、吴建明：《课程与教学论》，175页，北京，中国人民大学出版社，2019。

起了她的左手。毕业时，她以全班第二的好成绩考上了大学。

其实，在我们的生活中，每时每刻都有许许多多正在成长的新生命，他们都需要成长的尊严，哪怕是一点点，也会激发出他们奋进的热情和执着追求的信念。

【案例分析及教学建议】

案例中的李老师采用巧妙的方法，最终使一个失去信心的女孩子重拾自信，可以说是一位爱学生、有智慧的教师。她在处理和学生的关系中，首先做到了理解和尊重，发现女孩子"不敢举手回答问题"后，她没有直接认定这是个问题学生，而是主动谈话了解情况，女孩子能把心里话告诉她，说明李老师能够理解学生，她们之间的交流是真心、互相信任的。其次，李老师能用学生易于接受的方法给学生创造机会，让她参与到课堂的互动中来，说明她能根据不同的学生采取不同的解决方式，有教育智慧。

在实际的课堂中，不愿意或者不善于参与课堂教学的学生很多，而新教师常常因为自身教育实践的不足，在课堂教学中未能注意到这部分学生，或者有的新教师关注到了这部分学生，但想不出较好的解决办法。对于这些学生，新教师要如何帮助和引导呢？

第一，观念先行。允许每个学生有自己的个性特征，承认学生的成长有快慢之分，从心理上真正尊重并理解每个学生。第二，行动第二。用教师的爱心，与学生耐心交流沟通，一起寻找参与课堂活动的方法，这可能不是一两次就能解决的问题，需要教师对学生进行观察和分析，运用智慧，不断和学生沟通交流才能实现。第三，积极借助外力。新教师可以向有经验的老教师请教相关问题的解决方法，也可以与学生家长保持沟通，家校合作，共同配合学生的改变行动，使学生对学习重拾兴趣和信心。

关于教师与学生的关系问题，新教师还有一个困惑，就是如何把握宽严和与学生亲疏的程度。新教师大多比较年轻，有的可能只比自己的学生大五六岁，更像是学生的姐姐或者哥哥；有的女老师在身高上远低于自己的男学生，教师的"地位"好像不是特别明显；有些新教师性格活泼，很容易和学生打成一片。这些情况使得新教师一般与学生关系都不错。但是也

有很多与学生"称兄道弟"、关系亲密，而导致教学失控的例子。比如：

赵老师与学生的感情特别深厚，在教师节那天她买了个大蛋糕，和学生一起过节，结果她被学生"非礼"了，兴奋的学生把她团团围住了。她的课堂总是在噪声中进行。

石老师和我谈起了她上课的经历。她第一次上课的时候对学生非常友善，结果整堂课都失控了，乱得不行。

这两位老师就是由于与学生关系过于亲密，失去了对课堂的控制。有的新教师在与学生成为亲密的朋友，课堂失控之后，就变得严厉起来，对学生要求严苛。也有的新教师在宽与严之间来回摇摆，让学生不知所措。那如何把握与学生关系的"度"呢？

先看一下经验丰富的老教师的情况。他们能够确切地理解和把握与学生的距离和关系，一方面主张给学生一个宽松的环境，能和学生打成一片；另一方面用自己的威信和个人魅力，做到宽严有度。"我们班无论多松，该收的时候我都能收回来。"可以说老教师对班级有绝对的控制力。

这种控制力是以多年教学管理经验为基础的，新教师要不断实践反思。从理论知识上来说，要建立积极的师生关系，可以从以下三方面入手。

首先，要树立正确的师生关系观念。在课堂教学中，教师不是学生言行的控制者，而是学生学习的助力者；教师的主要职责不是传递知识，而是激励学生思考。师生之间应该是互尊互爱、友好协作、共同发展的和谐关系。

其次，要重视与学生的沟通。以尊重为基础的良好的沟通能增进师生对彼此的了解，加深师生之间的感情，让师生的教学合作更愉快。

最后，教师要使用适度权力。师生平等、互相尊重，并不意味着教师不能使用适度权力。因为中学生大部分还是未成年人，缺乏行为的经验和智慧，需要教师用适度权力告知他们，应该遵循什么样的规则，什么样的行为是错误的。

【案例 2】[①]

大家在齐声背诵着古诗，王老师背着手，面带微笑，在教室的过道里缓慢踱着步，她的视线停留在学生的脸上，注意观察着每位学生的表情和嘴形，还不时在某一位同学的身边停下来，侧耳倾听一会儿。读完了，王老师进行了点评："有四个同学张嘴不出声，声音太小的有……，还不熟的有……。"更为神奇的一次是，被老师叫起来的同学正在大声朗读课文时，有同学溜号了，王老师走到溜号同学的身边，俯下身子，一手扶着他的背，在他的耳边小声地说着什么。课文读完了，王老师与溜号同学的谈话也结束了。随后王老师对朗读情况进行了点评。还有一次，一位女同学顺畅地背诵了一首古诗，我以为王老师会表扬她，结果王老师给出的点评是："这首诗你不是熟读后背诵的，而是强记的"。

新教师张老师在叫起学生阅读一篇正在讲授的文言文的时候，很难注意学生的反应，她要紧盯着手里的教科书，嘴唇随着学生的朗读在动，原来她在默默地跟着学生一起读。学生读完，张老师指出了两处读错的地方，正要进行接下来的教学时，一名同学大声地喊道"老师"，并高高地举起了手。张老师先是一愣，紧接着说道："还有错误啊？"

【案例分析及教学建议】

很明显，王老师是一位经验丰富的教师，用"眼观六路，耳听八方"来形容她在课堂上的表现一点都不为过。王老师用眼睛观察学生表情、嘴形的同时，还能倾听学生的背诵情况；在与溜号同学交流的同时，还能倾听学生朗读的情况；甚至能清楚地分辨出学生是熟读后的背诵还是强记的背诵。说明她在课堂教学中能够做到各种感官的协同工作，能够随时感知需要的各种信息，这种能力是她多年教学实践锻炼的结果。而这种经验或者能力却是新教师张老师所欠缺的。她在听学生朗读时要默默跟读，注意力完全放在了学生读和自己跟读上，但即使这样，还是漏掉了一些错误。因为她对有关朗读的实践性的应用不熟练，需要默默跟读，再加上朗读内容

[①] 张立忠：《课堂教学视域下的教师实践性知识研究》，博士学位论文，东北师范大学，2011。

是比较难理解的文言文，比较生疏，容易感知不准确。她的教学策略需要调整，朗读后，先让其他学生挑错会更好一些。

对于王老师这种在实践中形成的有关"学生"和"学科"的知识，学者们称之为"实践性知识"。这种实践性知识是指教师在实践中基于实践的情境调用并解决实践问题的知识。它很难在理论学习中掌握，必须经过不断的实践总结而得来。像案例中的王老师是怎么做到从学生的齐读中分辨个别同学是不是读进去了，以及为什么说那个女学生是强记背诵的？王老师的回答是："学生的声音、语调、眼神都是不一样的。"这种就是王老师的实践性知识。新教师即使知道了其中的道理，也很难马上掌握，必须在实践中不断应用相关的知识，达到应用的自动化和熟练化，以很好地实现注意的分配。

新教师张老师出现课堂教学管理问题主要是因为缺乏关于"学生"和这篇"文言文"的实践性知识，而且对应用的过程比较生疏，就造成了注意力分配的问题：她的注意力完全限于自己的讲授过程，过于主观地依照自己固有的设计进行教学，忽视了对学生的感知，各种感官无法协同工作。而王老师在和溜号同学说话的同时，还能注意到其他学生朗读的情况，说明王老师的感知范围比较广。这是建立在王老师具有相关实践性知识并能熟练应用的基础上的。

新教师要如何获得相关的实践性知识呢？捷径就是观摩，有针对性地学习和观摩老教师的课堂教学管理，吸取他们在实践中形成的教学常规，并有选择地有意识地运用到自己的课堂教学中，然后进行反思，再实践，逐渐形成相对固定的程序。在不断地反思—实践的过程中，新教师获得并丰富自身的实践性知识，提高自身应用实践性知识的自动化水平，这样对课堂的感知范围就扩大了，处理起上面的课堂问题自然也就游刃有余了。

实践操练 ……▶

您在课堂教学中遇到过哪些比较棘手的教学管理问题，是如何解决的，解决的效果如何？请选取1～2个，以案例的形式和同伴交流。

小贴士 ……▶

课堂纪律的制定[①]

1. 制定的依据

①法令和法规。指有关的政府法案以及学生守则、学生行为规范条例、学校的规章制度等。

②学校和班级的传统。这些传统可以提供一种经验借鉴或参考。

③学生及其家长的期望。教师要对期望进行选择，选取合理的正向的积极的希望。

④课堂风气。课堂风气与课堂规则相互制约、相互影响。

2. 制定的原则和要求

①课堂规则应该明确、合理、必要、可行。

比如"注重自己的行为"，这种规则对于学生而言是不明确的，难以起到约束和指导作用。"上课期间禁止上厕所"，这种规则不但学生很难做到，而且不利于学生的身体健康。有效的规则是必要并且合理的，应该描述清楚，指向明确，还应该正面措辞。

②课堂规则应该由教师和学生充分讨论共同制定。

切忌教师暗自设立课堂规则。学生对于自己制定的课堂规则，会承担责任，乐于遵守，这样教师执行起来也会顺利得多。

③课堂规则应少而精，内容表述以正向引导为主。

应该制定出尽量简明的，最基本、最适宜的规则，一般以 5～10 条为宜。如果不够全面，可以等学生学会一些规则后逐步增加。要注意多用积极的语言，多规定"做什么"，少用"不准"之类的词语，这样对学生容易产生良好的心理效应。

④课堂规则应该及早制定。

教师应该抓住学期开始的机会制定课堂规则。之后根据执行、学生心

---

① 陈时见：《课堂规则的制定与执行》，载《基础教育研究》，1998(5)。

理特征变化等实际情况，加以补充修改或调整。

3. 制定的方法

①自然形成法。即将原来存在的并适合多数学生的良好常规加以具体化。

②引导制定法。即将原来不存在或没有引起注意的常规引申为课堂规则。

③参照制定法。即对于其他班级存在的，而本班所缺少的或不足的某种良好的行为规范，借鉴过来进行修改，使之适合本班的课堂。

④移植替代法。即将其他课堂中好的规则移植过来。移植时要作深入细致的分析，采取谨慎的态度。因为直接移植的规则不一定适合自己的班级，所以这种方法不宜多用。

美国教师课堂管理的十大策略

1. 让简单更为简单

很多教师在一开学就犯了一个错误：制定乏味的纪律。学生会因此迅速估量自己在班级里的情况，并弄明白怎样才能让自己逃脱惩罚。一旦你有通融的先例，那么就很难有良好的课堂管理和严格的课堂纪律。

2. 公正是一把钥匙

是否公正，学生们有着自己清楚的认识。你如果期望得到尊重，就必须公正地对待每一个学生。如若不然，你将被那些遭到不公正对待的学生牢记在心，这些学生也将不会遵守你制定的规则。必须明确的是，如果你最欣赏的学生犯了错误，他也应该得到相应的惩罚。

3. 处理课堂破坏要短

当碰到课堂上的破坏情况时，你要尽可能利用课堂上短暂的中断立即去处理。如果学生正在讨论他们的事，而你正在组织一个课堂讨论，试着去问其中一个人一个问题，使他们重新回到讨论的"轨道"上来。要是你完全终止课程而去处理出现的破坏情况，那你就占用了其他学生的宝贵时间。

4. 在学生面前避免对质

无论何时在课堂上出现对质，都会有一个成功者和一个失败者。作为老师，很显然，你需要维持正常的课堂秩序。但不管怎样，私下里处理纪律问题要比让一个学生在全班同学（朋友）面前"丢面子"强得多。抓一个违反纪律的典型并不是什么好办法。尽管其他学生可以从中得到认识，但你可能会失去在你班里教育那个学生的任何机会。

5. 用小幽默处理糟糕情况

有时候，让大家笑一下可以使一些事情回到正常的"轨道"。但是很多情况是，教师混淆了挖苦和有趣的幽默。幽默能迅速影响班级的情绪，挖苦却会伤害到你与被挖苦学生之间的关系。使用你最恰当的判断力，辨别什么会使一些人感觉有趣而另一些人认为受到了攻击。

6. 对班级保持高期望值

对你的学生的行为赋予期望，但不要让他们陷于混乱。告诉学生用什么方法可以做好。当你开始一天的工作时，把你的期望告诉学生。比如你可以说："在这个全组的会议上，我希望你们发言前先举手得到同意后再讲，也希望你们相互尊重并认真去听别人在说什么。"

7. 避免出现空闲时间

教师应该避免空闲时间的出现。你可以开个先例，就是让学生自由讨论关于你的题目或者理论，去避免某些闲聊，提醒学生超过计划了。当然，或许你那时有太多的借口，你可以从不提前讲完课，你不会让空闲时间出现。你也可以加入其他地方的一点课程来占用出现的空闲时间。

8. 切忌喜怒无常

一名教师所做的最糟糕的事情之一，就是不能始终如一地坚持自己的原则。假设有一天你忽略了不端的行为，而第二天对一些人所犯的小错误却暴跳如雷，那你的学生很快就不去尊重你。学生有权利期望你的行为在每天中大体保持一致。喜怒无常是不可取的。你一旦失去了学生的尊重，就可能很难再引起学生的注意并让他们对你满意。

9. 制定切实可行的规则

你需要有选择性地制定规则，并让这些规则很明确。应该让学生了解什么可以被接受，什么不可以被接受。在此基础上可进一步明确违反规则会带来什么后果，并预先让学生了解。

10. 开始崭新每一天

如果学生一再错上加错，这个建议并不是让你对他不计前嫌。但无论如何，这是提醒你应该每天在开始上新课时期望学生能够做好。不要设想因为上一个星期朱莉每天都在课堂上捣乱，就确信她今天会继续这样。你如果想着开始崭新的一天，就不要用老眼光看待朱莉，而今天朱莉也可能不会再捣乱。

参考文献 ……▶

1. Emmer E. T. , *Classroom Management* , Oxford, Pergamon Press, 1987.

2. Lemlech K. , *Classroom Management* : *Methods and Techniques for Elementary and Secondary Teachers* , New York, Longman, 1988.

3. 陈时见. 课堂规则的制定与执行. 基础教育研究，1998(5).

4. 付强. 生态学视野下的中学课堂管理研究. 硕士学位论文，河南师范大学，2014.

5. 顾明远. 教育大辞典(简编版). 上海：上海教育出版社，1999.

6. 黄甫全，吴建明. 课程与教学论. 北京：中国人民大学出版社，2019.

7. 李秉德. 教学论. 北京：人民教育出版社，1991.

8. 李莹. 追求"教学合一"的课堂教学管理研究. 硕士学位论文，南京师范大学，2016.

9. 刘家访. 课堂管理理论研究述评. 课程·教材·教法，2002(10).

10. 刘家访. 有效课堂管理行为研究. 博士学位论文，西南师范大学，2002.

11. 吕欢. 初中语文课堂管理有效性之研究——基于浙江省宁波市 X 中学的个案调查. 硕士学位论文，中央民族大学，2016.

12. 彭煜曦. 中学课堂管理有效性现状和对策研究. 硕士学位论文，湖南大学，2016.

13. 施良方，崔允漷．教学理论：课堂教学的原理、策略与研究．上海：华东师范大学出版社，1999.

14. 田慧生，李如密．教学论．石家庄：河北教育出版社，1999.

15. 王德清．学校管理学．成都：四川大学出版社，2005.

16. 徐伟．中学课堂和谐管理研究．硕士学位论文，西南大学，2008.

17. 向延华．论课堂教学管理．中国教育学刊，2002(5).

18. 张东．课堂教学管理创新策略研究．硕士学位论文，西南大学，2006.

19. 张立忠．课堂教学视域下的教师实践性知识研究．博士学位论文，东北师范大学，2011.

20. 郑世奎．普通高中新入职语文教师课堂教学能力培养研究．硕士学位论文，四川师范大学，2017.

21. 钟柳．中学课堂管理中的情感策略运用研究．硕士学位论文，四川师范大学，2014.

22. 钟祖荣，张莉娜．教师专业发展阶段的调查研究及其对职后教师教育的启示．教师教育研究，2012(6).

▶ 第七讲
如何进行教学内容的呈现

由于教学是一种复杂的社会实践活动，所以教学行为也必然是复杂的、多变的。这种复杂性和多变性使我们很难从一个固定的角度去研究它。本节将从教学内容的呈现这个角度指导新教师的教学实践。那面对多层的、立体的课堂教学，具体在哪些方面展开指导呢？课堂教学是一个过程，既然是过程，就必然表现为一个个环节或者阶段，所以分析复杂多变的课堂教学，从教学环节的角度出发是一个合理且易操作的突破口。

新中国成立后，由于受苏联教育思想的影响，五环节教学法基本成了

国内一种固化的教学模式，五环节教学法具体指"组织上课——检查复习——讲授新教材——巩固新教材——布置课外作业"五个环节。有研究者在此基础上提出四环节法[①]（复习旧知——讲授新课——反馈练习——归纳小结）和六环节法（复习——导入——学习新课——巩固练习——课堂小结——布置作业）。也有研究者用其他的方式陈述，如裴娣娜[②]认为六个环节分别是激起求知欲——感受新知——理解知识——巩固知识——运用知识——评估教学评价；徐进勇[③]认为四个环节分别是：激发兴趣，引入新课——精心设问，讲授新课——启发引导，归纳小结——精心安排，巧设练习。这些不同的分类，有的从教的角度划分，有的从学的角度划分，有的从教学内容角度划分，但基本上没有实质性的变化。

大大小小的教学法，在教学中被统一组织起来，按照课堂教学活动的顺序，就形成了教学环节，所以也有学者从教学法的角度进行探索。不同的教育理论提出了不同的教学模式，如建构主义理论提出了情境教学、随机访问教学、支架式教学等。具体到语文教学，很多一线教师也有各种关于教学模式的探索。李吉林的情境教学法，基本教学步骤分为三步，首先创设情境，然后组织参与各类活动，最后总结转化。钱梦龙的"三主四式"导读法，提出了"自读式"的操作流程，第一步初读感知，第二步辨体析题，第三步定向问答，第四步深思质疑，第五步复述整理。还有魏书生的"六步课堂教学法"，宁鸿彬的思维派教学法，洪镇涛的"四步语感训练教学模式"，杨初春的"快速作文教学模式"，余映潮的"板块式教学法"，黄厚江的"共生教学法"等。[④] 这些语文教学方法虽各有不同，但是只要能取得良好教学效果，提高课堂教学效率，就是值得研究和借鉴的。

本讲就结合语文教学环节，以教师所需的教学技能为出发点，主要针对语言技能、导入技能、结束技能、讲解技能、提问技能、多媒体使用和时间控制等方面展开论述。需要说明的是，这些技能的划分是一种不完全

---

① 覃祝书：《教学环节"巧"过渡》，载《广西教育》，2000（9）。
② 裴娣娜：《教学论》，184页，北京，教育科学出版社，2007。
③ 徐进勇：《优化课堂教学环节 努力提高教学质量》，载《山东教育科研》，2000（6）。
④ 谢异洁：《初中语文课堂教学环节的关联性研究》，硕士学位论文，苏州大学，2017。

分类，技能之间有交叉，比如语言技能在课堂的每一个环节几乎都会用到。本节选取这几种技能的原因主要是考虑到新教师自身的优势和局限。

一、相关理论介绍

表 2-3　一些理论示例

来源	主要观点及策略
宋启艳[1]	新教师教学能力发展的策略有五点：①充分做好课前准备，自主进行文本解读；②牢固掌握专业知识，理论联系实践；③课后能够积极反思，增强教育机智；④通过多种途径学习，并与自身实际相结合；⑤制定发展目标，增强自我发展意识。
申群英[2]	从有效教学的角度，提出以下策略。①教师有效使用教学方法的策略：有效使用讨论这种常规教学方法；树立创新教学方法的意识。②教师有效提问的策略：选择问题类型的策略；选择回答问题的学生的策略；教师应对学生的策略。③课堂时间有效分配的策略：教师在课堂上要精讲精练，给学生留足自主学习的时间，并创造适宜的学习环境，保证学生的学习。
刘昕彤[3]	从"高效课堂"的角度探讨当代语文教学。通过具体教育实例，论述"高效课堂"具体实践的收获：①"同课异构"把高效课堂融入语文教学的全过程；②"高阶方法"利用高效手段，丰富课程载体；③合理利用学生反馈，分析高效课堂教学成果。

二、语言技能

教学语言技能是教师用正确的语音、语义，合乎语法逻辑结构的口头语言，对教材内容、问题等进行叙述、说明的行为方式。语言技能要素见表 2-4。

---

① 宋启艳：《初任语文教师教学能力发展研究》，硕士学位论文，曲阜师范大学，2016。
② 申群英：《课堂有效教学的理念与实施：教师的视角》，硕士学位论文，西北师范大学，2009。
③ 刘昕彤：《高中语文高效课堂实施策略：以十一高中高效课堂教学实施为例》，硕士学位论文，东北师范大学，2014。

表 2-4　语言技能要素

语言技能要素	指标 1	指标 2	指标 3
吐字发音	普通话发音标准	吐字清晰，尾音清晰，音节与音节之间没有发生再拼合现象	音量控制适度，坐最后一排能听清，坐第一排不感觉震耳
语速节奏	能根据教学内容及对象调节语速	语速适中，符合实际需求	节奏和谐，张、弛、疾、缓，停顿合理
语调语气	语调抑扬顿挫	能与内容情境相适应，运用不同的声调表达疑问、感叹、惊喜、沉思	经常使用鼓励、信任、尊重、商量、赞许等积极正面的语气与学生沟通
词汇语法	用词规范、准确、生动，正确使用专业术语	符合用词造句的规则。合乎语法、逻辑，语言连贯	语言句式、用词丰富，语言应用自如，少口头禅

任何学科的教学语言都要讲究科学性，语文学科也是如此。作为学生学习母语最规范的场合，教师的课堂必须注意普通话的正确发音，使用规范、准确的语言。语文学科的教学语言除了科学性外，还应注意人文性和思想性。教师要充分利用不同文学作品文本的语言之美，用充满感情的、思想性的语言，引导学生体验不同的情感，培养品质，提高审美能力。

新教师年轻，思想活跃，很容易接受新鲜事物，课堂语言活泼、有活力、有亲和力，但同时也存在着缺乏提炼、随意性等问题。吴雯雯通过文献法、课堂观察法、案例分析法等研究方法，发现中学语文新手型教师"课堂教学语言的运用状况俨然是不容乐观的，呈现出导入语略显冗杂、讲授语僵化、提问语盲目、评价语形式单一内容流俗及结束语被极度忽视等突出问题"。[①]此外，新教师还存在课堂用语语速过快的问题。由于缺乏教学实践经验，新教师在过于关注教学内容，而又对教学内容不太熟悉的时候，就容易出现背教案的情况，语速自然就过快。也有为了赶教学进度，有意识提高说话速度的现象。

---

① 吴雯雯：《中学语文新手型教师课堂教学语言问题研究》，硕士学位论文，广西师范大学，2019。

针对这些教学语言问题，新教师可以多注意以下三个方面。

1. 语言要规范

规范的课堂语言，指教师在课堂上应该使用国家规定的普通话。

新教师要使用语音正确、词汇规范、语法正确、流畅的普通话。标准的普通话，有利于准确传递教学内容，让学生及时准确接收语言信息，更有利于培养学生规范化语言的使用能力。新教师如果存在某些方言口音或者系统性的语音问题，要有意识地及早进行训练，做到发音准确；要选择规范的词汇，避免大量使用网络词汇，不用不适合课堂的流行语；对于自己存疑的发音或词汇释义，要及时查字典或向有经验的教师请教，并做好记录，注意积累。

2. 言之有情

于漪认为"优美生动的语言必然有和谐的节奏。抑扬顿挫、高低起伏处理得恰当，能给学生以美的享受"[①]。语文教师的课堂教学语言应该"言之有韵，抑扬顿挫"。不同的文学作品本来就具有不同的特色，比如诗歌最具有音乐的节奏美和韵律美；散文文本也讲究节奏优美，音调和谐，听来悦耳，读来顺口。教师要积极利用文本的语言节奏，用课堂语言充分展示出文本的语言之美。例如，做示范性的朗读，能大大丰富学生对教学内容的理解，增强语文教学的知识性和文学性。在准确性的基础上，提倡新教师钻研语言艺术，用贴切生动的教学语言描述、讲解；提倡用幽默和充满诗意的语言，吸引学生注意力，增强教学语言的感染力。

3. 注意语速和口头禅

在课堂教学中，新教师要避免语速过快以及使用口头禅。

理想的语速应给学生理解和思考的余地。因此，教学语言语速一般标准是能基本达成与听话者思维语言同步。一般适中的语速为每分钟 150～200 字。在语文课堂教学中，教师的语速应该根据教学内容等实际需要而进行变化，更应该根据教学情境的不同而有所变化。例如，总结的时候语

---

① 于漪：《于漪语文教育论集》，241 页，北京，人民教育出版社，1996。

言要简明，语速可以稍快；讲解难点的时候，要顾及学生的思维，语速要稍慢一些。针对不同的文体，教师的语速也应该有快慢的适时变化。新教师只有认真备课，从学生学习角度设计教学，对自己的教学做到心里有数，才能做到在课堂上不慌不忙。新教师在课堂上不刻板地背教案，"心里有底"，就会缓解语速过快的现象。

在课堂教学或者发言中，不少新教师有口头禅，如"好的""是吧""对吧""同学们""然后""你说""啊"等，不断重复前一句最后几个字的情况也时常发生。比如一位教师在一节课内，前后出现了 40 次"好的"，这样让人听起来很不愉快。新教师要利用被听课、被录像的机会，如果发现自己有口头禅太多的问题，要重视起来，发动学生或者同事的力量，采用一定的奖罚机制，尽早让自己不再出现口头禅。

【案例】

猫（特级教师：肖家芸）

生：我喜欢第二只猫，因为它"更有趣，更活泼"。

师：具体表现在哪里？

生：它乱跑，会爬，会捉东西。

师：再具体。

生：不仅在园里跑，还上街跑；会爬树，还会爬墙；会捉老鼠，也会捉蝴蝶。

师："跑""爬""捉"三个关键词，将"更有趣，更活泼"的特点落到了实处。好！你能感觉出作者对第二只猫态度如何吗？

生：特别喜爱。

师：你凭什么断定？

生：无论是"跑""爬"还是"捉"，作者都是怀着高兴的心情在欣赏猫。

师：非常好！作者的态度通常显现在描述的语言之中，把握了语言文字的感情色彩，也就知道了作者的思想倾向。

【分析】

教师语言有很多作用：指令、讲解、评价……在有限的课堂时间内，教师不但要让学生理解，还要给学生留出充分的时间进行思考和表达，因此教师语言的简单明确非常必要。在本案例中，教师用寥寥数语进行追问、评价和总结，使学生表达更充分，思考更深入，并且学会了赏析文学作品的一个重要方法，可谓简明而高效。

三、导入技能

导入技能是教师在一个新的教学内容或教学活动开始时，运用创设问题情境的教学方式，引起学生注意，激发学生兴趣，明确学习目标，形成学习动机的一类教学行为。导入技能要素见表2-5。

表 2-5　导入技能要素

导入技能要素	指标 1	指标 2	指标 3	指标 4
问题情境	问题情境与教学目标密切相关	能引起学生注意，激发学生兴趣，引起学生思考，引发学生学习激情	在创设问题情境时富有情感，能感染学生	时间把握得当
知识衔接	问题情境能唤起学生相关已有知识	能将学生新旧知识之间的认知冲突显性化	新旧知识之间有内在联系	转换到新知识自然流畅
目标指引	通过一定的方式确认、强调学习目标	对实现学习目标的方法和途径进行指引		

通常导入语有两个目的：一是激发学生的学习兴趣，二是增加学生参与课堂的愿望。所以，在进行导入设计的时候，要讲究三个原则，即目的性原则、相关性原则和趣味性原则。具体来说，目的性指任何导入都要以教学目标为最终导向；相关性指要设计适合学生年龄及思维特点的导入，导入的内容如果能结合学生的旧知识，做到温故知新最好；趣味性指要选取与学生相关、能引起学生学习兴趣的材料设计导入。

新教师大都有课堂导入意识，设计时也能够结合各种知识，充分利用多媒体，激发学生的学习兴趣，但是也存在着导入模式化以及导入语过长的问题。正常的课堂导入一般用时是3～5分钟，有的新教师为了让课堂教学充分互动，设计了步骤烦琐的导入，用时太多，结果导致占用太多课堂时间，最后没有完成教学计划。有很多教师为了节省时间，喜欢用"上节课我们学了……，这节课我们继续学习"这样的话，这种模式化的导入语很难激发学生的学习兴趣。课堂教学由于有新授课、复习课等不同类型的课型，导入语应该多变，具体到语文教学，由于教学文本丰富多样，应该采取不同的导入语言，突出文本特征。

新教师在应对导入中的问题时，首先要从意识上，重视课堂导入。导入环节不能省略，要以教师为主，学生为辅。

然后，在备课环节，科学地设计导入过程，根据不同的学生情况选择不同的导入形式，导入材料要和学生的生活、兴趣相关。

最后，根据不同课型和文本采取多种导入方法。如：

温故法。这种方法就是利用复习以往知识的方式导入新课的教学。这是教师们最常用的方法，如用以往学过的含有相同意象的诗词引入本课要学习的诗歌。

提问法。这也是教师常用的一种导入法。教师通过口头提问，引出新课内容，或者设计悬念，激起学生兴趣。通过思考教师的提问，学生快速进入学习状态。

交流法。用对话的方式，或发表看法，或交流感情，进而引出新课。例如，讲授动物的一节课，教师首先引出这个动物，然后让学生自由讨论有关的知识、成语或者传说故事，等引起学生的学习兴趣后自然导入新课。

情境设置法。这正对应了导入要素的"问题情境"，就是指教师通过创设一定的情境导入新课。可以采用讲故事、看视频、做活动等手段，创设一种符合教学需要的情境，在情境中，让学生主动思考、主动参与，激发学生学习新知识的兴趣。

【案例】

《春》教学实录（全国著名特级教师：于漪）

师：今天我们学习朱自清的《春》。我们一提到春啊，你们想一想看，会不会眼前就仿佛展现出阳光明媚、东风浩荡、绿满天下的美丽景色？

一提到春，我们就会感到有无限的生机，有无穷的力量！所以古往今来，很多诗人就曾经用彩笔来描绘春天美丽的景色。我们曾经学过一些绝句，现在我问一问大家，杜甫的绝句当中是怎样描绘春天的？（稍停）有同学知道吗？——杜甫的绝句，大家想想看。

生：（背诵杜甫《绝句四首》之三）两个（gè 读成 gòu）黄鹂鸣翠柳，一行白鹭上青天。窗含西岭千秋雪，门泊东吴万里船。

师：对吗？

生（部分）：对的。

师：对的？"两"——什么"黄鹂鸣翠柳"？这里怎么读啊？

生：两"gè"，不是两"gòu"。

师：对啊！两个（gè）。他是从两个黄鹂在青绿色的柳条上鸣啭来描绘春天的美好啊！再想想看，王安石也有一首诗是描绘春天的，这首诗背得出来吧？谁来背背看。他是怎样描绘春天的？想起来没有？背背看。《京口瓜洲》预备——起。

生（齐背）：京口瓜洲一水间，钟山只隔数重山。春风又绿江南岸，明月何时照我还？

师：哪一个句子是写春的？

生（齐）：春风又绿江南岸。

师：哪一个字用得特别好。

生（齐）：绿。

师："又绿江南岸"，这是从什么角度来写的啊？从春风的角度。春风一吹，江南岸边就怎么样？

生（齐）：绿。

师：绿——绿满天下！上星期六，有个同学写我们学校的树的时候，用了一个好的句子啊！"绿满天下"！他就是从这儿学来的。很好。但是，绝句，它只有四句，往往只是从一个角度，或者是从两个角度来写的，也就是选取了春天的一个或者两三个景来写春。

今天我们学习朱自清的这篇散文，其中写春的内容可多啦！这里头写了：草、花、风、雨、山、水、树、蜜蜂、蝴蝶，等等。我们读的时候要想一想，朱自清在这篇文章当中，是怎样写这些春天的景物的？他写的春天景物的——姿态啊，气息啊，声音啊……我们想到没有？看到没有？春天就在我们身边！我们现在正欢乐地生活在阳春三月里。你说对吧？这正好是阳春三月！对文章中的这些景物，你是怎么观察的？看一看朱自清先生是怎么写的？

现在，请同学们读一读。有什么问题，可以提出来。读了以后，请同学们考虑：这篇文章是怎么写春的呢？

【分析】

案例中运用了"温故法"。新旧联系，温故知新，既能巩固旧知识，克服遗忘；又能让学生信心百倍，去学习新知。这段温故的导入，是在温习以前所学关于春的诗句之后顺势引入新课的。回味古诗，无形之中，学生就感受到了春天的绚烂多彩，而朱自清的《春》更对他们有了诱惑力。这样导入，学生必然会迫不及待地去赏《春》。

四、结束技能

结束技能是教师完成一项教学任务时，通过重复强调、概括总结、实践活动等，对所教的知识或技能进行及时的系统化巩固和应用，使新知识稳固地纳入学生的认知结构中的一类教学行为。结束技能要素见表 2-6。

表 2-6　结束技能要素

结束技能要素	指标 1	指标 2	指标 3	指标 4
提供心理准备	有强调的行为	有变化的行为	有明确的提示效果	
概括要点、明确结论	有强化的要点	有知识间关系的强化突出	有清晰学生所学内容的效果	
回顾思路与方法	有明显整理回顾的过程	能够凸显学习的方法	有利于为学生积累学习和活动经验	有利于培养学生回顾的意识

续表

结束技能要素	指标 1	指标 2	指标 3	指标 4
组织练习、巩固应用	有布置作业的行为	有指导作业的过程	有作业效果的评价与反馈	
拓展延伸	有运用方法解决问题的过程	有分析对比方法的重要性	拓展内容注意激发学生的学习兴趣	
联系新的学习内容	建立新旧知识的联系	激发对相关未知问题得到解决的渴望	方法的选择要符合学生的学段特点	

结束技能不仅广泛地应用于一节新课讲完、一章学完，还经常应用于讲授新概念、新知识的结尾。从表 2-6 中对结束技能要素的描述，我们可以看出，结束环节不仅是提醒学生特定的任务即将完成的重要环节，更能够帮助学生总结重点、理清脉络、巩固知识、拓展延伸。

新教师在课程结束时通常以概括或延伸本节课的内容以及布置作业为主，但是常态课上也存在不结课、上到哪里算哪里的现象。

教学日志：

今天我给学生讲《在马克思墓前的讲话》一文，但是讲述中前几个问题留给学生思考、作答的时间过多，主要的教学内容不得不集中在最后 20 分钟匆匆讲完，讲的时候为了赶时间，我语速有些快，也不知道学生究竟懂了没有，最后只能草草结课，我连正式的结尾都没来得及进行。对于今天的课，我感觉很沮丧。

新教师的结束技能常常不如导入技能好。原因有两点，一是结课的意识薄弱，对课堂收结的重视程度不够；二是对课堂节奏把握不准，常常出现前松后紧的状况，以致不能正常结课。

要解决这样的结课问题，对策与解决导入技能问题大致相同。一是理念上要重视，结尾是必须的，是让学生总结新课、巩固新知的重要环节，这个环节需要教师提炼知识，在教学内容的重点及脉络上对学生进行指导。二是备课阶段要合理、科学设计结束环节，控制好上课节奏，给结束留下

时间，发挥结语应有的作用。三是掌握一些结束的方法，比如以下几种。

归纳总结法。这是教师常用的结束方式之一，指在课堂教学即将结束时，教师、学生或师生共同用准确简练、总结性的语言，提纲挈领地将本节课的重点内容、难点、知识结构、基本原理、基本技能等进行梳理和概括，从而结束课堂教学的一种方式。

巩固练习法。具体指教学即将结束时，给学生安排实践活动，如书面练习、问题讨论、口答或扮演等，使学生通过各种练习去理解和掌握新知。选题时要注意避免同类型练习题过多的情况。

设置悬念法。这是指结束时教师通过设置疑问、留下悬念来激发学生的学习兴趣和求知欲望、启发学生思考的一种承上启下的结束课堂教学的方式，适用于上下两节课的内容有密切联系时。这种方法能激发学生的学习兴趣和继续思考的热情，让"且听下回分解"成为学生的学习期待和探索动力。

拓展延伸法。拓展延伸是将教学内容向社会实际、生活实际、学科发展前沿开拓延伸，以使学生了解学习的价值，拓展学生的知识面，引起学生更浓厚的学习、研究兴趣，使学生建构自己的知识网络。

【案例】

《庖丁解牛》结束片段[①]

当讲到"文惠君曰：'善哉！吾闻庖丁之言，得养生焉'"这一结束句时，教师话锋突转，提出一个问题："文惠君在听了'庖丁之言'后，得到了什么养生之道呢？我们读后又受到了什么新的启示呢？"正如"一石激起千层浪"，学生便热烈地讨论开了，而当其欲解而难解之时，教师再予以点化："这则寓言的落脚点不是'解牛'，而是'得养生焉'。在庄周看来，人类社会充满了错综复杂的矛盾，人处世间，只有像庖丁解牛那样，避开矛盾，以'无厚入有间'，做到顺应自然，才能保身、全生、养亲、尽年。这就是他的养生之道。作为寓言故事，我们读后，应该认识到：一切事物都有它的客观规

---

① 蒋芹：《语文课堂教学的四种结束技法》，载《语文天地》，2012(15)。

律，只要反复实践，不断积累经验，就能像庖丁一样，认识和掌握事物的规律，'解牛'时就会游刃有余。"

【分析】

从教师对关键点的提问，到学生的相关讨论，最后再由教师点拨、总结的设计，不仅使学生深刻认识到了作者的写作意图及养生观，而且使其领悟了庄周的智慧。这样的结束概括了要点，点明了文章主旨和课堂重点；明确了结论，让学生产生顿悟感，使学生一下就抓住了课堂、文本的关键，有点石成金的效果。

五、讲解技能

讲解技能是教师根据教学内容特点和学生的认知规律，利用口头语言，配合手势、板书和各种教学媒体等，阐释事实，揭示事物本质，引导学生思维发展，指导学生学习的一类教学行为。

有的人认为课程改革背景下的课堂，讲究以学生学习为主，教师讲解不是很重要，甚至有的人认为教师不需要讲解，只需要点拨指导。其实，单纯地讲授和讲述确实是不适合培养学生能力的，但是讲解是有针对性的，是教师根据不同类型内容采用不同的讲解程序，使讲解的过程符合学生的认知规律，不同于单纯地讲授和讲述。顾明远说："如果老师的精辟讲解能够启发学生的积极思维就是一堂好课。"所以，教师需要讲解，我们更应该关注的是讲解何时该用何时不该用的问题。

日志记述：

赵老师(新教师)讲到了自己上课的情景，说自己特别磨叨(啰唆)，别人一节课要讲完的东西，自己要讲很多节，自己上课时话特别多，不像老教师话可少了，自己也知道应该怎么做，该多给学生机会，但是自己不说就不会讲了。

她谈到的一个问题是弄不准对教学内容的把握程度，在讲课的时候，很难兼顾教学内容与学生接受的关系，上课的时候多是按自己的思路来讲，很难顾及学生。

新教师其实对自己的讲授能力并不自信。由于缺乏教学实践经验，对教学内容和学生也都缺少足够的了解，他们常常关注自身的"讲"多于学生的"学"。在讲解过程中，首先，关注点放在讲解的完成上，很少有或者没有精力关注学生的具体表现和课堂的实际情况，容易产生自顾自的课堂讲解"表演"。其次，讲解方式难以让学生适应，较少顾及情境的因素，多是直接复述学科知识，难以引起学生的兴趣，不利于学生学习积极性的发挥。

要解决这些困惑，新教师可以从以下两个方面入手。

一是把握讲解的时机。讲解的时机，即何时教师需要讲解，何时教师不应讲解。这主要看影响学生学习的问题点在哪里。在知识的关键点，或者在学生认知困难处进行讲解，才是把握了时机。

下列情况需要教师讲解：

·引导学生学习新的知识而学生又缺乏对背景的了解时；

·学生在预习中有疑难问题通过讨论不能解决时；

·有些知识学生只了解表面现象，或某些基本概念、原理、定律容易混淆时；

·对于知识之间的衔接、联系，学生缺乏认识或难以理解时；

·学生自学未形成系统而全面的知识体系，需要教师点拨、指导时。

下列情况不需要教师讲解：

·教材中已经阐明，学生自己可以看懂，或通过讨论能解决时；

·教材虽然未阐明，但学生通过思考或讨论可以理解时；

·课后补充的事实材料学生完全可以自学时；

·学生前面的学习已经为新学知识打下基础时。

二是注意讲解的基本原则。在教师精准掌握所讲知识的基础上，讲解要通俗易懂、具有启发性。这是任何讲解都应该具备的基本原则。要做到通俗易懂，最重要的是找到适合的例子，用例子深入浅出地讲解是最有效的讲解方式，可以说没有例子就不是教师，不举例就不是在讲解。启发性指讲解能引起学生的学习兴趣，同时提供必要的指导和帮助，能引起学生思考，使学生能合理利用时间来更快更好地学习知识、提高能力，切忌包办代替式的讲解。

【案例】

《邓稼先》教学实录

生：老师，杨振宁评价邓稼先"是中国几千年传统文化所孕育出来的有最高奉献精神的儿子"，为什么这么说呢？我理解不了。

师：要理解这两句话，首先要明白中国传统文化的精髓是什么。那精髓是什么呢？

生（踊跃回答）：是忠厚，是朴实，是谦虚，是真诚……

师：（肯定学生）大家说得都对。这些品质邓稼先身上都有，所以作者要说他是中国几千年传统文化所孕育出来的有最高奉献精神的儿子。（继续深化）中国传统文化还讲究人与人之间和谐、和睦相处，"睦邻友好"嘛。古人有许多言论都能体现中国传统文化精神，如"待人以诚""言必信，行必果""文质彬彬""温柔敦厚"……从课文中讲述的事实可以看出，邓稼先正是汲取了中国传统文化的精华，并把它们变成了自己的精神品格。

【分析】

案例中的讲解是一种点拨、启发性的讲解。在学生对于文本丰富的内容和深刻的内涵理解不透的时候，教师可以采用的有效的方法就是点拨。即点破要害，然后"拨"疑解惑。案例中的教师，通过几句点拨讲解，不仅让学生明白了文本的含义，而且使他们从深层次上体会到了中国传统文化的博大精深。这种点拨是一种省时高效的讲解方式。

六、提问技能

提问技能即教师运用提出问题，以及对学生的回答做出反应的方式，了解学生的学习状态，启发思维，使学生理解和掌握知识、发展能力的一类教学行为。

提问应用于教学的各个环节，大量整合于导入、讲解、结束等教学技能的设计与实施之中。可以说，每一位教师都要运用课堂提问，每一堂课都少不了课堂提问。教师应该掌握有效的提问技能，而不是单纯地提出问题。何为有效的课堂提问？有效的课堂提问是教师基于学生认知水平以及课堂具体内容，以教学目标为出发点，根据具体的情况设计出合理的问题，这些问题能够激发学生的主动性与积极性；使之更加愿意思考、回答问题，并且从多角度与多方面来进行作答。关于课堂提问有效性的标准，介绍以下几个观点。[①]

国外学者 Penny. UR(1996)设定了六项主要标准(表 2-7)：

表 2-7　Penny 的六项主要标准

明确	问题可以让学生切中肯綮，明确知道所期望的答案应该如何
激发	问题需要尽量有趣，可以让学生产生兴奋感，并具备一定的挑战性
价值	可以启发思维，针对该问题做出的回答，能够帮助学生更好地处理所学材料
参与	问题可以让大部分学生都有机会参与进来
扩展	问题可以有效激发学生进行深入思考与作答
反馈	问题可以让学生有安全感，避免出现心理负担与压力

王方林(2002)按照问题质量设计了七个标准(表 2-8)：

表 2-8　王方林的七个标准

1	所提出来的问题尽量少，防止课堂提问次数太多
2	所提出来的问题质量要高，可以启发学生的思维，且具备综合性特征
3	所提出来的问题应有足够的深度，从而可以深化学生对所学知识内容的理解
4	所提出来的问题应有足够的广度，包括多种类型，比如知识型、应用型以及分析型等
5	合理增加等候时间，可自 1 秒延长到 3～5 秒
6	进行引路性提问，可多问学优生，并穿插提问学困生
7	提供合理的教师反馈，做到真诚对待

李志厚(2004)提出课堂有效提问应有 10 项具体标准(表 2-9)：

---

① 高雅利：《小学高年级语文课堂教学中教师提问有效性研究》，硕士学位论文，上海师范大学，2018。

表 2-9　李志厚的 10 项具体标准

1	问题可以形成复杂心理效应
2	问题可以明确地描述具体问题，确保学生可以理解教师所问内容
3	问题要让学生可以做到创造性地作答
4	问题应为恳请式，帮助学生坦露真实看法
5	引导学生对重要问题进行思考
6	对学生情感与意见给予充分尊重，在轻松气氛下回答问题
7	明确学生是如何通过已有材料来推导问题的，并用所学知识理解概念内容
8	其通常具备"为什么"之类的字眼，引导学生专心思考
9	将问题转化为描述性陈述，让原本刚性的问题被软化
10	教师做出评价性反馈

这些关于课堂有效提问的标准能给新教师提供一些问题设计和实施的参考，比如"问题可以让大部分学生都有机会参与进来"说明问题的难易度要适合，太难或太简单都不是有效的问题。"合理增加等候时间，可自 1 秒延长到 3～5 秒"针对教师提问完后，马上就想让学生回答的心理，提出应该给学生考虑的时间，延长到 3～5 秒，学生得到鼓励，可能会有更清晰的回答，有更让人惊喜的表现。

【访谈及课堂观察日志】

说实在的，其实有时候挺抵触提问的，因为学生的答案总是五花八门，有些真的让人很无语，孩子们的思维确实比较活跃，他们懂得真是挺多的。

课堂观察中，发现很多教师会习惯性地问："对此，你怎么看?"

"×××，你来回答一下。"(×××当时正在和同桌窃窃私语)

根据课堂观察，新教师在提问技能方面的问题主要有以下三个。

①无效提问。

无效提问主要表现在三个方面。一是对问题的难易程度把握不准。问题太难，学生无从下手;问题太简单，学生用不着思考，这些都不利于学生思维的发展。有些问题的指向性不明，像日志中"你怎么看"的问题看似

一个很开放的问题，其实有的时候教师提出这样的问题是因为他心中也没有一个明确的答案，自然也就无法给学生的回答一个良好的反馈。二是对提问的频率比较模糊。不知道应该在哪些地方提问，或者出现教师一直提问的"满堂问"现象，或者出现一个问题也不问的教师"一言堂"现象。三是像上面课堂观察中的某些教师把提问作为提醒、制止学生问题行为的方式，学生没有任何准备，更不可能有任何思考，这也是一种无效提问。

②提问的启发性、层次性有待商榷。

有些新教师在新课改中很有激情，自觉贯彻新课改理念，很重视提问，这是值得肯定的一方面。另一方面，问题的启发性和层次性值得商榷：有些问题指向性不够明确，学生无从下手，这对学生的思考没有任何启发；有些问题只是是非问，学生不需要思考就能够得到答案，比如一些教师喜欢问"是不是？""对不对？"这不利于学生思维能力的培养；有些问题在设计时没有层次性，没有按照学生水平由浅入深地设计，先问一些高不可攀的问题，导致学生不知所措。

③担心自己无法给予反馈，害怕学生提问。

有些新教师害怕学生提问，因为担心自己无法回答，以致出丑。这说明新教师对自己的课堂没有自信，同时也反映出其课前准备不太充分，对于教学过程中出现的预料不到的情况，对于学生的问题，没有预设到，难以做出恰当的评价，也不能很好地将这种课堂生成转化为教育资源。

面对这样的问题，新教师该如何操作来保证课堂提问的有效性？可以从设计问题、实施提问两方面入手。

设计问题的策略主要有四点。

①创设问题情境。

通过创设情境来进行提问是吸引学生兴趣的好办法。教师要设计鲜活的现实情境和符合学生认知水平的问题，使问题与学生的生活经验或兴趣结合起来，这样能更好地激发学生的学习兴趣，也能更有效地让学生积极主动地思考。

②内容要循序渐进、难易适度。

问题的设计要由浅入深、由简到繁，循序渐进。难易度要控制在全班 1/3 到 2/3 的学生经过思考后能回答上来的水平。同时，问题难度要略高于学生原有的认识水平。把问题设在"学生跳一跳，就能摘到果子"的"最近发展区"，会让学生更有求知欲。

③问题的量要适度。

适度的"量"一是数量上要合适，提问太多或太少都不合适，通常复习课上的问题比新授课要多；二是容量上也尽可能广，要有一定的思维价值，不提学生不经思考就可以回答的问题。这两个"量"都要紧扣教学目的和教材重点、难点，根据学生的实际情况而定。要对问题进行合并、简化、删除，达到精简数量、加大容量和提高质量的目的。

④做好预设，及时反思。

新教师备课时要在关注学生的思维水平和个人发展的基础上，对教学内容进行问题设计，在教案中要详细地写出学生可能出现的回答情况，做好预设，根据预设来判断问题的必要性；在下课之后要及时进行反思，对问题进行归纳、分析、总结，反思问题的设置是否符合学生的理解能力，是否有启发性和逻辑性；针对学生的回答情况分析，如果下次出现同样的情况应该怎样应对，并找到解决的办法。

实施提问的策略主要有四点。

①真正做到以学生为主体。

课堂上，真正关注学生的主体性。教师在提问时，要态度和蔼，语调愉悦，语言精练，环视课堂，充分利用眼神与学生交流；带着尊重的态度和良好的心态对待每一个回答，即使是不正确的答案，也可能是一个新的教学机遇；关注每一个学生，切忌只提问学优生或学困生而忽略中间生；鼓励学生提出自己的问题，培养积极思考的习惯。

②把握提问的时机，合理利用等待的时间。

提问要选择恰当的时机和恰当的回答者。比如在学生疑惑、思维无法突破时，在教学内容的关键处、矛盾处，需要教师指点的时候提问。教师

可以通过学生的神态判断其心态，比如极力躲避教师目光的学生，对答案没把握，害怕教师提问。如果举手，教师可尽量多给性格内向的学生一些表现机会，对于没有准备好的学生不要强行提问。

教师在提出问题后，要给学生一定的思考时间，不要着急在第一时间就让学生给出正确的答案。研究表明，如果教师在提问之后，适时地延长等待时间，那么学生的逻辑思维水平以及教师对学生的态度和期待都会发生显著的积极变化。所以新教师可以采用提出问题后，默数5~7个数的方法来保证提问后的等待，慢慢地就会形成提出问题后等待的习惯。

在得到学生的回答后，新教师也不要马上给予反馈，或立即进行下一步。研究者发现，如果在学生回答问题后，教师能够等待3~5秒，给学生一段思考的时间，学生会更加详细地阐述自己的答案，或者也可能开始对自己的答案进行评价，这表明学生在进行更深一步的思考。另外，这段等待时间也能够让教师思考对于学生有帮助的反馈。

③采用多变的提问方式。

教师如果只是单纯设计好了问题，但是没有清晰简洁地表述，也无法激起学生关注、思考、回答问题的兴趣和积极性。新教师可以通过不同的提问方式，使学生明白问题的重点，激发学生回答问题的积极性。提问的方式有直问、反问、曲问、追问、逆问等。新教师可以针对不同的问题、不同的情境，采取灵活多样的提问方式，丰富课堂教学内容。

教师要注意提问的措辞。同样一个问题，措辞不同，效果会大大不同。比如"你能举一些哺乳动物的例子吗?"和"说说看你都知道哪些哺乳动物?"两个问题，意思相同，但明显后者让学生在心理上更舒服些，充分体现了教师对学生的信任，学生也必定会整理思路努力回答问题。

④关注有效的反馈。

学生初始回答时，有时不够全面，有时有错误，需要教师的纠正和引导，这就必然少不了教师的反馈。这里的反馈指的是对于学生的回答，教师所做出的反应，包括追问、评价等。新教师可以从以下几点入手进行有效的反馈。

A. 给学生必要的帮助。

学生回答问题大体要经过倾听问题、理解问题、自我默答、说出答案四个步骤。当学生回答问题有困难的时候，教师要判断学生是在哪个步骤出了问题，并给予恰当的口头启发。比如如果是学生对于问题理解得不清楚，就可以让学生简单重复一下问题，或者提示学生"你能用自己的话描述一下这个问题吗?"

B. 对于正确回答的反馈。

对于一些简单的、记忆性的问题，如果学生回答正确，教师可以直接告诉学生："回答正确。"对于高级认知类型的问题，教师可能需要探查学生是否经过正确的推理，如可以询问："为什么你认为这是对的?""说说看你是怎么得出这个答案的。"等。

C. 对于不正确回答的反馈。

学生水平不同，对问题的回答可能不是都正确。不管学生的回答是否令人满意，教师都要给予恰当的反馈。

对于一些简单的、记忆性的问题，如果学生的答案不正确，教师可以反馈"回答是错误的"，并询问"你再想想。"或请其他学生回答。这对于一些比较爱面子的学生，尽量少使用。对于高级认知类型的问题，教师要以尊重的态度来探查、理解学生的思维过程，以便修正教学，帮助学生的思维达到更高的层次，如"你能告诉我，你这样说的原因吗?"或"你能告诉我，你是怎样得到这个答案的吗?"等。

D. 对于不完整回答的反馈。

对于高级认知类型的问题，如果学生的回答基本正确，但又不太完整或太宽泛，教师可以通过进一步的探查使学生回答得更加完善，如"你能说得更具体些吗?""对于……，你还知道什么?""你能举出一个例子吗?"

E. 对于存疑的反馈。

新教师害怕学生提问的一个原因就是担心自己无法给出答案。新教师若遇到这样的问题，无法当堂解决，切忌敷衍，更不可恼怒，而应当诚恳地、实事求是地告诉学生"我现在对这个问题也有疑惑"，并建议课下师生

共同查阅有关资料，共同寻找答案，并在后续的教学中提及和解决。这样不仅体现了教师实事求是、负责的态度，也让学生看到自己对课堂的贡献，以后会更积极主动地深入参与课堂，促进思维的真正发展。

F. 合理利用语言及非语言进行评价。

表扬是一种特殊类型的反馈。表扬一定要建立在事实之上，真诚地表达出来，才能够起到积极的强化作用。因此，在学生通过努力回答了问题的时候，教师要根据学生的情况和特点及时给予表扬，一定要进行具体的表扬，如："你能准确地……，真不错。""你给出了不同的解决方法，太好了!"等等。

除了口头语言的评价，教师还要重视非语言的评价，包括手势语、面部表情、眼神等。比如，教师要有合适的面部表情，在提问之后，给学生适当的鼓励。教师若总是消极的表情，很可能会阻碍学生学习语文的热情和对一些问题的思考。

【案例1】

《孔乙己》教学实录(李镇西)

生1：老师，课文上说孔乙己是"站着喝酒而穿长衫的唯一的人"，我想问一问，什么叫"穿长衫的人"？

师：好，有没有同学能够帮他解答这个问题呀？

(学生思考)

师：我提示一下，在这里，"穿长衫"表明什么？同学们可以联系第一自然段的有些描写衣着的语句。

生2：我想是表明一种身份吧。说明他是一个读书人，有一定身份。

师：为什么？

生2：因为前面说"但这些顾客，多是短衣帮，大抵没有这样阔绰。只有穿长衫的，才踱进店面隔壁的房子里，要酒要菜，慢慢地坐喝。"这说明孔乙己不是干体力活的人。

师：你能够联系前后文来分析，不错。

【分析】

教师不能当一个满堂灌的讲述者，也不能对学生放任不管。学生回答不尽如人意之时，也就是需要教师铺路搭桥之时。优秀的教师能够不动声色地、适时地提供辅助信息，帮助学生完成任务，使学生获得成就感，从而激发学生的学习热情，形成良性循环。

【案例2】

说明文教学（钱梦龙）

师：同学们，你们课后回到家里，如果家长问起："今天给你们上课的那位钱老师是什么模样？"假若有个学生这样回答："钱老师嘛，不戴眼镜，每只眼睛上都有眉毛，脸的中间是鼻子，鼻子下面生有嘴巴，头部左右两侧各有一只耳朵。他五官不缺，四肢齐全……"

（学生笑）

师：你们说这个学生傻不傻？傻在什么地方？

生1：这是每个正常人都有的长相，他说的全是废话。

生2：他没有抓住特点来说，说了等于没说。

……

师：由此可见，要把一个人或一件事物介绍给别人，首先必须抓住特点。这堂课我们主要学习的就是怎样抓住特点说明事物。

【分析】

说明文容易让学生觉得枯燥且无用。钱老师拿自己的外貌特征描写举了一个幽默的反面例子，这个鲜活的问题情境让学生瞬间开启积极主动的思考模式。钱老师借机引导学生理解"抓住特征"的重要性，并顺势联系预设的教学内容，即说明事物要抓住事物的特点。这个问题情境的成功创设，非常好地激发了学生的兴趣，让学生不仅轻松地把握了说明文的基本特点，而且深刻意识到了说明文写作特点在现实生活中的重要作用。

七、多媒体使用和时间控制

多媒体的使用是演示技能的一种。演示技能是指教师进行实际表演和

示范操作时，运用实物、样品、标本、模型、图画、表格和多媒体设备提供感性资料，以及指导学生进行观察的行为方式。

多媒体的使用能使语文课堂教学内容的形象性、情境性、可视性有极大的提高和扩展。新教师往往能够发挥自己年轻的优势，尤其是在多媒体使用方面，形式多样，且内容丰富。需要提醒的是，在使用多媒体操作中，容易出现"喧宾夺主"的两种不良倾向。第一，容易过度依赖PPT。课堂上完全跟着PPT走，忽视学生的实际反应。第二，用多媒体激发了学生的兴趣，但容易出现表面上比较热闹，但语文学习没有实效的情况。新教师有时过于注重令人眼花缭乱的多媒体操作，希望给学生带来声像组合的直观的视听体验，而忽略了教学语言，甚至使教学中真正的语言成为多媒体内容的"解说词"。所以新教师在使用多媒体教学时须注意，教学语言才是在语文课堂教学中扮演"主角"的一方，多媒体教学手段应该为语文课堂教学语言锦上添花。

新教师对于板书的使用不太多，有的教师认为已经有比较完整的PPT，没必要使用板书了；也有的教师由于对自己的粉笔字没有自信，害怕写出来出丑。板书概括性较强，它是对重点内容的抽取和强化，利于学生识记，也便于学生记录。所以建议新教师充分利用PPT与板书的各自优势，充分发挥板书在多种媒体整合中的核心作用。

【教学访谈】

头几个月就是适应期，自己也在慢慢找上课的感觉，原来我经常会在课堂开始时花费太多时间，时间过去一半时，我就意识到还有好多没讲的，于是就加快速度，完成教学任务。现在好一些了，我能大体把握学生完成什么样的任务需要多少时间了。

新教师由于对教材不熟悉，关注教学内容的时候，不可能有更多的精力去观察学生和课堂，思考学生的进度；由于紧张，往往按照备课内容照讲，把准备的内容很快讲完；由于花费太多时间在开始的不重要的教学内容上，讲解重难点的时候才发现时间不够用了。这种情况在刚刚走上三尺讲台的教师中是很常见的，但新教师要相信自己对课堂教学的驾驭和掌控能力会随着教学经验的增加而逐渐增强。

对教学进度的把握处于摸索阶段的新教师，可以从以下两方面来掌握课堂教学的节奏：备课时，预留3～5分钟的机动时间，给教学进度留有可调控的时间；利用上课时的前20分钟，学生注意力最集中的时间讲解比较难以理解的内容，减少重难点无法顺利完成情况的发生。

实践操练 ⋯⋯▶

分析下面关于"课堂表演"的论述，和同伴一起讨论。

1. 在教《范进中举》的时候，教师改变以往细致讲解的传统做法，采取学生表演课文的形式开展教学。学生的参与热情很高，比如平时上课从不听讲的一个男生主动上台表演，虽然读错了很多字，但演得很卖力，也很精彩，抓住了胡屠夫的性格特点，博得了全班同学的掌声。在学生表演完后，教师再带领学生分析人物性格、思想内容，水到渠成。

2. 一段故事表演，使课堂气氛活跃热闹，学生在课堂上畅所欲言。但是之后，在教师讲的过程中，学生的思路还没有及时得到转换，等到他们的思路回到课堂的时候，老师的重点已经讲完了。这种表演式的教学使部分学生只是看热闹，对于课堂上老师讲了什么、自己学到些什么毫无印象。

小贴士 ⋯⋯▶

一堂好课的标准[1]

1. 目的明确：教学目的要全面、明确、切实可行。一切活动都要围绕教学目的来进行。

2. 内容正确：内容必须是正确和科学的，说明和解释应准确无误；讲授要有条理，符合逻辑，层次分明。

3. 方法得当：要根据教学目的、教材内容和学生的年龄特征来选择教学方法。

---

[1] 李秉德：《教学论》，254页，北京，人民教育出版社，1991。

4. 组织得好，积极性高：教学步骤能够有条不紊地进行；有良好的教学秩序；师生双方积极性都高。

5. 教学效果：看教学目的是否达到。通过上课，学生的知识有所增加、能力有所提高、思想品德有所长进。

教师有效教学行为的具体表现[①]

1. 个人对学生的学习承担责任，并积极期待每个学习者。

2. 让课时难度和学生的能力水平相匹配，根据需要变化难度，从而达到中高水平的成功率。

3. 给学生提供机会练习学到的概念，并及时获得自己成就的反馈。

4. 尽可能增加教学时间，从而拓宽内容覆盖面，并给学生最多的学习机会。

5. 通过提问、组织和探询来指导和管理学生的学习。

6. 使用多样的教学材料和口头与视觉辅助，促进对学生想法的运用和学生对学习过程的投入。

7. 每次提问后诱导学生回答，然后再转向另一个学生或者另一个问题。

8. 鼓励学生反复考虑并详细阐述正确答案。

9. 引导学生参与口头问答。

10. 运用自然发生的课堂对话，引导学生对所学内容进行陈述、延伸和评论。

11. 把学习的责任逐步转到学生身上——鼓励独立思考、解决问题和作决定等。

12. 为学生提供所教内容的组织和学习心理策略。

清晰教学的表现[②]

1. 告诉学生课时目标（比如叙述哪些行为将会作为课时成果，出现在考试或今后的作业中）。

---

① ［美］加里·D.里奇著，易东平译：《有效教学方法》，转引自裴娣娜：《教学论》，215 页，北京，教育科学出版社，2007。

② ［美］加里·D.里奇著，易东平译：《有效教学方法》，转引自裴娣娜：《教学论》，215 页，北京，教育科学出版社，2007。

2. 为学习者提供先行组织者(把当堂内容放在过去和/或将来课时的背景下)。

3. 在上课开始时,检查与学习任务相关的先前学习内容(比如弄清学生对于必备事实或概念的理解水平,如有必要就对它们重新教授)。

4. 缓慢而明确地发出指令(比如在需要时重复指令,或者把指令划分成若干小指令)。

5. 知道学生的能力水平,教学适应学生的当前水平或略高于当前水平(比如知道学生的注意力保持期)。

6. 用举例、图解和示范等方法来解释和澄清(比如利用视觉来辅助解释和强化重点)。

7. 在每一节课结束时进行回顾总结。

参考文献 ┈┈▶

1. 高雅利. 小学高年级语文课堂教学中教师提问有效性研究. 硕士学位论文,上海师范大学,2018.

2. 李秉德. 教学论. 北京:人民教育出版社,1991.

3. 刘昕彤. 高中语文高效课堂实施策略:以十一高中高效课堂教学实施为例. 硕士学位论文,东北师范大学,2014.

4. 裴娣娜. 教学论. 北京:教育科学出版社,2007.

5. 宋启艳. 初任语文教师教学能力发展研究. 硕士学位论文,曲阜师范大学,2016.

6. 邵瑞珍. 教育心理学(修订本). 上海:上海教育出版社,1997.

7. 申群英. 课堂有效教学的理念与实施:教师的视角. 硕士学位论文,西北师范大学,2009.

8. 覃祝书. 教学环节"巧"过渡. 广西教育,2000(9).

9. 吴雯雯. 中学语文新手型教师课堂教学语言问题研究. 硕士学位论文,广西师范大学,2019.

10. 谢异洁. 初中语文课堂教学环节的关联性研究. 硕士学位论文,苏

州大学，2017.

11. 徐进勇．优化课堂教学环节 努力提高教学质量．山东教育科研，2000(6).

12. 于漪．于漪语文教育论集．北京：人民教育出版社，1996.

▶第八讲
如何进行课堂教学调控

　　课堂是一个开放的空间，课堂教学是复杂多变的。在这个不断发展变化的动态系统中，即使教师在备课时尽可能充分预设，在课堂管理中、在与不同文本的对话中、在师生的思维碰撞中，也随时有可能发生出乎意料的事情，教师必须具备一定的课堂调控技能来面对千变万化的课堂实际。所以很有必要把课堂调控单独列一节进行讨论。

　　前两讲讨论了课堂教学实践中的两个基本方面，一是课堂教学管理，二是教学内容呈现。课堂教学管理和教学内容呈现的各个情境中都需要课堂调控，三者互相交叉，密不可分。调控主要指教师对教学策略及管理策略的运用，其中"调"指的是教学策略的运用，"控"指的是管理策略的运用。教学调控是指课堂上教师为达到预期的教学目的和最佳的教学效果，根据学生的反馈信息，对教学内容、教学方法和教学过程等作必要、恰当、适时的调控，因势利导，变序教学，从而优化教学过程，提高教学质量。[1] 课堂调控既是一种活动、一种教学手段，也是一种教学资源，是教师对课堂的因势利导，是预设与生成相得益彰、顺利实施和实现教学目标的重要手段。

　　课堂调控的实施主体是教师，对象是课堂的各个方面，教学内容、教学方法、教学节奏、课堂氛围、课堂心理、师生关系和时间等一切因素，最终指向学生，目的是实现教学目标，优化教学过程，提高教学质量。

　　课堂教学的"变奏"，既是教育的挑战性，也是教育的乐趣所在。一个

---

[1] 晋桂双等：《上好一堂好课的22个关键要素（小学语文卷）》，转引自郑丽：《新课程视阈下的中学语文课堂调控艺术研究》，硕士学位论文，山东师范大学，2011。

好的教师，一定是一个好的课堂调控者。教师的课堂调控技能是课堂教学的基本教学技能之一。教师的课堂调控能力是教师为了取得语文课堂教学的成功，将教学活动本身作为意识的对象，不断对其进行积极主动的评价、反馈、调节和控制的能力。由于实践经验的缺乏，教学计划和课堂实际状况的差距，面对课堂突发情况，新教师很难做到应付自如。本讲就将讨论在鲜活的、有生命的语文课堂上，面对不同的学生、不同的教学内容，面对不可预见的课堂生成，新教师如何进行有效的课堂调控。

一、问题案例分析

（一）案例展示

【案例1】

课堂观察片段[①]

一位老师讲秦牧的《土地》，文中有这样两句话："我骑着思想的野马奔驰到很远很远的地方"，"收起缰绳，回到眼前灿烂的现实"。讲到这里，有学生问道："老师，野马怎么还会有缰绳?"这一问，使这位毫无思想准备的老师一时张口结舌，他支吾半天不耐烦地说："你要是少钻牛角尖，你的学习成绩还会好些吧!"

【案例2】

因势利导，既要捕捉到"势"，也要引"导"有方

一位教师执教《我的叔叔于勒》，在教学过程中设置了一个活动：让学生展开想象，设想于勒发了财，成了百万富翁，回家看望自己的哥哥一家人，当西装革履的于勒提着装满钞票的手提箱叩响菲利普一家的门后，会发生什么故事。

一名学生设想的情景是这样的："……她原本疑惑的神情顷刻间烟消云散，脸上闪电般堆积起灿烂无比的谄媚的笑容。'哎呀，你不知道，这么多年你可把我们想死了! 快请进!'"

老师对这位同学的回答给予了充分肯定，可是，这位老师又向全班同

---

① 郑丽：《新课程视阈下的中学语文课堂调控艺术研究》，硕士学位论文，山东师范大学，2011。

学询问这位同学刚才的陈述中有没有错误，大家都说没有发现。这时，老师郑重指出："刚才这位同学说了这么一句话：这么多年你可把我们想死了！想想看，这句话有什么毛病？"

"哦，应该说：这么多年我们可把你想死啦！他把顺序搞颠倒了。"这句话引得全班哄堂大笑。

"对，很好，以后大家说话要注意不要把词语的顺序搞颠倒了，否则就闹笑话了。"[①]

【案例3】

(田野日志和访谈)备好课，做出正确的预设是关键

我看到一些老师可能是因为没有认真准备或者只想尽快完成教学任务，就出现了这样的情况：上课就是执行教案的过程。甚至觉得教师的"教"和学生的"学"在课堂上最理想的情况就是完成预定的教案，而不能"节外生枝"。尤其很多刚刚走上工作岗位的新教师，他们期望的是学生按照教案的设想做出如期的回答，否则就努力引导学生直至达到预设答案为止。教案仿佛成了"看不见的手"，支配着、牵动着教师与学生，让他们围着它"团团转"。这样的课堂于是成了"教案剧"演出的舞台。

访谈者：老师，这是您预设的学生应该给这样一个答案？引导学生回到预设的答案上来？

×老师：对。

访谈者：那我觉得这个可能是正确的答案，那他们可能说法很多很多。

×老师：对。

访谈者：他有可能不是朝着你这个方向去说的，那你怎么办？

×老师：那我就再引导。[②]

(二)案例分析

【案例1】

这个语文课堂中出现的意外，是由教学内容引起的。如果在课前，教

---

① 潘庆玉：《富有想象力的课堂教学》，转引自郑丽：《新课程视阈下的中学语文课堂调控艺术研究》，硕士学位论文，山东师范大学，2011。

② 魏薇：《教师课堂教学决策研究——小学语文学科的个案探寻》，博士学位论文，东北师范大学，2011。

师对相关内容做出预设并有了充分的准备，就不会出现如此尴尬的意外。很明显，这位教师课前准备不足，并没有预设到学生会有这样的提问，于是课堂上出现了意外，心里很慌张。另外，学生敢于提问，说明学生进行了自己的思考，不管问题大小，教师都应该以尊重的态度对待，案例中教师这样的反应，无疑会严重损伤学生学习的积极性。文本中强调的是"思想"的野马，而不是现实中的野马，"野马"比喻的是作者的思想，当然可以有缰绳，其实教师稍加思考就能解决学生的问题。但是教师的第一反应是没有预设到这样的问题，然后用训斥的方式掩饰自己内心的慌乱。这些都说明这位教师对教学活动的调控能力不够。除了备课时进行充分预设之外，教师还应用自己的教育机智灵活解决课堂中生成的意外。

【案例2】

学生在课堂上的表述常常蕴含着很多重要的生成信息，教师需要有一定的辨析能力和评价能力，既要准确把握这些生成性教学资源，也要避免单一、断然否定等评价，力争使课堂生成变为教学中新的生长点。在案例中，教师先对学生的回答给予了充分肯定，然后针对学生表述中的语序颠倒问题进行了纠正。可以说教师很敏锐地把握住了课堂生成中的关键点，即语序颠倒的句子，那对这个课堂中的随机生成，教师的调控效果如何呢，是否浪费了有价值的课堂生成呢？对句子看似很合理的分析，潘老师认为其实也正是教学中的遗憾之处，"无意间错失了文学教育的最佳时机"。因为这句语序颠倒的话恰恰反映了菲利普夫人当时的心理状态，完全符合她贪婪势利的心态。因为"当她瞬间发现自己眼前站着的是发了大财的于勒时，内心突然充满了紧张、诧异和惊喜，一时间，慌不择词"，所以才脱口而出的是这句有"问题"的句子——"这么多年你可把我们想死了！"教师把握住了教学生成，但是调控没有到位。教师完全可以通过这句看似"有问题"的句子，顺势剖析菲利普夫人的内心，让学生通过语言更深刻地理解人物内心世界，从而更顺畅地"把学生带入奥秘而精微的文学世界"。

【案例3】

为了对课堂的生成把握更有指向性和有效性，教师需要对课堂状况进

行预设，比如在制订教学计划时，教师就要对学生可能产生的答案进行预设，基于学生的认知水平、知识储备，站在学生的角度想学生之所想，充分地预设学生可能在课堂上出现的"意外"行为，并充分准备将这些行为转化为教学资源，促进课堂教学。

但是，如果预设是有"瑕疵"的，而教师的执行仅仅是完成教学任务，不顾学生的实际情况简单、硬性地执行所谓"预设"，那么这样的课堂调控无疑是低效甚至是无效的。像访谈中×老师的想法可能是很多老师处理课堂意外的根据，即为了保证课堂的顺利进行，简单执行教案。这样的课堂就不再是生动、鲜活的，而是被教案无形控制了，如果教案中的预设定位是不准确的，而教师在课堂中又过分强调和依赖预设，那么即使教师绞尽脑汁地调整和处理也不能弥补课堂遗憾。所以一节好课，最关键的还是要认真、细致地备课，同时要对预设的定位精准，对教学本质的把握准确。

二、课堂教学调控

（一）课堂教学调控的理论基础

1. 教师教育智慧理论

叶澜认为"具有教育智慧，是未来教师专业素养达到成熟水平的标志"。她对教师"教育智慧"的表述为"教师的教育智慧集中表现在教育、教学实践中：他具有敏锐感受、准确判断生成和变动过程中可能出现的新情势和新问题的能力；具有把握教育时机、转化教育矛盾和冲突的机智；具有根据对象实际和面临的情境及时作出决策和选择、调节教育行为的魄力；具有使学生积极投入学校生活，热爱学习和创造，愿意与他人进行心灵对话的魅力。教师的教育智慧使他的工作进入到科学和艺术结合的境界，充分展现出个性的独特风格。教育对于他而言，不仅是一种工作，也是一种享受。"①

由此可知，教师的教育智慧表现在教师在教学实践中面对复杂的教学问题，能抓住教育契机，灵活处理各种状况，即知道"如何做"。表现在教

---

① 叶澜：《新世纪教师专业素养初探》，载《教育研究与实验》，1998(1)。

学技能上，就是具有课堂教学调控能力，即在教学过程中洞察教学时机、判断教学问题，再结合自己的教学经验，运用恰当的教学方法合理有效地处理实际问题的综合能力。新教师要站稳讲台，就必须积累实践经验，掌握必要的课堂调控能力。

2. 人本主义心理学

美国心理学家罗杰斯认为，学校教育能真正按照人本主义精神为社会提供能适应变革需要的有用的人，一个"完整的人"。所谓"完整的人"是指躯体、心智、情感、精神、心灵力量融会一体的人。学校要让学生学会怎样学习，学会适应变化了的环境，才能培养出"完整的人"。

体现在语文教学过程中，就是要强调以人为本，学生是教学活动的主角，教师是指引者的角色。在实施课堂调控过程中，教师要将学生人格的培养放在第一位，真诚地尊重与关怀学生。课堂调控要着眼于培养学生的创造力、调动学生的积极性，让学生去发现问题和提出问题，不能一味地灌输知识。教师的有效调控，使学生的潜能通过各种因素的综合作用得到激发，从而实现学生的自我价值，增强学生的自我效能感。

（二）课堂教学调控的方式

目前的语文课堂中主要存在着三种调控方式，分别为：控制式调控、诱导式调控和共享式调控。[①]

第一，控制式调控。这是指传统语文教学的专制式调控，课堂上以教师为主导，教师是生硬的教育者、知识灌输者，学生扮演着配合教师完成教案的角色，完全信奉教师的权威。课堂上师生很少有探索、交流，理想的教学进程就是完成教案。"即使是新课改后，这种服务于高考的专制式课堂调控方式还在一定范围内存在。"主要原因是部分教师已经习惯于传统的专制式管理，在新课改需要的新的课堂教学行为中，很多教师对于如何进行调控还处于模糊或不知所措的状态。

第二，诱导式调控。相对于专制式调控，诱导式调控无疑是了不起的

---

① 郑丽：《新课程视阈下的中学语文课堂调控艺术研究》，硕士学位论文，山东师范大学，2011。

进步，也是目前课堂教学中最普遍的方式。在这样的课堂中，教师是策划者、组织者和点拨者，与学生是平等对话的关系，学生在教师的引导下，进行积极的思考和有益的探索。教师运用灵活的调控，在最大程度上把语文课上得生动有趣，以此来调动学生的积极交流和主动参与。

第三，共享式调控。这种调控存在于以教师为主导、学生为主体，师生平等和谐且共同成长的课堂中，本质是注重学习的过程，而不是学习的成绩。李镇西对这种课堂调控有一个生动的比喻描述，"面对'美味食物'，师生共同进餐，一道品尝；而且一边吃一边聊各自的感受，共同分享大快朵颐的乐趣。在共享的过程中，教师当然会以自己的行为感染、带动学生，但更多的是和学生平等地享用且平等地交流；他不强迫学生和自己保持相同的'口味'，允许学生对各种'佳肴'做出自己的评价。在愉快地共享中，师生都得到满足，都获得营养。"

综上，虽然专制式调控是教师应该摒弃的调控方式，但为了提高学生的学业成绩，很多教师不得不采取专制式调控和诱导式调控并用的方式。而共享式调控是所有教师应追求的调控方式。

新教师由于教育教学实践较少，缺乏相关的实践性知识，在课堂调控方面主要存在以下问题：对教学内容准备不够，无法预设课堂的生成；死板执行教学计划，没时间或没意识调整教学内容；遇到课堂管理问题，不知如何快速解决或因势利导引入教学中。

新教师应该如何提高自身的课堂调控技能呢？相关策略如下（表2-10）：

表2-10　提高课堂调控技能的策略

来源	主要观点及策略
李曼[①]	教师在课堂调控中主要存在的问题是，教师缺乏自我情绪的控制、浪费了课堂中的生成性教学资源、一味追求热闹而冲淡了教学主题。课堂听课优化策略：①对于学生无关性课堂负行为的调控；②对于学生有关性课堂负行为的调控。

① 李曼：《教师课堂调控策略的优化研究》，硕士学位论文，南京师范大学，2012。

续表

来源	主要观点及策略
林少玲[1]	基于学情，运用"最近发展区理论"，提出了中学语文课堂调控策略的实施体系，即课堂教学设计的调控策略、课堂教学实施中的调控策略以及课堂教学结果的评估调控策略。
张源源[2]	对两位优秀教师课堂调控行为进行分析，研究得出很多共性，值得新教师模仿、学习。主要表现在以下三个维度：①课堂纪律调控方面，要合理运用引导语，并注意调控；②课堂时间调控方面，要合理分配课堂时间；③课堂节奏调控方面，要注重教学语言节奏、教学内容节奏和教学时间节奏。
查伟燕[3]	通过定性分析和问卷调查相结合，指出提高课堂调控行为的有效性应从以下几个方面入手：加强课堂纪律；修炼师德；重视教学策略；让学生分享课堂管理权；掌握课堂调控的技巧。
郑丽[4]	提出语文教师要培养自己的课堂调控能力，丰富自己的课堂教学艺术，在课前要进行常规预设和调控预设，在教学过程中要灵活调控课堂的情势与节奏，因势利导，并运用语言调控、提问调控、机智调控的方法，建构互动生成、高效优质的课堂。

通过分析以上的各种策略，针对新教师的实际情况，我们总结出三个要点。

①充分预设，充足准备。新教师在面对课堂上的突发状况时，有的不知所措，有的匆忙应对，还有的避而不谈，甚至粗暴压制，这在很大程度上是由对课堂的教学预设不足造成的。所以新教师在进行教学设计时，应该根据学情和教学内容，尽量预设到课堂上可能出现的种种状况，想好应对措施。充分准备能使自己在课堂上自信、从容地面对突发状况。

②尊重学生，真正走进学生的内心。在很多情况下，新教师的调控不尽如人意是因为他们把自己的想法或情绪强加在了学生身上，而未站在学

① 林少玲：《基于学情视角的中学语文课堂调控策略研究》，载《课程教学研究》，2013(5)。
② 张源源：《优秀高中数学教师课堂调控行为的特点研究——基于两位优秀教师的课堂教学实例》，硕士学位论文，贵州师范大学，2017。
③ 查伟燕：《初中教师课堂有效调控行为研究》，硕士学位论文，苏州大学，2010。
④ 郑丽：《新课程视阈下的中学语文课堂调控艺术研究》，硕士学位论文，山东师范大学，2011。

生的角度考虑问题。所以新教师要树立积极的期待观，真诚地理解学生。只有尊重学生的想法，走进学生的内心，才能在处理出乎意料的课堂生成时，不强求、不压制，平等交流，真正实现教学相长。

③多观察、勤观摩，培养教育智慧，锻炼调控能力。新教师要提高课堂调控能力，主要途径就是观摩专家教师的真实课堂，观察同行的教学行为，从中汲取经验，在教学实践中不断总结反思，一步步积累有效调控的经验，学习并培养自己的教育智慧，逐步形成和提升自己的课堂调控艺术。

三、优秀案例分析

【案例1】

《荷塘月色》第三课时教学片段①

（教师原教学计划为分析文章的结构特点）

生1：文中为什么写采莲？删去这些段落，对文章也没有任何影响。

（教师意识到这是一个很好的生成性资源，就对原来的教学内容作出调整）

师：我同意你的观点，我也觉得采莲这几段可以删去。大家的看法呢？

（学生用将信将疑的眼光看着教师）

师：我们能不能从文中找到一些依据？

（学生认真地看课文，不少学生拿笔在圈画文中的句子，4分钟后，学生纷纷举手）

生2：我认为，全文最美的当数采莲，没有什么世俗的牵绊，只有对自由与纯真世界的向往，正如"嘒彼小星""桃之夭夭"那些《诗经》的歌谣一般，充满了原始的生命力。

生3：删去真的合适吗？我倒是喜欢采莲的描写，它的出现恰到好处，使文章活了起来。荷塘是静的，月光是静的，独处时也是静的，唯有那联想中俏皮的江南，有了一丝鲜活的色彩。江南水上荷莲中穿梭的快乐，才是让人向往的自由。

---

① 林少玲：《基于学情视角的中学语文课堂调控策略研究》，载《课程教学研究》，2013(5)。

师：那采莲的段落与上下文有联系吗？

生4："忽然想起采莲的事情来了"的前一句是"热闹是它们的，我什么也没有"，想起采莲的事，是作者想超脱的一个手段罢了。

师：那他超脱了吗？

生5：最后还是回到现实中来了。我们看看最后一段中的这一句——"猛一抬头，不觉已是自己的门前"，想超脱，但最终还是无法超脱，留下了无穷的余味给读者去体会了。

【案例分析及教学建议】

教学是一门艺术。在处处充满不可预知的变数的课堂中，案例中的教师体现了很好的应变能力和高超的教育艺术。本来教师设计的下一个教学环节是要分析文章的结构特点，在捕捉到学生说"采莲"的段落可以删去的意外生成后，教师根据课堂中的学情，充分利用学生的这个有价值的生成性教学资源，及时地对原有教学设计做出了调整。利用师生间的对话交流，教师一步步地引导学生去亲自寻找证据，探究问题，培养了学生的思维能力和创造力，这对教学目标的达成必然是有效的。这种抓住学生的关键生成，及时进行课堂调控的能力正是新教师所应追求的。

【案例2】

充分利用生成性的教学资源

于漪老师在教《宇宙里有些什么》这篇课文时，课文中有一句话"宇宙里有几千万万颗星星"，这时，一个学生提出了问题："老师，万万等于多少？"大家都笑了起来，有个学生说："万万不就等于亿吗？"在大家的笑声中，这位学生灰溜溜地坐下了。于老师觉得他的积极性受到了打击，于是问："既然万万等于亿，而文中为什么不说宇宙里有几千亿颗星星，而说几千万万颗星星呢？"[1]

【案例分析及教学建议】

在日常的课堂教学中，学生的"意外"表现时有发生，像案例中发生了

[1] 李曼：《教师课堂调控策略的优化研究》，硕士学位论文，南京师范大学，2012。

脱离教师预设的学生提问一样，教师需要做出理性的课堂调控。首先就是对学生的意外行为做出准确的判断，及时判断这些意外生成对课堂教学是促进还是阻碍，同时要辨别生成是不是围绕教学内容产生的，是否具有教学价值。在案例中，于老师面对学生的意外提问，没有断然否定学生看似幼稚的问题，很好地保护了学生参与课堂的积极性，培养了学生敢于提问的精神；然后对于有价值的课堂生成进行进一步引导，使之成为紧扣教学目标的一个有力资源。于老师准确地判断出学生问题的教学价值，充分利用这个意外生成，使之转化为课堂教学资源，引导学生从另外的角度去思考文章的内容，促进学生更深的思考。可见于老师具有敏锐的观察能力，能马上察觉到学生积极性受到打击的现象并适时引导，也反映出她具有良好的分析能力和极高的教育智慧，能抓住教学契机，关注生成性的教学资源，引导学生深入思考，进行有效的课堂调控。

【案例3】

最聪明最美丽的老师[①]

刚刚范读完课文，我发现坐在后排的一个女同学尹洋在偷偷地写什么东西。我不动声色地走过去，原来是一张小纸条！我把它没收了，展开一看，上面赫然写着班上一个男生的名字，还有几句稚气的话……我忍不住笑了起来，这些中学生，真是人小鬼大！我这一笑不打紧，全班同学的好奇心都被激起来了，特别是几个调皮的男生，大声地喊："老师，念出来！"

"是什么？念呀！"我瞟了一眼尹洋。这是一个秀丽可人的女孩，平时的学习成绩也是不错的。只见她埋着头，脸涨得通红，此刻，她正偷眼看我，大概是正在猜想我会不会把这张纸条的内容公之于众吧。多半地已准备接受即将到来的难堪了。我转过头来望着全班同学，他们都已经安静下来齐刷刷地望着我，渴望得知这张纸条的内容。十四五岁，正是好奇的年龄，尤其是传纸条这样一个敏感的话题。我吐了一口气，再追问一句："你们真的想知道吗？"他们一致地点头。"其实是两句再普通不过的话。"我缓缓打开

---

① 傅道春：《情境教育学》，转引自黄甫全、吴建明：《课程与教学论》，307～308页，北京，中国人民大学出版社，2019。

纸条，大声念道："听毛主席的话，做一个好学生！"轰的一片笑声！当然也有不怎么相信的，但谁都没有再追问。

这堂课很顺利地上完了。下课后，尹洋塞给我一张小纸条，什么也没说就跑开了。我很疑惑，这个尹洋，居然给老师写纸条！展开纸条后，几行端端正正的字出现在我眼前："黄老师：您是我所见过的最聪明最美丽的老师，我一定会记住您对我的希望——听毛主席的话，做一个好学生！"

【案例分析及教学建议】

案例中的黄老师被学生称为"最聪明最美丽的老师"，因为她面对课堂教学中的突发状况时机智、冷静，做出了灵活恰当的处理，可谓充满了高超的教育智慧。她看到尹洋的小纸条后，没有批评责备，而是"忍不住笑了起来"，可见她非常了解学生的心理，对学生充满了爱，真正做到了尊重学生。之后，黄老师"瞟了一眼尹洋"，接着"望着全班同学"、"再追问一句"到"大声念道"这一系列的行为，完全是随着学生的心理做出的恰当反应，可见她对学生心理有足够的了解，并能抓住学生的兴趣点，迅速做出反应。黄老师不仅及时稳定了课堂秩序，巧妙地保护了学生的自尊心，还把握住了教育机会，引导学生好好学习，取得了很好的调控效果。她的做法值得借鉴。

实践操练 ⋯⋯▶

分析下面关于课堂调控的案例，结合自己的教学实际，谈谈感受。

教师在教学《蝉》一课，临近尾声时，忽然发现有几个学生眼望墙角，并且还嘀嘀咕咕，老师发现原来是一只大蜘蛛在那里结网。

根据教学计划，接下来是总结本文的写法，但此时按部就班显然效果不佳，何不让他们自行归纳并仿写，下节课再作总结？教师灵机一动，说："法布尔能传神地写出'蝉'，是因为他的仔细观察，我们的同学在仔细观察另一种昆虫——蜘蛛，老师相信你们也能写好关于'蜘蛛'的说明文。还剩一点时间，我们就借鉴《蝉》的写法，写一篇关于'蜘蛛'的说明文，长短不限。下面请大家开始观察并写作，争取下课前成文。"

这么一来，学生是既兴奋又忙碌，又是观察又是写作，又是翻书又是

讨论。下课时有一半多的学生完成了习作，老师又要求学生课后继续修改完善并归纳写法，准备下节课交流讨论。

参考文献 ……▶

1. 黄甫全，吴建明．课程与教学论．北京：中国人民大学出版社，2019.

2. 李曼．教师课堂调控策略的优化研究．硕士学位论文，南京师范大学，2012.

3. 林少玲．基于学情视角的中学语文课堂调控策略研究．课程教学研究，2013(5).

4. 魏薇．教师课堂教学决策研究——小学语文学科的个案探寻．博士学位论文，东北师范大学，2011.

5. 叶澜．新世纪教师专业素养初探．教育研究与实验，1998(1).

6. 查伟燕．初中教师课堂有效调控行为研究．硕士学位论文，苏州大学，2010.

7. 张源源．优秀高中数学教师课堂调控行为的特点研究——基于两位优秀教师的课堂教学实例．硕士学位论文，贵州师范大学，2017.

8. 郑丽．新课程视阈下的中学语文课堂调控艺术研究．硕士学位论文，山东师范大学，2011.

单元小结 ……▶

任何策略和模式在灵活、开放的实际教学中都存在着无法预期的情况，也都无法兼顾所有的课堂教学情境。也就是说，任何一种策略或模式都不可能在任何情况下，对所有课堂和所有学生都产生相同的效用，即使是同一策略或模式对同一课堂或同一学生，在不同情境中也不可能达到相同的效果。

课堂教学管理涉及的不仅是方法问题，而且也是观念问题。所谓"理念先行"就是这个道理。新教师在进行课堂教学管理时，要先改变管理理念，以"以生为本"为根本理念，不断反思和摸索。

在实施教学设计的过程中，教师要把"教的活动"变为"学的活动"。面对不同的教学内容和学生，新教师有必要对这些策略进行合理、恰当的筛选和改进，也要不断地在课堂教学中改变与调整自己的教学行为，使教学设计得到真正实施，使学生的学习真正发生。

教师的课堂调控技能不是一朝一夕能练就的，需要在长期的教学实践中不断积累、磨砺。新教师要通过各种途径不断锤炼自己对课堂教学各方面状态的感知能力，不断增长自己的教育智慧，以便在出现课堂"意外"时，沉着冷静，抓住有益的教学生成资源，做出适宜的应对。

单元练习 ......▶

观看一节阅读教学常态课的录像，从课堂教学管理、教学技能运用和教学调控三方面，运用本单元所学对教师的行为进行记录并分析，小组讨论并形成报告。

阅读链接 ......▶

1. 黄甫全，吴建明 . 课程与教学论 . 北京：中国人民大学出版社，2019.

2. 李秉德 . 教学论 . 北京：人民教育出版社，1991.

3. 施良方，崔允漷 . 教学理论：课堂教学的原理、策略与研究 . 上海：华东师范大学出版社，1999.

第三单元 教学反思

单元学习目标 ·····▶

1. 知道说课的基本内容和方法，了解说课的基本注意事项，能够规避说课的常见问题。

2. 了解观课的基本方法和步骤，能够根据不同的观察目的灵活选用观察方法，开发观察工具。

3. 认识到教学反思的意义，了解教学反思的内容和方法，能够在教学和教研活动中通过主动反思提升自己的教学能力。

单元导读 ·····▶

20 世纪 80 年代以来，"教师即研究者""教师专业化"的概念逐渐普及。"教师即研究者"的核心思想是："改进教育实践，关键要靠真正进行教育活动的教师发现自己实践中的问题、思考解决办法来实现，教育改革的关键在于使教师得到发展，扩大他们的专业自主性。"[①]教师专业发展的过程就是教师将自己的职业看作一个专业，通过自主学习和参加培训，对自己的教育教学行为进行省思、研究与改进，进而优化自己的专业工作，提升自己的专业素养，逐渐成长为专家型教师的过程。课堂是教师的教育教学行为发生的主要场所，课堂教学是教师的主要专业活动，因此，课堂教学研究对于教师的专业发展具有重要意义。

与高校的专业研究者相比，中小学教师进行课堂教学研究有着得天独厚的优势：第一，中小学教师的研究主要是为了解决自己在教育教学中遇

---

① 申继亮：《教学反思与行动研究——教师发展之路》，33 页，北京，北京师范大学出版社，2006。

到的问题，因此动力更加充足；第二，不管研究对象是教师的教学行为还是学生的学习行为，都是教师亲身经历或经常接触的，因此也更加熟悉；第三，课堂教学是大多数中小学教师的主要任务，同事间的听评课也是平时教研活动的主要内容，这为他们提供了充足的研究机会。但是，中小学教师进行课堂研究也有一些劣势，主要体现在研究意识的薄弱和研究方法的缺乏，因此我们常常见到许多中小学教师每日埋头教学实践，把听评课当作领导布置的任务来完成，这很容易造成他们专业发展缓慢甚至停滞不前的尴尬局面。

　　钟祖荣等人对 194 名北京市骨干教师进行了调研，结合教师的素质、能力表现和教龄将教师发展划分为 5 个阶段：①初步适应期（工作的第 1 年）；②适应和熟练期（工作的第 3—5 年）；③探索和定位期（工作第 10 年左右）；④教学成熟期（工作第 15 年左右）；⑤专家期（工作第 20 年左右）。调查发现，不同阶段教师专业发展的主要困难不同，工作 5 年以内的教师遇到的主要是知识、技术类问题，比如不能准确全面地把握教材，不了解学生的学习规律和具体情况，不能灵活运用多种教学方法等，这些问题相对容易解决。教龄 10 年左右的教师遇到的主要是内容、方法类的问题，比如感到专业知识的广度、深度不够，不知道如何进行教育研究等，这一阶段问题解决的差异可能是导致教师后续专业发展差异的重要因素。教龄 15 年以上的教师遇到的主要是高级方法、情感态度类的问题，比如不知道自己在哪里突破和如何突破，产生了职业倦怠等，这些问题较难解决。但是，不同阶段的教师解决困难的办法具有相似性，主要集中在实践摸索、学习培训、思考研究三种途径上。[①] 由此可知，借助自主学习和参加培训，掌握一定的研究方法，在实践中积极思考、勤于探索，是中小学教师专业发展的有效途径。

　　说课、观课和教学反思是学校最常见的三种教研活动。教师在说课时描述自己的教学设计及其依据；在观课时观察学习他人的教学行为；在教

---

① 钟祖荣、张莉娜：《教师专业发展阶段的调查研究及其对职后教师教育的启示》，载《教师教育研究》，2012(6)。

学反思时分析事件和行为背后的教育教学原理，并针对问题提出改进措施。在这三种行为中，新教师应始终带着自觉反思的意识，不断检视自己的教育教学行为和理念，确定自身专业发展的"生长点"，在与已有经验产生共鸣或冲突的过程中不断吸纳新理念，丰富自己的实践性知识，提升教育教学能力。

本单元将介绍说课、观课与教学反思的常见问题和基本方法，希望能够帮助新教师形成自觉反思的意识，掌握说课、观课与教学反思的基本方法，在专业发展的道路上顺利前行。

单元思维导图 ……▶

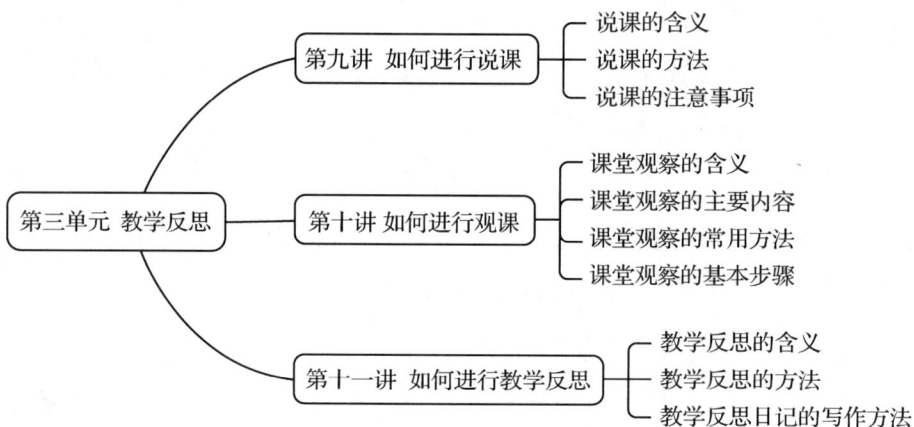

第三单元 教学反思

- 第九讲 如何进行说课
  - 说课的含义
  - 说课的方法
  - 说课的注意事项
- 第十讲 如何进行观课
  - 课堂观察的含义
  - 课堂观察的主要内容
  - 课堂观察的常用方法
  - 课堂观察的基本步骤
- 第十一讲 如何进行教学反思
  - 教学反思的含义
  - 教学反思的方法
  - 教学反思日记的写作方法

我们每个人都守着一扇只能从内开启的改变之门，不论动之以情或晓之以理，我们都不能替别人开门。

——玛丽琳·弗格森

▶ **第九讲**
如何进行说课

  "说课"是 1987 年河南省新乡市红旗区教研室提出的概念。与备课相比，"说课使教师的教学构思从隐性思维走向显性思维，从静态思维走向动态思维，从个体独立劳动走向群体合作劳动"[①]；与上课相比，说课能够更加省时高效地体现出教师的教学理念、教学风格、教学能力等业务素质，使教学实践上升到一定的理性层面，因而说课逐渐成为教学研讨或教学比赛的一种常见形式。

  对于说课者来说，这样的活动既有利于其把握课标、分析教材、了解学情、设计活动等教学能力的提升，也有利于其教育教学理论素养和语言表达能力的提升。此外，说课后听者的评价和建议也有助于说课者发现自己教育教学行为与理念中存在的问题，从而促进说课者专业能力的提升。

  虽然说课有相对固定的形式，但要进行有质量的说课并非易事。本讲我们希望通过介绍说课的常见问题、主要内容和基本方法，帮助新教师提升说课能力。

一、问题案例分析

（一）案例展示

《散步》说课稿

各位老师：

  大家好！我说课的内容是七年级上册第二单元《散步》的教学。我将从教材、学情、教学目标、教学方法和教学过程五个方面来介绍这节课的设计情况。

  一、教材分析

  课标提出的"阅读"目标主要有如下几点：

[①] 方贤忠：《如何说课》，1～2 页，上海，华东师范大学出版社，2008。

1. 能用普通话正确、流利、有感情地朗读。

2. 在通读课文的基础上，厘清思路，理解、分析主要内容，体味和推敲重要词句在语言环境中的意义和作用。对课文的内容和表达有自己的心得，能提出自己的看法，并能与他人合作，共同探讨、分析、解决疑难问题。

3. 在阅读中了解叙述、描写、说明、议论、抒情等表达方式。能区分写实作品与虚构作品，了解诗歌、散文、小说、戏剧等文学样式。

4. 欣赏文学作品，有自己的情感体验，初步领悟作品的内涵，从中获得对自然、社会、人生的有益启示。能对作品中感人的情境和形象说出自己的体验，品味作品中富于表现力的语言。

《散步》这篇课文在七年级上册第二单元，本单元的学习内容有：感受和理解亲情；重视朗读，把握文章的感情基调，注意语气、节奏的变化；在整体感知全文内容的基础上，从字里行间细细品味，体会作者的思想感情。

《散步》是作家莫怀戚写的一篇著名的散文。它讲述了作者一家人在初春的田野散步时出现了分歧，最后又归于和谐的小事。文章的语言直白，情节简单，人物也只有"我"、母亲、妻子和儿子四个人，但是细读却有比较深的含义。对于文章主题，历来有多重解读：亲情、责任、生命，等等。亲情是最普遍认同的主题，也是本单元的人文主题。文中"我"对母亲的关心和体谅，母亲对"我"的理解和感激，"我"和妻子、母亲和儿子之间的关爱和礼让，无不体现出温暖的亲情。"我"在分歧发生时的心理活动则体现出强烈的责任感，"我"所做的委屈儿子的决定，以及"我"背起母亲，妻子背起儿子则是责任的体现。莫怀戚自己说写这篇文章是发自对于生命的感慨，因为写这篇文章时是1985年，他的父亲刚去世，母亲承受不了这个打击，出现了丧偶综合征，最需要家人的陪伴。文章中也有一句话"这一切都使人想着一样东西——生命"。我觉得这些主题都有其合理性，学生能够读出哪一层意味都可以。

二、学情分析

我们班的学风比较端正，大多数学生能够认真预习。这篇文章语言浅显易懂，所写的也是家庭常见的小事，学生自己应该能够读出亲情。但是他们容易以整体感知和贴标签式的下结论为主，缺少深入文本细细品味的能力。在学习第一单元《春》《济南的冬天》等课文时，我已经初步训练学生感受景物描写中的作者感情，学习《散步》时需要进一步引导巩固。

三、教学目标

本节课的教学目标如下：

1. 通过朗读，理解文章大意，初步把握作者情感。

2. 通过抓关键词的方法品味语言，感受文中体现的温暖的亲情和浓郁的生命气息。

教学重点是训练学生寻找和体味关键词的能力，这也是教学难点。

四、教学方法

本节课的主要方法是情境代入法和合作探究法。先由学生和家人散步的情境引入课文；然后教师提供方法，引导学生通过独立思考和小组交流，自主理解文章大意，把握作者情感和文章主题。

五、教学过程

本节课设计了四个主要活动：

1. 导入。请学生回忆与家人散步的经历和感受，自然引入课文。

2. 初读课文，感受大意。学生朗读之后概括出文章的人物和事件。

3. 品味词句，把握主题。学生一边朗读一边圈点批注自己认为写得好的词句，并写出这些词句体现出作者什么样的情感，小组内部交流之后再分组展示。

4. 教师总结，加深理解。引导学生反思这节课用到的方法，即抓住关键词句深入分析作者情感和文章主题。

以上就是我说课的内容，请大家指正。谢谢！

（二）案例分析

这篇案例主要存在两个问题。

1. 头重脚轻

说课稿第一项"教材分析"的分量占整个说课稿的一半以上，而说课中

最关键的"教学过程"部分却简单几句带过。教师在课前做了充分的文本解读工作，但文本解读的目的是确定课文的教学价值，说课时只需呈现出文本解读的结论，并结合单元学习目标和课文的个性化特点进行分析，作为确定教学目标的依据。教学中的活动设计应该是说课的重点，以便让听者了解课堂的大概情况。案例中的教学过程说明，一是不够细致，4 个教学活动，尤其是第 3 个活动"品味词句，把握主题"具体是如何展开的？教师用哪些问题去推动教学，提供了哪些学习支架帮助学生实现自主、合作探究？各个活动的时间如何分配？活动怎样攻破学习的重难点，达成教学目标？活动实施的过程中会不会遇到困难进行不下去？教师是否设计了预案去应对这些困难？二是不够深入，只描述了教学行为，而每一项教学活动的设计意图和理据是什么，应该是说课的重点，值得花更多时间去说明。

2. 孤立无援

案例的表述并未体现出各部分之间的联结，使得整个说课内容松散、孤立。课标围绕"阅读"提出的课程目标和本单元的学习目标，具体到《散步》这一课是如何落实的？本节课的教学目标是依据什么确定的？教学方法和教学活动是依据什么选择和设计的？能否有效实现教学目标，攻破教学重难点？这些都没有交代清楚，而只是像教学设计一样将各部分静态呈现出来，无法体现说课者的深入思考和系统设计。

（三）常见问题分析

由于对说课的意义缺乏认识，对说课的内容和方法把握不准，新教师说课时容易出现以下问题。

1. 主次分配不当

有的说课者为了展示自己的文本解读能力或研究意识，详细交代文本解读的整个过程；或者为了体现课标意识，大段引用课标中的教学目标与内容。这些环节的"铺张"必然造成其他环节时间的"紧缩"，致使需要说课者重点阐述的教学活动环节却只能匆匆带过，使听者无从知晓课堂的大概情况。与此相反的一种情况是，教学环节部分介绍得过于详细，说课者描述教学过程中的每个细节，试图重现课堂的原貌，这样也会使听者不得要领。

2. 只描述不解释

有的教师在说课时只是把教学设计的各个环节复述一遍，并未说明各部分的设计意图，这样的说课一方面显得说课者缺乏深入思考，另一方面也难以使听者认同说课者教学设计的合理性。例如，一位说课者在《荷塘月色》的学情分析中说"学生理解得比较浅"，但并未说明"浅"的具体表现以及背后的原因：是缺少写作背景的启发，还是缺乏品析词句的方法训练？这些思考是确定教学重难点和设计教学活动的重要依据，说课者在说课时却用"比较浅"简单带过。究其原因，可能是说课者在进行教学设计时缺少清晰的教学依据。说课是一种相对理性的阐述，说课者不仅要说明"是什么""怎么做"，还要说明"为什么是这样""为什么这么做"。这样才能体现出说课者的理性思考，也有助于促进说课者的自我反思。

3. 环节间缺少联系

我们在听教师说课时，经常发现各个环节之间缺少联系的情况。有些说课者在教材分析和学情分析之后直接亮出教学目标，但并未说明教学目标如何与前述的单元学习目标、课文教学价值和学生学习特点形成对应。有些说课者在教学方法部分喜欢引用一些较为"新潮"的理论或方法，但实际的教学活动并未体现出对这些理论和方法的有效落实。例如，一位教师在"教学方法"部分援引的理论是体验式学习理论——"依照体验式学习理论，本节课的学习方法以学生自主体验、探究，教师引导、辅助为主"。但实际的教学活动还是"教师给出结论并示范方法——学生模仿教师为结论寻找依据"的验证式学习。

二、说课的设计和实操

（一）说课的含义

"说课是指说课者在备课的基础上，面对特定的听众，如领导、专家、同行或评委，在规定的时间内解说自己的教学设想及其理据。"[1]

---

[1]　叶黎明、陈隆升：《语文教师教学技能实训教程》，209 页，北京，科学出版社，2017。

按照作用,说课可以分为评比性说课、诊断性说课、求职性说课等形式。其中诊断性说课常用于教师培训活动或学校教研活动中,说课后由专家和同行教师诊断其优缺点并提出改进建议。

按照时机,说课又可分为课前说课和课后说课两种。课前说课重点阐述教学设想及其理论依据;课后说课仍需简明阐述教学过程,但重点应该是根据课堂教学反馈信息对教学设计与实施效果进行反思。由于本单元第十一节专门介绍教学反思,本节只讨论课前说课的方法。

(二)说课的方法

常见的说课内容分为"说设计背景""说教学目标""说教学方法""说教学过程""说板书"几部分。这几部分之间并非彼此孤立,而是紧密联系、相互照应的。背景分析的目的是明确相关的课标要求、教材安排、课文价值和学生情况,其分析结果决定了教学目标和内容的确定、教学方法的选择和教学过程的设计;教学方法和教学过程指向教学目标的达成,教学过程中应体现教学方法的运用,若干教学活动间要体现逻辑性;板书则是教学核心内容的结构化呈现。因此,在说教学目标时,要呼应前面的背景分析结果;说教学方法时要呼应教学目标的达成和教学重难点的突破;说教学过程时要注意教学方法的具体落实;说板书时要注重教学内容和教学活动关键点的呈现。

1. 说设计背景

教学设计的背景通常包括课标要求、教材分析和学情分析三部分内容,表述时要注意与教学目标、内容、方法等的联系。

(1)说课标要求。

课标要求是教学实践的重要依据,在背景分析的各部分中通常居于首位。在引用课标相关要求时要注意针对性,例如要说的课是古诗,就要引用义教新课标关于古诗文的相关要求:"重视古代诗文的诵读积累,感受文学作品语言、形象、情感等方面的独特魅力和思想内涵,提升审美能力和审美品位;鼓励学生在口头交流和书面创作中,运用多样的形式呈现作品,发挥自己的创造性"①；还可引用相关课程理念，如"增强课程实施的情境性和实践性"②，评价建议如"应树立'教—学—评'一体化的意识，科学选择评价方式，合理使用评价工具，妥善运用评价语言"③等。

在引用课标相关要求后，应顺势说明本课如何落实这些要求。例如在引用完课标对古诗教学的要求后，应简要说明：教学中如何体现诵读积累？设计了哪些有创造性的学习成果？如何检测学生对作品语言、形象、情感等方面的理解？等等。这样才能让课标真正成为教学设计的依据，而不是摆在那里装门面。

（2）说教材。

说教材即说明教材分析的过程和结论，一般包含两部分内容：课文所处的位置和文本的特点。在提倡单元整体教学的今天，明确某一篇课文在单元教学整体设计中所承载的教学价值尤为重要。例如：

《庖丁解牛》是高中语文统编教材必修下册第一单元的课文。本单元对应"思辨性阅读与表达"任务群，人文主题是中华文明，包括三篇先秦诸子散文和两篇史传文章，《庖丁解牛》就是三篇散文之一。单元提示中要求"在理解文意的基础上，整体把握经典选篇的思想内涵，认识其文化价值，思考其现代意义。初步了解儒家、道家思想的特征，体会相关篇章论事说理的技巧和不同的表达风格"。

《庖丁解牛》是《庄子·养生主》阐述养生要义的五则寓言中最为核心的一则。庖丁讲述解牛之道——依乎天理，文惠君由解牛之道而得养生之理。从文章主旨来看，《庖丁解牛》表达了道家顺应自然、依势而为的"出世"观念，与前两篇课文《子路、曾皙、冉有、公西华侍坐》和《齐桓晋文之事》提倡的儒家"为国以礼"的"入世"观念不同，正好可以让学生思考"理想的社会是什么样的"和"人应该以怎样的姿态生存于世"这两个哲学话题。从写作方法来看，《庖丁解牛》以形象生动的寓言故事来说明抽象的道理，启发性很

---

① 《义务教育语文课程标准(2022年版)》，28页，北京，北京师范大学出版社，2022。
② 《义务教育语文课程标准(2022年版)》，3页，北京，北京师范大学出版社，2022。
③ 《义务教育语文课程标准(2022年版)》，48页，北京，北京师范大学出版社，2022。

强，体现了《庄子》善用寓言说理的特色。因此本文的教学价值一是道家"依乎天理"的处世观念，二是以寓言说理的写作特色。

（3）说学情。

说学情即说明学生针对这一课的学习特点和学习起点。学习特点指学生的学习态度、学习习惯以及在这个年龄段所具有的认知特点等；学习起点指学生学习这些内容时的现有经验，包含语文学习经验和社会生活经验，即学生自己能够学到什么程度。精确把握学生的学习特点和学习起点是确定教学内容、明确教学重难点、选择有效的教学方式等的重要前提。教师在说课时要凸显学情分析的针对性，避免使用"学生理解得比较浅"或者"我们班学风非常端正"这样笼统的描述；必要时可以在课前用预习任务单或问卷调研等方式进行学情调研，在说课时利用调研结果来增加学情分析的有效性。例如《我的母亲》说课稿中的学情分析：

八年级的学生，读懂母爱并不难，但他们正处于青春叛逆期，对母亲的教育、管束与关心有些厌烦。那么对一百多年前旧传统背景下集亲生母亲、后母后婆、寡妇等身份于一身的母亲，学生能读懂和理解多少呢？于是我们课前做了学情调研，阅读学生的预习作业后发现：

1. 事件——大部分学生能概括事件，但细节品味不足，不能准确领悟字里行间流露出的真意。

2. 人物——对母亲的性格有所了解，但仅停留于表面，对母亲待人处世的方式有所不解。

3. 情感——对母亲的感激之情停留于作者的直接评价，未能从细节上深入揣摩理解。

4. 写法——对文章写法方面有较多疑问。[①]

从调研结果来看，学生的学习起点是能够概括事件，能够在一定程度上了解母亲的性格，能从作者的评价中感受其对母亲的感激之情；学生存在的问题是不能从字里行间品味细节发现作者的情感，不能理解母亲待人

---

① 叶晓峰：《〈我的母亲〉教学设计与说课稿》，见王光龙：《语文教坛新星获奖说课点评（南宁卷）》，92页，北京，语文出版社，2019。

处世的方式，不能理解文章的写作方法。基于这样的学情分析结果，再结合教材分析，教师就可以顺理成章地引出教学目标和重难点了。

2. 说教学目标

教学目标的确定需要结合课标要求、单元目标、文本特点和学生情况，因此阐述教学目标时要注意与前面的教材分析和学情分析衔接。例如《师说》说课稿中的教学目标阐述：

高中新课标在"思辨性阅读与表达"任务群中提出"阅读古今中外论说名篇，把握作者的观点、态度和语言特点，理解作者阐述观点的方法和逻辑""学习表达和阐发自己的观点，力求立论正确，语言准确，论据恰当，讲究逻辑"的学习要求。结合《师说》的论证特色和学生论证缺乏逻辑的现状，我将本课的教学目标确定为：

1. 厘清《师说》的行文思路，并用结构图的形式呈现出来。

2. 分析《师说》对比论证的效果，并尝试用对比论证的方法论证一个感兴趣的话题。

另外，说课者在阐述重难点时也可以简要说明围绕如何攻破重难点进行的一些思考。例如《走一步，再走一步》说课稿中的教学目标阐述：

根据单元主题、文本内容以及当前的社会背景，立足七年级学生感性较强、理性较弱的特点，结合三维目标以及核心素养，本课的目标确定为以下三点：一是流利阅读，了解情节；二是品味手法，剖解形象；三是唤起体验，理解情感。重点是领着学生去细细品味文中的心理、动作描写，把握人物心理成长的历程。难点是，大部分孩子对文中的一些描写以及创设的上下悬崖这样一种情境，缺乏切身体验，怎样唤起他们的共鸣，增强对作品的认同感，这就需要师生深入合作、积极探究。①

3. 说教学方法

说教学方法，就是阐述打算使用哪些教学策略、教学手段来实现教学目标，可以分教法和学法两部分阐述，也可以放在一起阐述。说教学方法

---

① 顾义宏：《〈走一步，再走一步〉说课稿》，载《中学语文》，2017(36)。

要注意两点：一是要体现出为实现教学目标和攻破教学重难点服务，换言之，这个方法是为了解决什么问题而使用的；二是要说出方法背后的理论依据，以体现出方法的科学性。例如高中语文统编教材必修上册第七单元说课稿对于教学方法的阐述：

新课标指出，语文课程应该引导学生在真实的语言运用情境中，通过自主的语言实践活动积累言语经验，培养语言文字运用能力，进而实现语文核心素养的综合提升。体验式学习注重学习者的具体体验、抽象概括和反思重构，贴合新课标的理念。为了凸显学生的自主实践、解决学生缺乏阅读兴趣和阅读深度的问题，本单元将结合课标要求和体验式学习理念，设计"编辑《眼中的风景》写景散文专刊"的任务情境，分成三个环节进行：

一、具体体验：讲述"我最喜欢的一处风景"。学生自主梳理课文内容，初步赏析写景文段。

二、抽象概括：品味"作者眼中的风景"。学生在教师示范的基础上，借助学习资料，合作探究写景文字中透露出的作者情感，通过交流，完善自己的观点。

三、反思重构：推荐"最值得读的写景散文"。学生在合作探究基础上，反思、重构自己赏析写景散文的经验，以文学评论的形式为最喜欢的散文写一篇推荐语，组合成写景散文专刊。

在此过程中，教师要做的是创设任务情境，细化任务步骤，捕捉学生问题，适时提供支架，保证学生的自主合作探究活动顺利、深入推进。

4. 说教学过程

教学过程是说课的重中之重，在这一部分，说课者不但要说明教学的思路与环节安排，还要说明各个环节具体的教学内容和教学方法，以及教学关键环节的设计理据。教学过程的说明要注意详略的分配，把主要时间用在那些攻破教学重难点、体现教学特色的关键环节上；同时还要注意体现教学目标和教学方法的具体落实。例如，《我的母亲》的教学过程分为四个板块：儿子眼中的母亲，母亲影响下的儿子，我们眼中的胡母，课外延伸阅读、写作。此处引用第二板块示例：

第二板块：母亲影响下的儿子

1. 了解胡适。

借助学生问题抓住矛盾点"混"，补充胡适的成就、墓志铭等，结合末段中"如果""一丝一毫"等感知胡适的谦虚。完成"教学目标1"，既是对作者的介绍，使学生对胡适有更多了解，又为后一环节写墓志铭作示范。

2. 合作探究：为什么作者在写母亲之前，写自己小时候的事？

这是关于材料取舍与表达作用的探究。学习文章不仅要关注内容还要关注表现形式。直接引用学生预习时所提的共性问题，设置合作探究环节，目的是完成"教学目标2"："深刻理解母亲对作者的影响及作者对母亲的深切怀念、感激、敬爱之情"。

5. 说板书

说课者在说课过程中，可以用幻灯片直接呈现完整的板书设计，也可以在说教学过程时按照教学活动的展开逐渐完善板书，并在结束时对板书做简要的整体说明。呈现板书时要注意反映整堂课的核心内容和内在联系，起到提示作用，并且板书的各个部分最好能与教学环节相对应，体现生成性。

以上我们介绍了说课常见的五个部分。说课者也可以在最后用简单几句话总结一下自己的教学特色或者设计的亮点，给听者留下更加深刻的印象。另外，除了口语表述外，说课者还可以结合幻灯片呈现一些相关的文字、图片和音视频资料，使说课的内容更直观、重点更突出、形式更丰富。

（三）说课的注意事项

新教师在说课时，需要注意以下几个方面。

1. 合理安排内容

说课的时间一般为10分钟左右，在有限的时间内，教师应精心分配各部分的比重：简略说明教材和学情分析情况，作为确定教学目标的依据；

重点描述教学活动的具体实施方法，尤其是攻破重难点的方法，并且对活动效果进行预测，甚至设计一些预案以应对学生可能有的多种反应。

2. 注意前后照应

如前所述，说课稿中的教材分析、学情分析、教学目标、教学方法、教材过程和板书等各部分之间应该是紧密联系的。与教学设计的静态呈现不同，说课者需要用自己的语言阐述清楚各部分之间的联系，以体现自己的深入思考和系统设计。

3. 阐明设计理据

说课是一种相对理性的阐述，说课者不仅要说明教学设计，还要说明设计意图。换言之，说课者不仅要说"是什么""怎么做"，还要说"为什么是这样""为什么这么做"。这样才能体现出说课者的理性思考，同时也有助于促进说课者的自我反思，进而促进其教学能力的提升。

三、优秀案例分析

（一）案例展示

《涉江采芙蓉》说课稿[①]

[说教材]

《涉江采芙蓉》这首诗字面意思颇为简单，不存在什么阅读障碍，学生也能通过课前的预习感知到这首诗颇具艺术价值。但通常情况下，他们只是觉得好，却说不清"好在哪里""怎么个好法"，这也是我们在教学实际中常常遭遇的一个问题。似乎越是简单的诗越无从下手，越难以形成真正的鉴赏，教师往往自说自话，总结似的将作品点评一下完事。在整个过程中，学生和教师、文本，甚至教师和文本之间都是有隔膜的，学生很少被点燃热情参与到鉴赏过程中，真正走进文本，形成一定鉴赏能力。所以，要把一首看似简单的好诗鉴赏出"好"来，让学生真正有鉴赏过程的体验，是教授这首作品的关键。希望能够通过学习这首诗歌，给学生提供一种思路和

---

① 戴瑜：《〈涉江采芙蓉〉教学设计与说课稿》，见王光龙：《语文教坛新星获奖说课点评（南宁卷）》，206～209页，北京，语文出版社，2019。有删减。

方法，使学生获得鉴赏类似"简单"作品的审美经验。

［说目标］

1. 理解《涉江采芙蓉》一诗的内容。

2. 体会作品意境高洁清幽、含蓄不尽、余味悠长的艺术特点。

3. 了解古诗欣赏中的艺术再创造。

本课教学的重点为体会诗歌中蕴含的情感。难点在于让学生走进文本，用"还原"的方法"慢读"作品，通过学习该作品，丰富自己的审美经验，提高鉴赏诗歌的水平。

［说方法］

诗歌是高度凝练的，"言有尽而意无穷"。要在简短的文字中读出诗歌的意蕴，得把诗"泡开"，回到诗歌的规定情境中，结合自身的认知和体验来鉴赏诗歌。关键是要注重鉴赏过程的呈现，带领学生回归文本，"授之以鱼，不如授之以渔"，引领学生尝试用"还原"的方法来鉴赏作品。

教法：教师示范，学生自主学习探究，教师适时点拨。

学法：个人独立思考，学生与学生、教师与学生之间形成交流互动。

［说程序］

一、导入

李白在《黄鹤楼送孟浩然之广陵》里写道"孤帆远影碧空尽，唯见长江天际流"。当时正是盛唐，长江上即使不是千帆竞发，也不可能只有一条船，为什么他只看到一条船呢？在这里，客观事实和作者的主观感知是背离的。发现这个矛盾之后，我们就能引导学生进一步走进文本，分析出矛盾背后的情感——因为李白牵挂着老朋友，眼中只有孟浩然，只有长江水，这两句诗体现了李白对朋友的不舍和深情。生活场景和艺术场景有时是不一致的，艺术形象和原生态形象之间也有差异，如果我们能在阅读诗歌时找到作品中存在的矛盾、错位之处，以此切入，发现问题，就可以在一些容易被忽略掉的、以为是不言而喻甚至是平淡无奇的地方，发现精彩，完成对作品的深入鉴赏。

今天我们就尝试着用这种找差异、找矛盾、找错位的方法来鉴赏《涉江采芙蓉》。

二、整体感知

1. 简介《古诗十九首》相关知识和评价，由师生共同补充完成。

(1)东汉末年文人五言诗的选辑，非一人一时之作，由南朝萧统合收于《文选》。

(2)多以游子思妇为主要内容，抒发对命运、人生的悲哀之情。

(3)以浅语道真情，写出了人的典型情感。

(4)五言诗成熟期的代表作，被誉为"五言之冠冕""一字千金"。

2. 诵读作品。全班齐读和个人自由诵读相结合，并根据课文注释梳理诗意。

三、鉴赏体悟

1. 请学生自己找出诗中矛盾、错位的地方，提出问题进行分析。小组内交流。

2. 自由发言，或推荐发言，全班交流鉴赏所得。

此环节教师应充分尊重学生的理解分析，但要适时点评、引导，把握好"度"，切忌让学生完全脱离文本情境进行解读。在此过程中，教师可相机引导学生找出矛盾或错位的地方，于简单平凡处发现诗歌的精彩。可提供一些角度供学生思考。示例：

(1)"涉江采芙蓉，兰泽多芳草"，怎么是采了芙蓉才见芳草？不应该是见芳草而采之吗？可以理解为："涉江采芙蓉，兰泽多芳草"是"兰泽多芳草，涉江采芙蓉"的倒装。这样我们就可以还原情感的发生。盛夏时节，江边花香袭人，气氛是愉快的，主人公见此情景想要采摘鲜荷，甚至不惜"涉江"之劳，是抱着满腔热忱的。采了芙蓉要做什么？"欲遗"，采摘花草赠给远方亲人，这是古人最自然最普遍的情感。又如"驿寄梅花，鱼传尺素""故人早晚上高台，赠我江南春色、一枝梅"等。有所"遗"，才表现出对"所思"的珍惜之情。

(2)"采之欲遗谁"，抒情主人公是知道自己"欲遗谁"的，可为什么还发问呢？此问有两种读法，一为疑问语气，一为反问语气。对暂不明究竟的读者，尚是个甜蜜的关子，可读为疑问语气，然对身陷其中的作者，却是忧伤的叹息，还能送给谁呢？因为作者先于读者知道"所思在远道"，这是一份送不出去的礼物。这既是发问，亦是一声甜蜜的叹息。紧接着写"所思在远道"，于是，读者的甜蜜也落空了，空处即时被忧伤填充。

（3）（略）

（4）（略）

3. 总结"还原法"。

在学生有了实际鉴赏体验之后，提出"还原"的鉴赏方法。

"还原法"：根据艺术形象提供的线索，把未经作家加工的原生形态想象出来，找出艺术形象和原生形态之间的差异，作为分析的起点。

四、艺术再创造

完成片段练习。让学生就刚才讨论发言获得的启发，当堂写一段文字。要求从男性抒情主人公或者女性抒情主人公的角度，用白话文还原一个片段，可融入合理想象，从心理、动作等角度展开。

该诗处处都是未知，究竟故乡何在？诗人身处何处？恋人何如？是否重聚？……皆未点出。但当诗人把这一切都淡化后，诗中的情感就很自然地被突显出来，引人想象。设置此题，目的在于让学生回到文本情境中做出合理想象和分析，进一步把握作品蕴含的深沉情思，体会作品含蓄不尽、余味悠长的特点。同时，动手写片段，进一步让全班参与到共同学习中，防止教学被一部分"好学生"牵着走，另一部分学生脱离学习过程。

五、布置作业

（二）案例分析

《涉江采芙蓉》说课稿的亮点之一是"说得清楚"。在"说教材"部分，教师将教材和学情糅合在一起进行分析，形成有深度、有价值的结论：①学生鉴赏"简单"诗歌的知识缺口是鉴赏思路和方法；②补充缺口的路径是提供一种思路和方法，让学生真正有鉴赏过程的体验。这样的结论为本课教学内容的确定和教学方法的选择提供了强有力的依据。在后面

的部分，不管是"说方法"部分交代选择"还原法"的依据，还是"说程序"部分解释活动设计意图，都清楚明了地呈现出"为什么这样做"，体现出教师的理性思考。

亮点之二是"前后呼应"。在"说方法"部分，"还原法"鉴赏的选择和教法、学法的设计，呼应了教学目标的落实和重难点的突破。在"说程序"部分，导入、整体感知、鉴赏体悟和艺术再创造四个环节则落实了"还原法"和"教师示范，学生自主学习探究，教师适时点拨"的教学方法。整个说课稿显得逻辑严密，体现出教师对整节课的系统设计。

实践操练 ……▶

1. 请结合具体案例，说明教学设计与说课稿之间的区别与联系。

2. 请找出一篇你以前写的说课稿，对照本节所介绍的方法，分析其中存在的问题。

参考文献 ……▶

1. 方贤忠. 如何说课. 上海：华东师范大学出版社，2008.

2. 顾义宏.《走一步，再走一步》说课稿. 中学语文，2017(36).

3. 申继亮. 教学反思与行动研究——教师发展之路. 北京：北京师范大学出版社，2006.

4. 王光龙. 语文教坛新星获奖说课点评（南宁卷）. 北京：语文出版社，2019.

5. 叶黎明，陈隆升. 语文教师教学技能实训教程. 北京：科学出版社，2017.

6. 钟祖荣，张莉娜. 教师专业发展阶段的调查研究及其对职后教师教育的启示. 教师教育研究，2012(6).

► **第十讲**
如何进行观课

对于新教师来说，观课是提高教学能力的一个主要途径。一方面，新教师需要观摩有经验教师的课堂，把握课堂基本流程，学习有效的教学方法和技能；另一方面，教研组或培训班会对新教师的教学实践进行集体观察和研讨，发现其中的问题，提出改进建议。

观课也是进行教学研究、提高研究能力的一个重要途径。一方面，从课堂观察中发现的问题可以转化为课堂研究有价值的主题；另一方面，课堂观察也是收集课堂研究资料的重要手段，因此课堂观察是课堂研究最常用的方法之一。

在课堂上，教师和学生的行为持续不断地发生而且转瞬即逝。国外有学者发现，一天内大多数课堂上会发生 1000 次以上的师生互动，并且同一时间段内常常是许多行为和事件同时发生。在如此繁复的课堂情境中，泛泛观察往往是低效的。有效观察需要有预设的结构性，"个体需要知道观察什么，怎样去观察，以及怎样在分析时做到立场客观"[①]。

一、问题案例分析

（一）案例展示

刚入职的小陈老师很喜欢听课，有时听师傅的课，有时听优秀教师的公开课。每次听课她都会有感触，觉得有经验的教师上课确实有很多地方值得自己学习，所以听课记录本上总是记得满满的。听课时她最关注的是教学方法，看到好的、新鲜的教学方法就迫不及待地搬到自己的课堂上，但是效果往往并不理想，这让她很苦恼，甚至对自己的教学能力和学生的学习能力都失去了信心。在评课活动中，她觉得别人说的都有道理，但自

---

① ［美］里德、贝格曼：《课堂观察、参与和反思》(第 5 版)，伍新春、夏令、管琳译，22 页，北京，教育科学出版社，2009。

己好像只有一些肤浅的感受，不太敢发言。

（二）案例分析

案例中小陈老师的困惑在新教师参加听评课活动时很常见：听课时往往抱着学习的心态，没有具体的观察点；听课本上记录的主要是教学环节和喜欢的教学方法；在评课时，谈的主要是自己的感受，缺少理性分析。总的来说，小陈老师听课时没有明确的观察主题，只能凭直觉捕捉自己感兴趣的教学行为；关注点集中在教师"如何教"，忽视学生"如何学"以及学生的学业水平、知识储备、学习习惯等情况；只关注大的教学环节，忽视教师的提问、引导方式以及师生即时反馈等教学细节；只能关注到表面的教学现象，难以透过教学现象提炼出教学规律和方法。这样照搬来的所谓"教学方法"其实只是别人的教学行为，并未到达"方法"的层面，机械模仿别人的教学行为，很容易因为彼此学生情况的差异而"水土不服"。提炼不出方法，就不能举一反三，这样的听课方式是低效的，对于新教师的专业成长帮助不大。

（三）常见问题分析

对于中小学教师来说，课堂观察的常见形式是听评课活动，这样的活动通常以教研组或培训班为单位进行，是一项重要而常见的教研活动。听评课活动的流程一般如下：首先，把讲课任务预先布置给一位或几位教师，并在小范围内讨论和修改教案；然后，在商定的日期进行教学展示，教研组或培训班的其他教师和专家去听课；课后，先由讲课人谈自己对于本节课的设想和反思，再由听课人根据听课记录进行评价，并提出改进建议。在这一活动中，听课人的专业素养决定着听评课的效果。如果听课人能够迅速而准确地发现问题、分析原因、提出建议，那么听评课的效果就很好，对于上课和听课的教师都有切实帮助；反之，听评课则容易流于形式，而这种情况在实际的听评课活动中并不少见。

众多研究者对我国课堂观察的现状进行了考察研究。总的来说，目前我国的听评课主要存在以下问题。

第一，听评课活动的制度与文化方面。有些学校关于听评课的制度仅仅停留在数量的规定上，对听评课的内容和方式则无甚要求。这就使得一些教师把听评课当成任务，走走过场，评课时能不发言就不发言，发言也是说一些无伤大雅的场面话。有的学校甚至把听评课当成对教师的一种考核方式，这就很难形成开放、民主、合作的教师专业共同体文化。

第二，教师参与听评课的意识与态度方面。由于听评课制度与文化方面的问题，一些上课和评课的教师都把完成任务当成主要目标，而很少把听评课当成促进自己专业发展和学生有效学习的途径；另外，评课时有程式化倾向，不管什么样的课堂都能用"目标明确、重点突出、内容正确、方法恰当、表达清晰、组织严密、气氛热烈"这些标准去评价和检测，忽视了具体真实的课堂情境。

第三，教师开展听评课活动的内容与方法方面。首先，听评课的内容主要依据教师自身的经验、兴趣和学校提供的课堂教学评估表来确定，评课者习惯于对一堂课进行"全科式诊断"，这种评课虽内容全面，但各项评价指标较为笼统，没有明确的操作要求，缺乏针对性，难以发现深层次的教学问题；其次，评课内容和标准缺乏灵活性，重视预设的固定标准，忽视课堂上的即时生成，重视教学方法和教学结果，轻视教学过程和教学对象；再次，方法上"崇尚量化"，将丰富的课堂行为根据需要划分成若干观察指标，教师的总分就是各项指标得分的相加，这样容易忽视指标之外的其他信息，影响结论的客观性；最后，听评课的内容和方法往往被"简单处理"，听课前没有充分地考虑和沟通，听课时没有观察学生的学习，评课时没有充分的证据和科学的依据，使用观察结果时往往错误类推，等等。[①]

在听评课的内容和方法上，新教师容易出现以下问题。

第一，缺乏明确目标。新教师常常带着学习教学方法的目的走进课堂，但一堂课可以体现出多种教学方法，这些方法分散在烦琐而转瞬即逝的教学事件和教学行为中，新教师若没有经过专业培训或精心准备，很难捕捉到有效信息。许多新教师听课时没有具体的观察目标，甚至听课前没见过教案，"空着脑袋"进课堂。在听课过程中，他们不断变换观

---

① 方洁：《我国听评课研究二十年：回顾与反思》，载《西北师范大学学报（社会科学版）》，2014（3）。

察点和观察角度，因此，每个观察点或观察角度所记录的信息难免不够全面和准确。

第二，缺乏有效方法。常见的听课记录主要内容是课堂教学环节和听课者的感想。听课者一般会使用教研组或培训班制作的听课记录本，上面明确划分着记录教学过程和思考评价的区域。这种方式便于把握上课者的整体教学设计：有多少环节，各环节之间是什么关系，教学重难点是什么等，也比较注重听课者的感受和思考。但是教师在记录时往往只关注这些"粗线条"的信息（表3-1），而教师如何展示内容，如何提问和反馈，如何组织课堂，如何应对课堂生成，以及学生学习的具体情况如何等，这些暗含着新教师急需掌握的教学规律和教学技能的细节信息，在听课记录中却很少体现出来。当然听课者也会记录一两处自己感兴趣的信息，但是大量的细节信息是被放走的，这些粗线条的观察记录很难引发听课者的深入思考。

表3-1　新教师听课记录示例

题目：《陋室铭》		讲课人：略	听课人：略
日期：略	节次：略	学校：略	班级：略
教学过程			思考
一、导入。 讲述刘禹锡的故事，解题。 二、朗读感知。 1. 教师示范朗读，学生齐读。 2. 自由朗读，找韵脚。 3. 齐读，读出节奏。 4. 结合课下注释，理解文意。 三、细读品味。 想象刘禹锡住在陋室中的生活画面，探寻"陋室不陋"的原因。			每次朗读有不同任务。 挖掘内在的东西。
课后思考： 1. 板书应该让学生了解教学主要内容。 2. 要培养学生的阅读兴趣。			

第三，缺乏理性评价。由于听课的主要目的是帮助上课教师改进教学，因此在听课后的评课环节，听课者会根据听课记录和自己的经验做出评价。有些教师确实能够准确地说出上课教师的优缺点，但一般来说，评论时谈感觉的较多，理性分析的较少，这种现象在新教师的评课中更为突出。比如下面一位新教师的评课。

我觉得李老师的课一个很大的亮点是课前准备很充分，有深度。我记得我讲这篇课文时，课前也下发了任务单，让学生找到人物的一个点再去挖掘，但是没有李老师做得这样充分和有深度。我觉得既要充分，又要有深度，还是挺难的，要在二者之间找到平衡。

这段评价主要针对课前准备，评课者的观点是"课前准备很充分，有深度"，但是具体表现是什么？判断依据是什么？评课者并没有提到。这样的评课只表达了听课者的主观感受，缺乏对教学行为背后的教学规律的分析，对上课教师和听课者的发展作用不大。

新教师的课堂观察通常有三个目标：①了解课堂教学的基本流程；②学习有效的教学方法和教学技能；③捕捉教学关键事件并分析其背后的教育教学原理。常见的过程式记录方法对于目标①的达成比较有效。由于课堂教学行为的繁复性和新教师实践知识的缺乏，目标②和目标③的达成往往不够理想。因此，我们建议新教师在进行课堂观察时能够带着明确的观察目标，使用有效的观察方法，依据科学的评价标准，使课堂观察活动发挥应有的作用。

二、观课设计与实操

（一）课堂观察的含义

观察是日常生活中一种常见的行为，我们在与人交流时观察对方的反应，购物时观察商品的样式和品质，开车时观察路况，打球时观察球的方向和别人的行动，等等。这些观察行为是无意识或有意识的，是可以自然习得的。课堂观察不同于日常的观察，或者说它是一种更高层次的观察。

根据观察者目的的不同，课堂观察可以分为三种类型。第一种是作为学校评价考核手段的课堂观察，一般由学校领导或资深教师根据授课教师的课堂教学表现评定合格与否或给出等级。第二种是作为研究方法的课堂观察，它是指"研究者或观察者带着明确的目的，凭借自身感官（如眼、耳等）及有关辅助工具（观察表、录音录像设备等），直接或间接（主要是直接）从课堂情境中收集资料，并依据资料作相应研究的一种教育科学研究方法"①。第三种是作为教师教育方式的课堂观察，一般是学校同事或培训班学员"通过观察对课堂的运行状况进行记录、分析和研究，并在此基础上谋求学生课堂学习的改善、促进教师发展的专业活动"②。

对于新教师来说，课堂观察的目的应该是改善学生的课堂学习状况、提高教师的教学能力，进而促进教师的专业发展。在课堂观察时，新教师应该带着明确的观察目的，运用科学的观察方法，通过直接观察课堂或间接观看教学实录，充分收集课堂中的信息，并在一定的理论框架下进行准确分析。

（二）课堂观察的主要内容

课堂观察的内容即观察者需要观察、能够观察的课堂行为。观察的具体内容根据观察者的目的而定，可以是教学的全过程，教师的导入、讲解、提问等技能，某种教学方法的实施过程和学生的学习效果，师生互动行为，也可以是学生的课堂学习情况，等等。

崔允漷（2010）开发的课堂观察 LICC 范式将课堂活动解构为学生学习（Learning）、教师教学（Instruction）、课程性质（Curriculum）、课堂文化（Culture）四个要素，每个要素可分解成 5 个视角，每个视角又可分解成 3～5 个可供选择的观察点，最终形成"4 要素 20 视角 68 观察点"的框架，表 3-2 是对此的举例说明。

---

① 陈瑶：《课堂观察指导》，1～2 页，北京，教育科学出版社，2002。
② 崔允漷、沈毅等：《课堂观察 20 问答》，载《当代教育科学》，2007(24)。

表 3-2　课堂的 4 要素 20 视角 68 观察点 [1]

要素	视角	观察点举例
学生学习 (L)	(1)准备；(2)倾听； (3)互动；(4)自主； (5)达成	以"达成"视角为例，有 3 个观察点： ·学生清楚这节课的学习目标吗？ ·预设的目标达成有什么证据(观点/作业/表情/板演/演示)？有多少人达成？ ·这节课生成了什么目标？效果如何？
教师教学 (I)	(1)环节；(2)呈示； (3)对话；(4)指导； (5)机智	以"环节"视角为例，有 3 个观察点： ·由哪些环节构成？是否围绕教学目标展开？ ·这些环节是否面向全体学生？ ·不同环节/行为/内容的时间是怎么分配的？
课程性质 (C)	(1)目标；(2)内容； (3)实施；(4)评价； (5)资源	以"内容"视角为例，有 4 个观察点： ·教材是如何处理的(增/删/合/立/换)？是否合理？ ·课堂中生成了哪些内容？怎样处理？ ·是否凸显了本学科的特点、思想、核心技能以及逻辑关系？ ·容量是否适合该班学生？如何满足不同学生的需求？
课堂文化 (C)	(1)思考；(2)民主； (3)创新；(4)关爱； (5)特质	以"民主"视角为例，有 3 个观察点： ·课堂话语(数量/时间/对象/措辞/插话)是怎样的？ ·学生参与课堂教学活动的人数、时间怎样？课堂气氛怎样？ ·师生行为(情境设置/叫答机会/座位安排)如何？学生间的关系如何？

　　课堂观察 LICC 范式将学生学习视为课堂的核心，将另外三个视为影响学生学习的关键要素，符合现代教育教学理念；同时每个要素下设的观察点为观察者捕捉复杂丰富的课堂信息提供了具体抓手，有助于观察者理解课堂、确定研究问题、明确观察任务，是一个可资借鉴的课堂观察框架。在实际的课堂观察中，观察者可以从中选取感兴趣的点进行观察。

---

[1]　崔允漷：《论指向教学改进的课堂观察 LICC 模式》，载《教育测量与评价(理论版)》，2010(3)。

比如在一次观察中，授课教师和观察者在此框架的基础上，结合高中语文教学大纲的要求和高中语文学科的特殊性，确定了以下8个观察点，8位观察者各选择1个观察点，运用不同的方法进行了观察（表3-3）。

表3-3   观察点的具体任务分配[①]

教师姓名	观察维度	视角	观察点
教师1	教师教学	环节	课堂教学时间分配的合理性
教师2	教师教学	呈示	任务布置的效度
教师3	教师教学	机智	教师如何处理学生错误
教师4	学生学习	互动	学生如何突破难点
教师5	学生学习	互动	学生回答问题的效果
教师6	学生学习	达成	学生活动参与的深度
教师7	课程性质	实施	情境创设的效度
教师8	课堂文化	关爱	教师的目光分配

（三）课堂观察的常用方法

课堂观察的方法就是观察者记录信息、收集资料的方法。根据资料收集的方式和所收集资料的性质，课堂观察可以分为定性课堂观察和定量课堂观察。

1. 定性课堂观察

定性课堂观察是我国课堂观察研究最常用的方式，它的主要作用是记录课堂教学的动态过程。定性课堂观察要求观察者根据观察目的密切关注课堂的一切信息，以非数字的形式（即文字、图画、声音及影像资料等形式），详细记录被观察者的一切典型行为以及行为发生的情境，同时加入观察者自己的主观评论。严格的定性课堂观察强调在充分掌握原始资料的基础上进行有根据的推论和解释。

（1）定性课堂观察的记录方式。

一般来说，定性课堂观察的记录方式包括叙述体系、描述体系、图式记录和工艺学记录四种。

[①]   徐文芳：《课堂观察在高中语文教学中的应用》，硕士学位论文，华中师范大学，2017。

①叙述体系（narrative systems）。

观察者抽取一个较大事件的片段，对其中的相关事件和行为做详细真实的文字记录，还可以加入自己的现场主观评价。观察者心中一般有个大概的观察提纲来锁定观察重点。若无法确定观察重点，也可以按照时间线索记录课堂上能观察到的各个方面，并且加入自己的主观感受和理解。在观察结束后，可以通过查看记录、回忆、观看录像、收听录音等方式确定观察重点并进一步分析。

叙述体系又可细分为日记、重要事件记录、样本描述和田野笔记，其中田野笔记包含的内容最为完整，也是定性课堂观察最基本的记录方式。

田野笔记一般适用于开放式观察，也就是观察者事先没有明确的观察目的和观察项目。观察者采用文字来记录在课堂中看到、听到、想到的相关信息，一般包括客观描述（包括对环境、人、活动、话语的表述）和主观评价（包括直观感受、预感、初步解释和假设等）两部分内容。比如：

今天这节课太新鲜了。老师问起学生有没有注意过教室外面的爬山虎（这个学校的教室是平房，有个小小的院子，院墙上满是爬山虎），学生有些迟疑，老师一声令下，"想出去看的出去看了再回来"。学生们飞快地跑出去，三四分钟后又飞快地跑进来。老师笑眯眯地让学生描述他们看到的情形，学生们很踊跃，描述得非常细致，老师又让学生把自己看到的和生活中的人联系起来，"托物言志"，学生们的发言让我震惊。

"爬山虎的叶子片片向上，像那些奋发努力的人，他们不知疲倦，一直攀登。"

"爬山虎借助墙才能向上，象征着那些趋炎附势的人。"

"上面的爬山虎叶片肥大，下面的瘦小，那是一个不懂得互相关照的集体。"

……

看似浪费的三四分钟，实际上支撑起了整个课堂，这位老师难能可贵的是把作文教学建立在真实、真切的感悟之上，她有意识地引导学生写最鲜活的、最真实的，她更多地关注学生看到了什么、想到了什么，而不是用什么方法去写，是不折不扣的"性灵派"，抓住了作文教学的"源头"。[①]

为了方便课堂观察的后续研究，田野笔记一般采用表格形式进行记录，表格的格式来自叙兹曼和斯特劳斯于 1973 年设计的现场观察记录格式，包括四个部分：第一，实地情况，记录在现场看到和听到的事实性内容，注意要尽量客观记录；第二，直接感受，记录观察者当时的感受，注意不应过分渲染；第三，方法笔记，记录观察者所使用的具体方法及其作用；第四，分析思考，记录观察者对观察资料的初步分析和理解。[②] 比如一位观察者在听《游山西村》这一课时，其中的一个片段这样记录（表 3-4）：

表 3-4　课堂观察田野笔记示例

实地情况	直接感受	方法笔记	分析思考
教师要求用一个词概括作者对山西村的感情，并结合诗句说明得出结论的原因。 学生沉默，教师叫了两个学生回答。 生1：喜爱，从最后一联看出来。 生2：我也觉得是喜欢，从第一联看出来的，村里的人很热情。	学生回答有困难，教师有点着急。	通过观察学生反应来推测效果。	学生刚读了两遍课文，还没完全理解诗意，也不了解创作背景。这个问题提得太早了。另外，要求用一个词概括感情，在一定程度上限制了学生的思维。

在记录实地情况时，要避免用主观判断代替客观描述，比如"学生兴趣浓厚"就更多地带有主观判断色彩，更客观的方式是记录学生的表情或者自愿回答的次数这些外显的行为表现。

田野笔记操作简单，没有太多要求，并且由于记录得细致和全面，能够为研究者提供真实详细的第一手资料。若教师能长期坚持记录田野笔记，并且定时根据事件反映的主题进行分类整理，这些笔记就能够成为教师进行教学研究时有用的素材。

②描述体系（descriptive systems）。

观察者在一定分类框架下对观察目标进行的非数字形式的描述，记录

---

① 吴欣歆：《十年了，停下来思考》，119～120 页，北京，教育科学出版社，2015。
② 陈向明：《质的研究方法与社会科学研究》，247 页，北京，教育科学出版社，2000。

形式可以是文字、符号，通常还辅以录音录像。描述的角度可以是空间、时间、环境、行动者、事件活动、行动、目标、感情等。

比如下面的教学技能观察表（表 3-5），事先把教学技能分成了导入、讲解、提问、组织、观察、板书和收束七类，然后在观察中分类记录体现这些技能的行为。

表 3-5　教学技能观察表

教学技能	教学行为
导入	
讲解	
提问	
组织	
观察	
板书	
收束	

又如对课堂阅读有效性的观察，可以记录每一次阅读活动的目的、内容、方式、指导和检测（表 3-6）。这样不仅可以了解课堂上多次阅读活动之间的层次性、衔接性，还能了解每一次阅读活动目标的达成情况，并从其目的、方式、指导、检测等方面分析原因。

表 3-6　课堂阅读的有效性观察表[①]

阅读过程	阅读目的/阅读内容/阅读方式/阅读指导/阅读检测
第一次阅读	目的： 内容： 方式： 指导： 检测：

---

① 吴江林、林荣凑、俞小平：《课堂观察 LICC 模式课例集》，14 页，上海，华东师范大学出版社，2013。

续表

阅读过程	阅读目的/阅读内容/阅读方式/阅读指导/阅读检测
第二次阅读	目的： 内容： 方式： 指导： 检测：
……	目的： 内容： 方式： 指导： 检测：

③图式记录（map records）。

这里的"图式"主要指位置图和环境图，比文字记录更加直观，可以作为文字描述的有效补充。比如观察者可以用文字加图画的形式记录教室的布置情况，或者在观察教师提问时，对提问对象的位置进行图式说明，以此察看教师选择提问对象时是否有固定倾向。

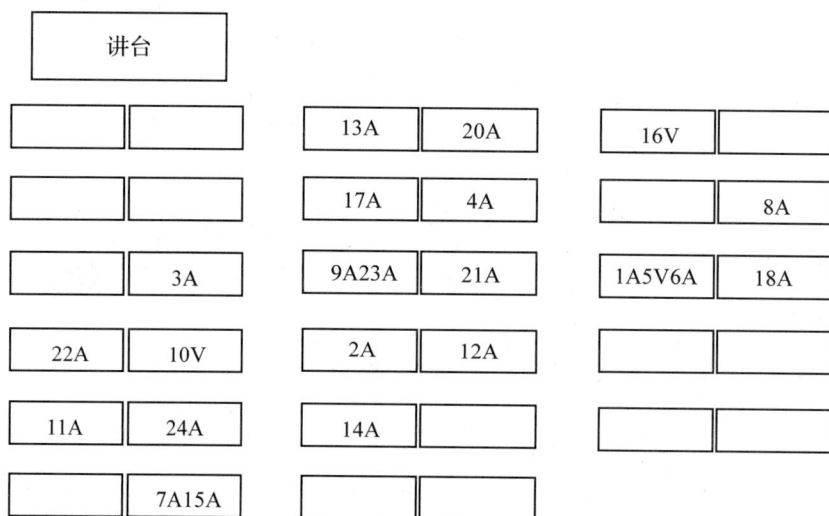

图 3-1　教师提问倾向观察记录图

图 3-1 中每一个方框代表一个学生。V 表示自愿回答问题，A 表示被

要求回答问题；数字表示问题的序号，空白框表示该学生这节课没有回答问题。根据图 3-1 我们很容易看出：①这节课教师共提问 24 次，其中有 3 次自愿回答，21 次被动回答；②34 名学生中有 15 人没有回答问题，且空白处集中在教室左前方和右后方；③右边第三排有一位学生回答 3 次，中间第三排和左边最后一排各有一个学生回答 2 次。如此一来，我们就对这位教师提问的倾向有了一定了解。

④工艺学记录（technological records）。

工艺学记录即通过录音、录像、照片等电子形式对所需研究的事件行为做永久性的记录。由于课堂行为的瞬息万变，观察者不管使用哪一种方法都很难在现场完整准确地记录需要观察的所有信息。他们往往要在现场观察后进行回忆、讨论、补充、修正，这时录音、录像、照片等电子形式就成为有效的补充证据。另外，这种方式也为当事人在事后观察自己的行为提供了条件。

录音录像的辅助在教师培训中尤其重要，一般用于学员教学实践研讨和优秀教师课堂观摩活动。在针对学员的教学实践进行研讨时，可以事先给学员课堂教学录像，然后培训者和学员一起针对某个教学环节（如导入、讲解、小组合作等）进行观察和研讨，找出优点和不足，提出改进方法。也可以播放优秀教师的教学录像，让学员观摩和学习，观察过程中可随时暂停或者回放录像，以便进行研讨。这两种方法都是提升学员教学能力的有效途径。

（2）定性课堂观察的优点和局限。

①定性课堂观察的优点。

第一，简便性。观察者不需要学习复杂的编码系统或行为事件的操作性定义，只要有大概的观察思路，有纸和笔就可以进行记录。

第二，真实性。定性课堂观察要求尽量在课堂现场观察，记录时尽量体现事件和行为发生的真实情境和面貌，由此看来，它是比较客观的。虽然记录中包含观察者的主观评价，但这种评价也是基于现实情境产生的，因此也具有一定的真实性。另外，定性观察要求参照被观察者（教师和学生）的视角进行推论，这也能在一定程度上提高结论的真实性。

第三，开放性。定性观察记录内容的开放性为问题的多角度深层分析提供了依据。另外，观察者还可以在资料积累的过程中随时调整研究的问题和研究方法。

②定性课堂观察的局限。

第一，定性观察的质量与观察者个人的经验、描述能力和理论水平有很大关系，主观性和个体性较强。

第二，会产生大量文字资料，并且其中有相当一部分是与研究主题无关的，材料的筛选、整理要耗费大量时间。

第三，一般需要进行长期的观察研究。

2. 定量课堂观察

定量观察的记录方式可以统称为分类体系（category systems），也就是预先对要观察的行为进行解构、分类，然后对特定时间段内出现的观察类目中的行为进行记录。记录的形式主要是数据，包括频次计数（次数）、事件发生的百分比、等级量表的分数等。

(1)定量课堂观察的记录方式。

定量课堂观察主要有三种记录方式：编码体系、记号体系、等级量表。

①编码体系。

国外的编码体系有几百种，其中弗兰德斯的互动分析分类体系（FIAC）（表 3-7）是最著名也是最有影响力的，我们简单介绍一下。FIAC 研究师生的言语互动行为，它把课堂的言语行为分为十类，每一类对应一个数字编码（编码只是为了方便记录，并不表示等级）。

表 3-7　弗兰德斯课堂互动分析表[①]

教师言语	
间接作用	1. 接纳学生的感受
	2. 表扬或鼓励

---

① ［英］戴维·霍普金斯：《教师课堂研究指南》（第三版），杨晓琼译，90 页，上海，华东师范大学出版社，2009。

续表

教师言语		
	3. 接受或采纳学生的观点	
	4. 提出问题	
直接作用	5. 讲解、发表个人看法	
	6. 给予课堂指令	
	7. 提出批评	
学生言语	8. 点名回答问题	
	9. 主动回答问题	
	10. 沉默	

有观察者用 FIAC 编码表对一节高中生物课上的师生互动情况进行了 15 分钟的观察记录。每隔 3 秒记录一次，每分钟记录 20 次，结果如表 3-8。

表 3-8　FIAC 观察表[1]

	1	2	3	4	5	6	7	8	9	10	11	12	13	14	15	16	17	18	19	20
1	5	5	5	10	5	5	5	5	10	10	10	10	10	10	10	10	10	10	10	10
2	10	10	10	10	10	5	5	10	5	10	10	10	10	10	10	10	10	10	10	10
3	10	5	5	10	10	10	10	10	10	10	10	10	10	10	10	10	10	10	10	10
4	5	10	10	10	10	10	10	10	10	10	10	10	10	5	10	5	10	5
5	10	10	5	5	5	5	5	5	10	5	10	10	10	10	10	10	10	10	10
6	5	10	10	10	5	10	10	10	10	10	10	10	10	10	10	10	10	10	10
7	10	10	10	10	10	10	10	10	5	10	10	10	10	10	5	5	10	10	10
8	10	10	10	10	10	10	10	10	10	10	6	10	5	5	5	5	5
9	4	8	4	8	4	10	10	8	8	2	5	5	5	5	5	5	5	5
10	5	2	5	5	5	5	10	4	4	10	4	8	4	4	4	8	8	8	8
11	3	4	4	9	3	4	4	9	4	3	4	9	5	4	9	4	9	4	9	4

---

① 陈瑶：《课堂观察指导》，45 页，北京，教育科学出版社，2002。

续表

	1	2	3	4	5	6	7	8	9	10	11	12	13	14	15	16	17	18	19	20
12	9	2	5	4	10	4	4	4	4	5	4	4	4	9	4	9	5	5	5	5
13	5	4	9	5	4	10	10	4	4	4	8	8	8	8	8	2	8	3	2	5
14	4	9	9	4	10	10	10	9	2	3	5	5	5	5	5	10	5	5	5	5
15	5	5	5	5	5	5	5	4	5	5	5	5	5	5	5	5	5	5	5	5

记录完成后，统计每一类编码的数量，就可以了解这 15 分钟内师生互动的大概情况。比如表中的编码 4 出现了 36 次，我们就可以知道在这 15 分钟内，教师提问时间为 $36 \times 3 = 108$ 秒＝1.8 分钟，占 15 分钟的 12%。我们还可以通过表中学生说话的总时间（8 和 9）来了解学生的参与情况。[1]

FIAC 体系的缺点主要有两个：一是无法体现课堂上的非言语行为；二是有些分类过于笼统。比如上表的前 8 分钟有大量的编码 10，也就是沉默。据观察者回忆，前 8 分钟教师在播放录像，所以大部分时间师生都是沉默的，但不在现场的人仅通过这个记录表无法知晓这些信息。

另一种典型的编码体系是 S-T 分析法。这种方法把课堂教学中的行为分成学生（S）行为和教师（T）行为，用时间采样的方式，以 S 行为和 T 行为随时间变化的曲线图来表示教学过程。它的关注点是教学过程中教与学的行为。傅德荣和章慧敏在《教育信息处理》中系统地引入和介绍了这种分析法。接下来，我们结合薛新国等人运用 S-T 分析法分析《河中石兽》一节公开课的案例[2]，介绍 S-T 分析法的主要步骤。

第一，对教学行为进行分类。一般来说，T 行为主要包括教师的讲话、板书、演示等行为，S 行为包括 T 行为以外的所有行为：学生的发言、思考、记录、写作业以及沉默等行为，后来的一些研究者在此基础上增加了

---

[1] ［英］戴维·霍普金斯：《教师课堂研究指南》（第三版），杨晓琼译，90 页，上海，华东师范大学出版社，2009。

[2] 薛新国、杨延环：《信息技术支持的初中语文课堂观察——S-T 分析法的实践与改进》，载《教育导刊》，2019(1)。

一个 D 行为(师生交互对话行为)。[①]

第二,观摩教学录像或实录,每隔 30 秒采一次样,也就是记录一次编码,编码种类的确定以采样那一刻观察到的主要行为为准,最后形成 S-T 表(表 3-9)。

表 3-9　《河中石兽》S-T 编码表

时间/分钟	1	2	3	4	5	6	7	8	9	10	转换次数(g)
1~5	T	D	D	D	T	S	D	T	S	D	7
6~10	T	S	S	D	S	S	D	T	D	D	7
11~15	S	D	S	D	D	D	S	S	T	T	6
16~20	D	D	T	D	T	D	S	T	T	S	8
21~25	S	S	S	T	S	T	T	T	T	T	3
26~30	T	T	T	D	T	D	T	T	D	D	5
31~35	T	T	T	S	S	S	D	D	T	T	5
36~40	T	T	S	T	S	S	D	T	T	T	5
41~45	T	T	T	S	T	T	D	T	S	T	6

注:1 表示第 1 个 30 秒,2 表示第 2 个 30 秒……依次类推,每 5 分钟形成 1 行 10 个编码。

第三,根据 S-T 表绘制 S-T 曲线,并进行教学过程分析。纵轴为 S,横轴为 T,两轴长度都与课堂教学用时相同,轴上的一刻度可以是 30 秒,也可以是 1 分钟或 2 分钟,本案例的一刻度为 30 秒。以教学起点为原点,根据 S-T 表的编码顺序把数据转换成对应的线段:一个 T 对应 30 秒的水平线段,一个 S 对应 30 秒的垂直线段,一个 D 对应 30 秒的倾斜片段。根据《河中石兽》S-T 编码表画出的曲线图如图 3-2。

图中曲线几乎与 45°角平分线一致,这说明这节课中教师行为和学生行

[①] 刘立新、杜卫民、王萍等:《对 S-T 分析法的改进及全国高中化学优质课分析》,载《化学教学》,2014(7)。

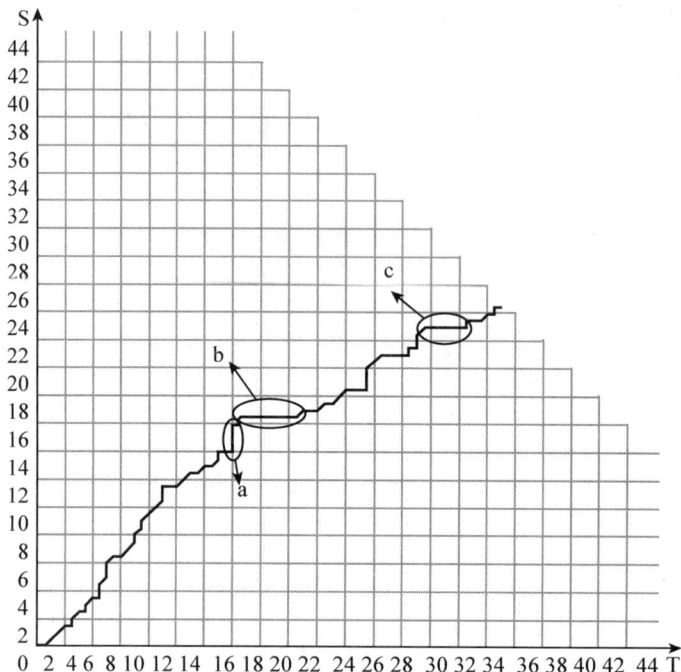

图 3-2　河中石兽的 S-T 曲线图[1]

为大体相当；单纯的教师"教"或学生"学"的过程很少，只有 a、b、c 三段，斜线较多，这说明师生互动交流较为频繁。

第四，根据 S-T 表计算教师行为占有率 Rt 和行为转换率 Ch。用 Nt、Ns、Nd 分别代表观察到的教师行为、学生行为和师生互动行为的次数，N 表示所有行为的总数量，g 表示行为转换次数，计算公式为：Rt＝（Nt＋1/2＊Nd）/N，Ch＝g/N。根据对《河中石兽》的 S-T 编码表的结果统计，N＝90，Nt＝41，Nd＝25，Ns＝24，g＝51，于是教师行为占有率 Rt＝0.594，师生行为转换率 Ch＝0.567。

第五，建立 Rt-Ch 图，并进行教学模式分析。在 S-T 分析法中，根据 Rt 和 Ch 两个参数可将教学模式分为五种，如表 3-10：

---

① 薛新国、杨延环：《信息技术支持的初中语文课堂观察——S-T 分析法的实践与改进》，载《教育导刊》，2019(1)。

表 3-10　S-T 分析法中的教学模式及其标准条件①

教学模式	标准条件
练习型	$Rt \leqslant 0.3$
讲授型	$Rt \geqslant 0.7$
对话型	$Ch \geqslant 0.6$
平衡型	$0.3 < Rt < 0.7$　$0.2 < Ch < 0.6$
板块型	$0.3 < Rt \leqslant 0.7$　$Ch \leqslant 0.2$

注：表格题目为编者所加。

其中平衡型的主要特征是教学中各种教学行为比例以及教学行为转换频率适中，相对较为平衡；板块型是指一节课的课堂教学由持续时间较长的若干单一教学行为的板块组合而成的教学模式，主要特征是转换率较低。③

将 Rt 值和 Ch 值分别做横坐标和纵坐标，根据计算出的 Rt 值和 Ch 值，确定对应点 H 的位置，如图 3-3 所示。

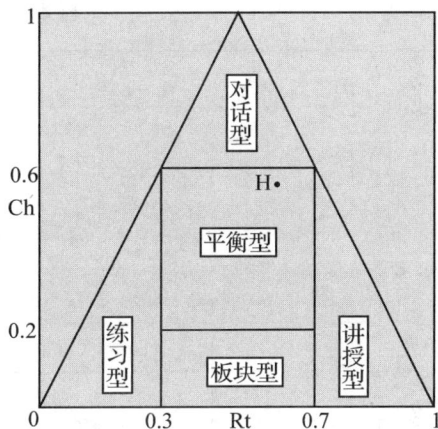

图 3-3　《河中石兽》的 Rt-Ch 图②

图中 H 点的位置表示这节《河中石兽》的教学模式为平衡型，接近对话型，体现出学生学习的主动性。我们可以回到《河中石兽》的课堂中，去分析产生这种结果的原因。比如，"课前精心设计的《学习卡》，是学生问题的预设，以问题带动学生深入文本，整个课堂以学生的读、议、练为主，教师的讲解穿插于其中，真正地体现了'教

① 刘立新、杜卫民、王萍等：《对 S-T 分析法的改进及全国高中化学优质课分析》，载《化学教学》，2014(7)。
② 薛新国、杨延环：《信息技术支持的初中语文课堂观察——S-T 分析法的实践与改进》，载《教育导刊》，2019(1)。
③ 薛新国、杨延环：《信息技术支持的初中语文课堂观察——S-T 分析法的实践与改进》，载《教育导刊》，2019(1)。

师是学生学习的引导者和伙伴'的教学思想"[1]。也可以关注 a、b、c 三个时间段分别有哪些具体行为，分析这些行为产生的原因和效果。

②记号体系（tally system）。

记号体系是指预先列出需要观察且有可能发生的行为，观察到目标行为发生时就做个记号（如"√"），用来核查要观察的行为是否发生，所以也叫"项目清单"（checklist）。记号体系只记录单位时间内发生了多少种要观察的行为，不记录每种行为发生的次数，因此记号的数量就是所发生行为种类的数量。如表 3-11：

表 3-11　教师教学方法多样性的课堂记录表[2]

学习内容	教学手段						教学方法										
	板书	PPT	影视	录音	资料	实物/挂图	讲解	问答	演示/示范	指导	朗读	默读	讨论	合作	复述/展示	作业/操作	脱离	其他
总计																	

---

① 薛新国、杨延环：《信息技术支持的初中语文课堂观察——S-T 分析法的实践与改进》，载《教育导刊》，2019(1)。

② 张孔义：《语文课堂教学观察与诊断》，104～105 页，杭州，浙江大学出版社，2014。

记号体系也可以用来观察特定学生的课堂行为。如表 3-12 是一节高中物理课上观察一个男生每分钟具体活动的记录表，从中很容易看出他在这段上课时间内哪些活动做得多，哪些活动做得少。

表 3-12　对一名学生每分钟具体活动的观察[①]

时间/分钟	1	2	3	4	5	6	7	8	9	10	11	12	13	14	15
管理	√														
等待注意															
无关活动											√	√			
听	√		√	√	√	√	√	√	√	√					
观察					√	√	√								
动手实践															
讨论		√													
思考			√	√					√						
阅读															
写	√	√	√				√	√							

注：管理＝取出书、笔等文具，拿资料，做学习的准备工作

无关活动＝闲聊、捣乱、打瞌睡等

动手实践＝画画、剪纸、做练习等

③等级量表(rating scale)。

等级量表一般预先对观察的行为进行分类，在一段时间内进行观察，结束时对这段时间内的目标行为评以相应的等级。与编码体系和记号体系相比，等级量表需要观察者做出更多的权衡和判断。如表 3-13 是针对课堂导入的观察量表。

---

① 陈瑶：《课堂观察指导》，49 页，北京，科学教育出版社，2002。

表 3-13　教学导入观察和诊断表①

项目	优	中	差
目标明确，学生知道学什么，怎么学，为什么要学	5	3	1
联系紧密，或以旧带新，或联系生活，或提供恰当材料，与新课衔接自然，没有无关信息	5	3	1
新颖有趣，能激发学生学习兴趣，吸引注意力，形成学习动机	5	3	1
有启发性，能启动学生思维，造成认知矛盾，促成探究	5	3	1
语言清晰，有条理	5	3	1
满怀热情，神态自如	5	3	1
导入时间掌握得当，教学节奏紧凑	5	3	1
能面向全体学生	5	3	1
合计			

注：请听课后根据以上各项评价指标评出等级(在相应的等级上打钩)，总分在 1~10 为差，11~20 为一般，21~30 为中等，31~40 为优良。

这是一个三级量表，常见的还有五级量表、七级量表等。虽然是用数字的形式进行记录，但等级的判断具有很强的主观性，所以"等级量表其实是一种以客观定量的方式处理主观判断的记录方法"②。

与编码体系和记号体系相比，等级量表在我国的使用更加广泛，主要用于对教师课堂进行评议，观察者一般是学校领导、行政人员、同事，有时也可以是学生。

(2)定量课堂观察的优点与局限。

①定量课堂观察的优点。

第一，观察结果相对客观。不同观察者使用相同的分类方法、记录方法，观察的结果比较一致，较少受个人偏见影响。

第二，推广性较强。观察工具可以反复利用，观察的样本可以比定性观察稍大一些，观察结论比定性观察更具代表性。

---

① 张孔义：《语文课堂教学观察与诊断》，79 页，杭州，浙江大学出版社，2014。
② 陈瑶：《课堂观察指导》，60 页，北京，科学教育出版社，2002。

第三，资料处理较为简便。用统计学的方法分析资料，以数字呈现研究成果，使资料分析的过程更加简单、客观，使复杂的教育现象简约而突显。

②定量课堂观察的缺点。

第一，封闭性较强。只对预定的类目进行记录，忽视了背景因素和细节信息，难以体现课堂全貌。观察者视角单一，难以发现预定类目以外但与研究密切相关的问题。

第二，客观性有限。虽然定量课堂观察强调科学、客观，但实际上不管是分类确定观察项目，还是进行等级判断，都难以避免观察者的主观判断。

以上我们介绍了几种常见的课堂观察方法。我们发现，定性观察和定量观察有各自的优势与局限，因此，在实际观察中经常综合使用多种方法，比如常常将田野笔记和图式记录一起使用，也可以用一些定量观察表收集一些量化资料；而我们收集到的质化材料有时也需要处理成量化的形式；录音录像等工艺学手段也常常作为其他观察方法的重要辅助。"定量观察和定性观察的综合运用有利于收集到既深入又广泛、既细致又整体的资料。"①观察者应该根据自己的观察目的，思考什么样的方法能够收集到解决问题的资料，使方法和工具"为我所用"，而不应为方法所局限。

（四）课堂观察的基本步骤

一次完整的课堂观察活动一般分为观察前的准备、观察中的记录和观察后的分析三个基本步骤。这种模式又称"三段式观察循环模式"，其基础是"临床视导"（Clinical Guidance）。"临床视导"这一概念最早产生于20世纪60年代的美国，随后被广泛运用于教师职前教育和在职培训。它包括计划会议、课堂观察和反馈讨论三个基本阶段，由于这种方法适用于课堂观察，因此也成为课堂观察的有效方法。②

接下来，我们将结合案例介绍观察前、观察中、观察后要做哪些事情。

① 陈瑶：《课堂观察指导》，139页，北京，科学教育出版社，2002。
② ［英］戴维·霍普金斯：《教师课堂研究指南》（第三版），杨晓琼译，66～67页，上海，华东师范大学出版社，2009。

1. 观察前

在进行课堂观察之前，观察者和上课的教师有必要一起讨论，就双方都认为有价值的核心内容达成共识。

在没有进行观察前共同研讨环节的听评课活动中，观察者容易根据自己的兴趣收集信息，凭借主观判断形成评价和建议。这样做可能出现两种后果：第一，由于观察的随意性和观察者自身能力的限制，一些评价和建议可能会失之偏颇；第二，即使观察者的评价和建议"听起来有道理"，若不是针对被观察者需要改善的教学行为而提的，也可能价值不大。因此，观察前的准备会议是必要的，观察前的筹备越充分，观察时能够收集到的信息就越详尽和有用。观察前的准备主要包括三个方面：确定观察点、设计观察方法、确定评价标准。

（1）确定观察点。

由于课堂现象的繁复，任何一种观察方法都不可能对课堂现象进行穷尽性记录，观察的对象越聚焦，就越有可能保证相关信息收集的充分性和准确性。观察点的确定应该遵循"可观察"、"想观察"和"能观察"这三个原则。"可观察"指观察点是外显的课堂行为与现象，比如师生之间的提问与应答、教学手段的运用等；"想观察"指观察点是观察者或被观察者感兴趣、有需求的内容，这样才能真正发挥课堂观察对教学有效性和教师专业发展的促进作用；"能观察"指观察者熟悉与观察点相匹配的观察内容、观察工具和记录方式等。[①] 为了尽量保证所观察到信息的完整性，观察者可以分工合作，选择各自感兴趣的观察点进行观察。

（2）设计观察方法。

前面已经介绍了定性观察和定量观察的主要方法。观察者要根据自己的观察目标、内容以及自己擅长的方式选择合适的记录方法。

现成的观察表有很多，观察者在使用时一般要根据自己的情况进行加工，开发适合自己的观察工具。崔允漷等提出，可以从三个维度来考虑观

---

① 周文叶、崔允漷：《教师应如何进行课堂观察？》，载《中小学管理》，2008(4)。

察工具的开发策略。

第一，指向性。主要考虑量表所研究的问题是否具体和明确：问题是否来自被观察的这堂课？问题表述是否明确？问题是否指向教与学的改进或教师的专业发展？

第二，合理性。主要考虑问题解决思路和观察指标的设置是否合理：问题设计的核心概念是否按照合理的逻辑分解？分解后的要素是否能找到相应的关键行为？关键行为是否可观察、可记录、可解释？关键行为和记录表格是否匹配？

第三，可行性。主要考虑观察量表在课堂观察记录中的可操作性：量表是否适合个人或合作记录？是否便于记录关键的数据或现象？是否便于记录后的整理、归纳及推论？[1]

在观察记录表的设计中，观察指标是最关键的部分。在确定观察点后，观察者要先形成一个初步的研究思路，然后再将思路具体化成一个个观察指标。要注意观察指标应该是课堂中可听、可观、可感的显性行为，比如观察提问的效度时，清晰度、提示性、合作性是提问的价值判断，而提问的目的、内容、对象、时机、方式、背景可作为观察指标。又如观察学生学习的有效性时，学习兴趣程度、专注认真程度、参与程度、交流程度、思维程度都能够体现学习的有效性，但兴趣和思维更多的是内隐的心理状态，不是明确可观察到的外显行为；而学习的认真程度、参与程度、交流程度，则可以通过学生的听、说、读、写这些外显行为体现出来，因此可以将这三个特征作为观察维度，并进一步设计更加具体的观察项目，如专注地听、及时记录、主动回答问题等行为。[2]

（3）确定评价标准。

在观察前，观察双方最好能就观察对象的评价标准达成一致。在观察后，观察者可据此解释观察到的行为，使评课有理有据。评价标准的一致

---

① 崔允漷、沈毅、吴江林等：《课堂观察Ⅱ：走向专业的听评课》，41页，上海，华东师范大学出版社，2013。

② 张孔义：《语文课堂教学观察与诊断》，160～163页，杭州，浙江大学出版社，2014。

可以在一定程度上避免评课时的意见分歧，使评课活动氛围更加融洽。观察指标确立后，可以依据研究成果、课标要求、教师经验等确定各项指标的理想状态，进而形成评价标准；反过来说，也可以围绕观察点先确定评价标准，其中的评价维度对于观察指标的确定也有一定的启发性。要注意，这并不是说评价维度和观察指标对等，因为评价维度经常是不可观察的，而观察指标必须是可观察到的外显行为。

2. 观察中

课堂观察的实施阶段主要是指进入观察现场，按照事先的计划和所选择的记录方法进行记录。

观察者在进入现场时，应考虑怎样能够既不影响正常的课堂教学，又能准确观察到有用的信息。对于进入课堂的观察者，上课的教师一般心存戒备，学生经常感到好奇，这些情绪容易使他们的表现异于平常。因此，在进入教室时，观察者应事先征得教师同意，并与之建立互相信任的关系，使课堂尽量保持自然状态；另外，还要考虑自己的观察位置，以及要不要与学生交谈。

进入教室后，观察者要迅速进入观察状态，按照事先安排好的计划和记录方法开始记录。在此之前，观察者的准备越充分，观察到的信息就越有效。观察者可以采用不同的记录方式，使用录音、摄像、笔录等技术手段，通过数字、符号或文字描述记录观察到的典型行为，同时还可以写下自己的现场感受和理解。

表 3-14 是对余映潮《假如生活欺骗了你》课堂教学内容的观察记录。

表 3-14　教学内容项目的观察记录表[①]

上课教师：余映潮　　　　　　　　年级/班级：略

课题：《假如生活欺骗了你》　　　观察者：略　　　　　时间：略

教学深度：①低于学生的原有水平；②等同于；③略高于；④远高于。

序号	教学内容（知识、技能、情感）	教学时间	深度判断
1	说明全课学习目标：学三首诗，写诗	1：10	

---

① 张孔义：《语文课堂教学观察与诊断》，64～65 页，杭州，浙江大学出版社，2014。

续表

序号	教学内容（知识、技能、情感）	教学时间	深度判断
一	学习普希金《假如生活欺骗了你》		
2	屏幕显示，学生齐读：诗人创作成就的简介	2：14	③
3	教师说明本环节学习要求：吟诵、背诵、谈感受	2：40	
4	教师简介四位中老年人回忆少年时读这首诗的感受	4：00	③
5	学生自由大声读诗歌一遍。教师提示：是吟诵不是念书，学生再读诗歌一遍；教师简介创作背景：艰苦环境下给女孩的题词，是劝慰，学生互相用说话的方式讲给对方听；教师提示艰难情景，要求学生以自我鼓励的独白方式读诗歌	10：10	③
6	学生自由背诗歌，然后齐背诗歌	12：10	③
7	学生静思感受，分小组交流读诗歌的感受；学生代表在全班交流感受：生1联系中国古诗谈感受，生2、生3从哲理角度谈感受，生4从形象比喻角度谈感受，生5、生6联系生活谈感受，生7、生8、生9从哲理角度谈感受，教师小结启迪：坚强	19：20	③
8	分男生、女生朗读	20：25	②
二	学习中国诗人宫玺的《假如你欺骗了生活》		
9	教师说明本环节学习要求：自由朗读、话题讨论	20：50	
10	学生自由朗读2次	22：20	②
11	找出需要好好品味的两个词，说明理由；同桌交流；全班交流：生1、生5："无憾"和"无愧"，生2、生3、生4、生7"诚实"，生6"付出"和"收获"，生8"诚实"和"欺骗"，教师引导学生小结启迪：欺骗、诚实（读标题、诗中重复）	30：00	③
三	结合生活体会自由地写诗《假如生活重新开头》		
12	教师说明本环节学习要求：以"假如生活重新开头"写四句诗或六句诗	31：00	

续表

序号	教学内容（知识、技能、情感）	教学时间	深度判断
13	学生写诗歌	32：30	④
14	交流所写的诗歌，9位学生和教师先后交流	38：10	④
四	欣赏邵燕祥的《假如生活重新开头》		
15	学生快速浏览一遍，齐读一遍，师范读	41：00	②
16	学生谈启迪，教师小结思想启迪：自信自强	44：00	③

从中可以看到，观察者把这堂课的教学内容分成了四大块，方便我们把握主要教学内容以及各大项教学内容之间的联系；每一大块内容下面又记录了具体的小内容，包括有指导的朗读、谈读后感、品味关键词和尝试写诗，方便我们判断教学内容是否符合学习规律，是否有价值；记录了每一项教学内容的时间，便于判断教学内容时间安排的合理性；最后还对每一项小内容的深度进行了判断。基于这个观察表记录的内容，我们可以从数量、价值、联系和深度这四个维度对这堂课的教学内容做出综合判断。

由于课堂行为的种类和数量繁多，为了保证观察记录的准确性，几位教师可以同时进行观察记录，课后对比记录，若发现不一致的地方，可以进一步回忆或回看录像进行确认；也可以多看几遍教学录像，增加收集信息和思考判断的机会。

要注意的是，使用观察工具的目的是帮助观察者收集尽可能充分准确的信息。工具只是研究的辅助手段，而不是限制。在观察过程中，观察者若发现工具存在不合理或者不充分的现象，可灵活发挥，采用其他观察记录方式进行补充。

3. 观察后

课堂观察结束后，观察者要做的工作主要是整理记录和推论。整理是指对观察记录进行补充、分类和统计，为进一步的推论做好准备。观察者最好能尽快对观察资料进行整理，以免间隔过久产生偏差，若有模糊不清或产生分歧之处，可及时与其他人探讨，使观察记录更加清晰准确。推论是指围绕观察点，基于记录中的证据，依据一定的理论，进行剖析与反思。

要注意这时的推论只针对所观察的课堂情境，不宜做过多的经验类推或假设。在得出结论之后，可提出改进建议，并设计实际的改进行动，这样课堂观察活动才能真正落到实处，才能有效促进观察双方的专业发展。若被观察者不能参加观察后的研讨，观察者应在得出结论后及时告知被观察者，促进其教学改进。

吴江林等主编的《课堂观察 LICC 模式课例集》中记录了一次比较完整的课后研讨活动。课堂观察的对象是一位高中语文教师，所教篇目是苏教版必修一的《今生今世的证据》。研讨活动分为三个部分：首先上课者沈老师从目标达成和教学行为两方面进行反思；然后各位观察者从不同角度简要报告观察结果，两位老师谈课堂阅读的有效性，两位老师谈小组讨论的有效性，一位老师谈课堂问题的有效性，一位老师谈多媒体辅助教学的有效性；最后形成总的结论，包括优点、改进之处和研究建议。在研讨活动结束之后，观察组完成了课后分析报告，包括上课者更加严谨的课后反思和各位观察者基于特定主题的有理有据的观察报告。[①]

与常见的评课活动相比，这个研讨活动有三点不同：一是观察者有明确分工，体现出课堂观察的计划性；二是结论中给出研究建议，体现出对教师研究的关注；三是形成了更加详细深入的观察报告，体现出提升教师研究能力的实际行动。这样的研讨方式值得我们借鉴。

三、优秀案例分析

（一）案例展示

在一次听评课活动之前的教研会议上，上课的王老师提出想要了解自己课堂上的小组讨论活动是否能够促进学生能力发展。其他教师正好也对此很感兴趣，于是教研组决定将这次听评课活动的主题确定为课堂小组讨论活动的有效性。

随后，大家围绕"什么样的小组合作研讨活动才算是有效的"这个问题

---

① 吴江林、林荣凑、俞小平：《课堂观察 LICC 模式课例集》，7～21 页，上海，华东师范大学出版社，2013。

进行了讨论，最后一致认为，小组讨论活动的有效性主要体现为学生参与度高，有独立思考也有合作研讨，并且合作成果质量高于学生独立完成的质量。为了方便观察时进行记录，大家又将观察目标细分成10个可观察的指标：教师组织、小组人数、时间安排、任务分配、任务难度、独立思考、教师指导、成果质量、教师反馈和学生反馈。每个指标都对应着评价标准以及外显的行为。最后教研组制作了如下的观察量表（表3-15）。

表3-15 "小组讨论活动的有效性"观察量表

观察目标：小组讨论活动的有效性
课题：　　　　上课班级：　　　　上课时间：　　　　上课教师：
听课人：　　　观察的小组：第　组　　　　　　小组人数：____人

观察项目	评价标准	具体表现	优秀	良好	一般	较差	很差
教师组织	讨论前教师对讨论的规则和要求有明确介绍	介绍讨论目的　（　　） 规定讨论时间　（　　） 说明分组安排　（　　） 明确组员任务　（　　） 说明展示内容与方式（　　）	10	8	6	4	2
小组人数	4～5人一组	____人一组	10	8	6	4	2
时间安排	多数学生可以按时完成任务	____人按时完成任务	10	8	6	4	2
任务分配	每个成员都有事可做	____人有具体明确的任务	10	8	6	4	2
任务难度	多数学生经过短暂思考可以完成任务，并且质量不错	____人经过短暂思考完成了任务且质量不错 ____人经过短暂思考完成了任务但质量不好 ____人在别人帮助下完成了任务 ____人最终没有完成任务	10	8	6	4	2

续表

独立思考	学生有独立思考的时间	_____人进行了独立思考，思考时间为_____	10	8	6	4	2
教师指导	讨论过程中教师能及时发现问题并给以有效指导，使小组讨论顺利完成	不存在问题（　　）有问题但教师未发现（　　）教师发现问题但未进行有效指导（　　）	10	8	6	4	2
成果质量	小组讨论后的成果展示质量高于学生独立完成的质量		10	8	6	4	2
教师反馈	在小组讨论后的展示环节，教师的反馈准确且有启发性	没有反馈（　　）反馈简单而笼统（　　）反馈准确（　　）反馈有启发性（　　）	10	8	6	4	2
学生反馈	在小组代表展示讨论成果时，其他学生能专心倾听	_____人专注地听_____人边听边记录_____人没有认真听	10	8	6	4	2
分数合计							

在现场观察时，每位听课的教师针对特定小组进行观察，在现场记录各个观察指标的具体表现，记录方式是在"（　）"里打"√"表示该行为出现，在"____"上填数字，记录出现该行为的人数；在观察后根据记录和自己的印象对每个指标打分，并计算总分。

为了减少对学生的干扰，他们对观察时的位置也进行了设计：7位观察者在上课前进入教室，在小组讨论开始前集中坐在教室后排观察；研讨开始时则分散坐到每一组旁边，并在过道中留出一些空间，以便教师随时察看各组讨论状况并进行指导。

观察结束后，上课的教师和听课的教师开展评课活动。上课的王老师先对自己的教学进行了整体反思，并着重谈了自己对小组讨论的设计与反思。接着由每位观察者分别介绍自己的观察结果。由于教师组织、小组人数、任务分配、独立思考主要靠教师课前设计，得分较高且较为一致，观

察者重点介绍观察到的学生表现和教师表现。接着由一位老师汇总 7 位听课教师为各项指标打的分数以及最后的总分，并计算出各项指标的平均分和总分的平均分。王老师和 7 位听课教师总结出这节课小组讨论的亮点和不足，并提出改进建议，最后形成书面的教学反思和观察报告。

（二）案例分析

这个课堂观察活动有以下四个优点。

1. 观察主题明确而有价值

在观察前，参与活动的各位老师共同确定了明确的观察主题——课堂小组讨论活动的有效性。这个主题是基于被观察者实际教学中的困惑产生的。小组讨论活动是目前提倡的学习形式，在课堂中所占时间比重大，是影响教学效果的关键活动。因此，这样的主题是值得观察和研究的。

2. 观察计划全面而细致

观察者和被观察者共同对观察活动进行了预设和计划，从人员分工的确定，到观察量表的设计，再到观察位置的选择，全面而细致，为观察活动的顺利、有效开展奠定了基础。

3. 观察工具科学而有效

观察量表的记录方式综合了记号体系、编码体系和等级量表，有效记录观察项目的种类和频次，并根据现场观察到的情况即时做出等级评定，避免由过后遗忘引起的偏误。观察项目既有教师行为，如组织、指导和反馈等，也有学生行为，如学生是否有事要做，是否有独立思考等，并且这些行为都是外显的、可观察的；既有对活动形式的关注，如人数、分工、时间等，又能通过任务难度、成果展示质量等细化的衡量标准去评价活动效果。这些项目综合在一起，能够在很大程度上体现出小组合作活动的有效性。

4. 课后研讨严谨而深入

评课活动安排有序，分工到位，避免了重复和遗漏；最后形成的书面教学反思和观察报告，是对观察和研讨成果的总结和深化，能够助力之后的教学和研究工作，课堂观察发挥了实效。

当然，这个案例也存在有待改进之处。义教新课标提倡小组合作时应提前告知学生评价标准，使用多元评价主体，并对同伴评价进行再评价，以便更好地发挥评价的导向作用。本案例可增加"评价方式"这一观察指标，并从以上三个方面进行观察和评价。

实践操练 ……▶

1. 比较各种观察方法的优势与局限，选出几种适合自己的观察方法并说明原因。

2. 任选观察方法，完成一次课堂观察，形成观察记录表和观察报告。

参考文献 ……▶

1. 陈向明．质的研究方法与社会科学研究．北京：教育科学出版社，2000.

2. 陈瑶．课堂观察指导．北京：教育科学出版社，2002.

3. 崔允漷，沈毅等．课堂观察20问答．当代教育科学，2007(24).

4. 崔允漷．论指向教学改进的课堂观察LICC模式．教育测量与评价（理论版），2010(3).

5. 崔允漷，沈毅，吴江林等．课堂观察Ⅱ：走向专业的听评课．上海：华东师范大学出版社，2013.

6. 戴维·霍普金斯．教师课堂研究指南（3版）．杨晓琼译．上海：华东师范大学出版社，2009.

7. 方洁．我国听评课研究二十年：回顾与反思．西北师大学报（社会科学版），2014(3).

8. 刘立新，杜卫民，王萍等．对S-T分析法的改进及全国高中化学优质课分析．化学教学，2014(7).

9. 里德，贝格曼．课堂观察、参与和反思（5版）．伍新春、夏令、管琳译．北京：教育科学出版社，2009.

10. 吴江林，林荣凑，俞小平．课堂观察LICC模式课例集．上海：华

东师范大学出版社，2013.

11. 吴欣歆. 十年了，停下来思考. 北京：教育科学出版社，2015.

12. 吴欣歆. 新教师培训课程设计：有效推进"经验知识"的建构. 中小学管理，2016(2).

13. 徐文芳. 课堂观察在高中语文教学中的应用. 硕士学位论文，华中师范大学，2017.

14. 薛新国，杨延环. 信息技术支持的初中语文课堂观察——S-T 分析法的实践与改进. 教育导刊，2019(1).

15. 张孔义. 语文课堂教学观察与诊断. 杭州：浙江大学出版社，2014.

16. 周文叶，崔允漷. 教师应如何进行课堂观察?. 中小学管理，2008(4).

▶ 第十一讲
如何进行教学反思

教师的实践性知识对于教师教育教学水平的提高和教育教学观的形成具有重要作用。实践性知识是指教师通过对自己教育教学经验的反思和提炼而形成的对教育教学的认识，它的形成路径是"教师对其教育教学经历进行自我解释而形成经验，上升到反思层次，形成具有一般性指导作用的价值取向，并实际指导自己的惯例性教育教学行为"①。

美国教育学家波斯纳提出了著名的公式：成长＝经验＋反思。他认为没有反思的经验是狭隘的经验，至多只能形成肤浅的知识。只有经过反思，教师的经验才能上升到一定的高度，并对后继行为产生影响。

具体来说，反思对教师发展的促进作用表现在以下四个方面：

①有助于教师挖掘或梳理出教育教学经验中蕴含的原理，把经验升华

---

① 陈向明：《对教师实践性知识构成要素的探讨》，载《教育研究》，2009(10)。

为理论；

②有助于教师提升教育教学实践的合理性，更好地完成教育教学任务；

③有助于教师提高问题意识和教育研究能力，进而提高专业自主性；

④有助于教师形成爱岗敬业、虚心好学、自我否定、追求完美等优良职业品质。[①]

教学反思对教师专业发展起着重要的推动作用，这已经成为教育界的共识。然而在现实中，教师反思的现状并不乐观。研究表明，"当前教师的绝大部分实践性知识仅仅来自于经验的自然积累，缺乏总结和提炼。由于缺乏对经验的系统认识，教师常常以一种解决方式应对所有问题，即只是简单重复经验。造成这一现状的主要原因就是教师缺乏反思、研究的意识和能力"[②]。

本节将介绍教学反思的基本方法，希望帮助新教师形成反思的自觉意识，提高教学反思的能力。

一、问题案例分析

（一）案例展示

教学日记

11月29日　周一　上午第三节课

今天在准备不充分的情况下就站到了陌生的讲台上，不知道这是勇气还是莽撞，但结果是我上了这一节课《假如给我三天光明》，对象是高一班的学生。这是我第一次接触这个班，男生多，女生少，总体来说觉得这个班还是蛮和善甚至是热情的，所以讲课前除了担心自己课没备好外，对学生的担心几乎没有。

上课一开始，简单的自我介绍后，就进入文本的学习了，导入似乎设计得过于粗糙了，预想的是"全班同学都会好奇地睁大眼睛"，但结果不是，不过幸运的是我自圆其说，顺利地导入教学内容——有惊无险。现在来分

---

① 朱玉东：《反思与教师的专业发展》，载《教育科学研究》，2003(11)。

② 申继亮：《教学反思与行动研究——教师发展之路》，42页，北京，北京师范大学出版社，2006。

析为什么会出现这一情况呢，一、没找好配合我"演戏"的人。二、环节进行得太快，从自我介绍到文本分析没有一点过渡或准备。抑或还有什么原因，如这个设计本身就有问题。

在内容的教学上，介绍作者时我为学生读了《再塑我生命的人》，觉得对学生理解文本、理解作者的伟大是很有帮助的。在总体感知阶段，学生都能找出教师想要的答案，问题是如何对这些答案进行总结，让学生说，我不放心，学生真的能从她对亲情友情的重视看出她的善良吗？真的能从她对自然、人类社会发展的关注得出她热爱自然、热爱生活的结论吗？在这个环节中，我似乎将初步感知与具体分析夹杂在一起给解决了，自己上课时都有点担心会不会一切都失去控制。

不知道怎么教实际上是忘了自己的教学目标。[①]

（二）案例分析

这是一位新教师撰写的关于教学中"遗憾"的日记，也就是基于教学中教师发现的"问题"而写的反思。

对于第一个问题的描述是："导入似乎设计得过于粗糙了，预想的是'全班同学都会好奇地睁大眼睛'，但结果不是。""过于粗糙"的导入是什么样的？学生的反应是什么？教师又是怎样"自圆其说"的？日记里未提及。

对于第二个问题的描述是："在总体感知阶段，学生都能找出教师想要的答案，问题是如何对这些答案进行总结，让学生说，我不放心，学生真的能从她对亲情友情的重视看出她的善良吗？真的能从她对自然、人类社会发展的关注得出她热爱自然、热爱生活的结论吗？在这个环节中，我似乎将初步感知与具体分析夹杂在一起给解决了，自己上课时都有点担心会不会一切都失去控制。"这段描述大多是教师自己的感受。教师是怎样"将初步感知与具体分析夹杂在一起给解决"的？学生的实际表现如何？我们不得而知。

日记里还有对问题的思考。对于第一个问题产生的原因，她的思考是

① 何其梅：《中学语文教学反思研究》，硕士学位论文，扬州大学，2011。

"一、没找好配合我'演戏'的人。二、环节进行得太快，从自我介绍到文本分析没有一点过渡或准备。抑或还有什么原因，如这个设计本身就有问题。"针对第二个问题没有明确的分析，但是在日记结尾时说"不知道怎么教实际上是忘了自己的教学目标"。

总的来看，这篇教学日记有"问题"，但描述时以抒发感受为主，缺少关于问题本身的完整细致的客观信息；有"思考"，但太过浅略，没有将问题提炼出来并进一步分析原因。过一段时间以后，教师自己看到这篇日记，恐怕也难以还原当时的情境和思考，也就难以进行进一步的研究了。

（三）常见问题分析

邵光华和顾泠沅围绕教学反思的活动现状、教师对待教学反思的态度、教师对教学反思的作用认识、教学反思的形式和内容、教学反思的动因以及影响制约反思的因素等方面，对64位中学骨干教师进行了调查和分析，发现教师反思在以下几方面存在问题。

第一，在意识方面，部分教师把反思当成额外的工作，为了应付任务而反思，较少从自我专业发展的角度去反思，缺少自觉反思的意识。

第二，在理论方面，教师的反思缺少教育教学理论的支撑和可操作的方法指导，往往只能指出现象而不能做深层剖析和解释。

第三，在内容方面，教师的反思主要集中在教学方面，对教育观念、学生问题、专业发展、个人成长等方面的反思较少。[1]

申继亮按照教学反思的深度将教学反思分成教学技术水平（前反思水平）、理论分析水平（准反思水平）和价值判断水平（反思水平）三个层次。处于教学技术水平的教师关注如何利用最好的教学方法和技巧去达成目标；处于理论分析水平的教师能够根据个人经验去探究教学行为背后的原因和意义；处于价值判断水平的教师能够去除个人偏见，从更广阔的社会、文化、政治背景下分析教学行为中的问题，揭露潜藏于这些问题中的意识形态，以引导改革，可称为真正的"反思水平"。[2]

---

[1] 邵光华、顾泠沅：《中学教师教学反思现状的调查分析与研究》，载《教师教育研究》，2010(2)。
[2] 申继亮：《教学反思与行动研究——教师发展之路》，78页，北京，北京师范大学出版社，2006。

新教师的反思一般处于关注教学方法和技巧的前反思水平，并尝试依据个人经验和相关的教育教学理论进入理论分析的准反思水平。根据我们的观察，新教师在进行教学反思时，往往存在以下问题。

第一，缺少细节。对于事件的描述往往过于笼统和简略，缺少细节性的信息，无法为进一步的分析提供证据。

第二，缺少分析。往往只停留在描述教学现象和抒发自我感受的层面，不能依据理论解释现象背后的原因并提出改进策略。

第三，缺少价值。往往只是对教学环节的整体回顾，最后加上几句感言式的总结，很少围绕教学中的实际问题进行反思，这样的反思对于提升教学能力的意义不大。

第四，缺少交流。常常是以教学日记的形式完成，以自我判断为主，很少与同事交流。

二、教学反思的设计与实操

（一）教学反思的含义

"教师的教学反思是教师教育、教学认知活动的重要组成部分，它贯穿于教育、教学活动的始终。具体地说，教学反思指教师为了实现有效的教育、教学，在教师教学反思倾向的支持下，对已经发生或正在发生的教育、教学活动以及这些活动背后的理论、假设，进行积极、持续、周密、深入、自我调节性的思考，而且在思考过程中，能够发现、清晰表征所遇到的教育、教学问题，并积极寻求多种方法来解决问题的过程。"[①]

教学反思的内容一般可以指向课堂教学、学生发展、教师发展、教育改革和人际关系这五个方面。

第一，反思课堂教学，包括教学内容是否合宜，教学方法、策略、技巧是否有效，教学目标是否达成等。

第二，反思学生发展，包括学业成绩和能力的培养，学习兴趣和学习

---

① 申继亮、刘加霞：《论教师的教学反思》，载《华东师范大学学报（教育科学版）》，2004(3)。

方法的培养，健全的心理和人格发展等。

第三，反思教师发展，包括教师自身的专业知识和能力，人格魅力与自我形象以及待遇等问题。

第四，反思教育改革，包括考试制度、课程改革以及教育体制改革的实效性。

第五，反思人际关系，包括师生之间、家校之间、同事之间和谐关系的建立。[①]

处于不同发展阶段的教师，反思的内容倾向也有所不同。新教师的主要任务是提升教学能力，助力学生发展，因此一般把课堂教学、学生发展和人际关系作为反思的主要内容。

（二）教学反思的方法

在现实中，教师的教学反思可能存在于工作和学习的各个环节：课前、课中、课后，或者听课、听讲座、看书等活动中。当教师被学生、同事、专家、教材、论文、书籍等带来的新信息触动，开始思考自己的教育教学工作时，反思就发生了。从具体操作方式来看，反思可以分成不同类别。

朱玉东将教学反思分为四种：第一，内省式反思，指通过自我反省的方式进行反思，包括反思日记、课后备课、成长自传等方法；第二，学习式反思，指通过理论学习或通过与理论对照进行反思；第三，交流式反思，指通过与他人的交流进行反思，包括同事间的观察交流、学生反馈、专家会诊和微格教学等方法；第四，研究式反思，指在先进的教育教学理论指导下，通过对教育教学过程的调查、观察、实验和总结来进行系统深入的反思。[②]

申继亮也将教学反思分为四种：第一，在头脑中想一想，这是教学反思的第一步，但若教师止步于"想一想"，就很难发现问题背后的多种原因，也很少转化为实际的改进行为；第二，以"教后记"的形式记录教学过程中发生的事件和感想，分析事件产生的原因并设计多种解决策略，这是教师

---

① 申继亮、刘加霞：《论教师的教学反思》，载《华东师范大学学报（教育科学版）》，2004(3)。
② 朱玉东：《反思与教师的专业发展》，载《教育科学研究》，2003(11)。

最常采用的反思方法；第三，同事合作讨论，教师之间在课余时间就所发现的问题、产生的困惑进行讨论，最好由一名资深教师带领，使每一次的讨论围绕某一主题进行，并且持之以恒地坚持下去；第四，行动研究，教师以遇到的问题为课题，通过多种方法研究、解决问题，是上述三种方法的综合和深化。[①]

以上两种方式虽然有所区别，但我们可以从中提炼出反思的基本方法。

1. 反思的起点

教师往往因为受到触动而开始主动思考自己的教育教学行为。引发触动的可能是学生的表现或想法、同事的评价、他人的教育教学行为、专家的指导，或者是学习时遇到的某种理论。

教师往往对自己的教育教学行为习焉不察，或者被学生课上的"出色"表现"蒙蔽"。比如一位教师在教《盲孩子和他的影子》时，提出了三个问题：①你读到了一个怎样的盲孩子？②你读到了一个怎样的影子？③这个故事让你受到了怎样的启发？这三个问题学生回答得都非常流畅。但是课后一位听课的研究者听到了一位学生的抱怨："我一直等着老师开始，还没开始学习，就又下课了。……这个童话写得那么蹩脚，没有《哈利·波特》好看，为什么《哈利·波特》那么吸引人，这篇课文这么没劲，我希望老师讲讲这个。"研究者向执教的老师转述了这些话，这引发了这位教师的反思：

我在解读课文的时候已经没有自己的话语了，那些批判啊，质疑啊，文艺理论啊，已经离我越来越远，教参的话语系统彻底包围了我，情节、人物、主题，环境描写、心理描写、动作描写、语言描写，比喻、拟人、排比、夸张……如果那个男孩子真的在课堂上提出问题，我也许根本不能应答。我知道自己的文本解读出了问题，但不知道是什么问题。[②]

教师看到他人的教育教学行为，也会受到触动而反思自己的行为，比如下面这篇反思。

---

① 申继亮：《教学反思与行动研究——教师发展之路》，78～79 页，北京，北京师范大学出版社，2006。
② 吴欣歆：《与语文教师对话：文本解读的误区与超越》，载《中国教师》，2014(5)。

今天听完同事的课后，我想到，同样的内容，同样是要求学生掌握固定的知识点，我让同学们反反复复诵读课文例题，甚至背诵，学生当时都觉得枯燥无味，又不敢不读，难怪读着读着就没声音了。今天看到同事居然结合旧知自编习题课，分层要求，采用小组竞争的方式，让学生在比赛中完成了复习和记忆。可见他是仔细琢磨了教材、结合学情分析了教法的，太棒了。①

在阅读书籍、论文或者参加培训时，教师会了解到某些先进的理论，这些理论也会触发他们对自己教育教学工作的反思，这种反思一般以读书笔记的形式呈现。比如一位教师看到了关于"捆绑式"教学的理论，意识到自己以往的教学中也存在"捆绑式"教学的现象，随后设计了改进的计划。

"捆绑式"教学就是教师在教学中对学生的思考、学生的问题解答、学生的整个思维活动进行人为控制、牵制。……这对知识的传授来说可能是高效的，但是高效背后牺牲的却是学生独立思考能力及实际解决问题能力发展的空间和权利。长此以往，它将可能带来一种灾难性的后果。

在以往的教学中自己经常使用的不正是这种教学方法吗？在备课的时候，尽可能多地设想课堂上可能出现的每一个问题，甚至每个问题怎么提问，答案有哪几个要点，学生可能会有什么疑惑，如何引导学生往这个方向想，都要考虑得十分清楚，生怕有什么遗漏在课堂上难以应付。课堂上就按照备课时的思路来进行，对于稍微难一点的问题生怕学生回答不上来，积极地引导他们往答案上想，整个课堂显得高效有序，基本上不会出现差错。原以为这种方法很有效，没想到却有这么大的危害，以前怎么就没有意识到呢？……应当说课前的精心备课是非常必要的，只是在课堂教学过程中不应该拘于预设，而应该放开手，更大胆一点，这样才能把课前预设和课堂生成很好地结合起来，达到最好的教学效果。新课改强调尊重学生的主体性，培养学生自主学习能力。没想到刚从"填鸭式"教学中跳出来又落入"捆绑式"教学的深渊，孔子讲"不愤不启，不悱不发"，值得深思。教

---

① 向园园：《教师教学反思成长之路探寻——三位农村青年教师教学生活的叙事研究》，硕士学位论文，湖北大学，2016。

学中应该多一些耐心，给学生思考的机会。在教学中还应该逐渐培养学生的问题意识，可以尝试着让他们自己来提问题，只是不知道他们能不能提出有价值的问题，如果他们提不出问题或者提的问题不好怎么办？下一次课堂上给他们留一点时间，看看他们的反应再说……[1]

新教师由于自身实践性知识的缺乏，对于教学中的问题往往不够敏感，需要在带教师傅、同事、培训指导教师的帮助下发现需要反思的有价值的问题。表 3-16 可以帮助新教师在课后进行反思。

表 3-16　课后反思表

课后反思表
1. 据我回想，学生在多大程度上参与了教学活动？
2. 学生都学到了我想要教给他们的东西了吗？我的教学目标达到了多少？
3. 在教学中，我是不是改变了我的教学计划？如果改变了，为什么？
4. 如果有机会再次给同样的学生上同样的课，我会在教学时做出哪些调整？为什么？
5. 提供学生的作业样本，样本应该反映本班同学的能力水平以及我对学生提供的反馈。[2]

2. 反思的过程

教师在尝试解决教育教学中的问题时，首先要记录让自己感到不满或困惑的事件，提炼出其中需要解决的问题；然后结合自己的经验、他人的建议和相关的教育教学理论去分析事件背后的原因；接着设计改进措施，并通过反复的实践和调试确定合理的改进方法；最后，最好能够梳理反思过程，形成实践性知识。

接下来，我们以一位教师的教学反思为例，来说明有效反思的基本方法。需要说明的是，这篇反思不是某一节课后的有感而发，而是教师围绕一个问题经过长时间反思并采取改进行动后的总结，可以展示一个较为完整的反思过程。在使用时，我们将按照反思的步骤，把这篇教学反思分成

[1]　范靖：《优秀教师教学反思的个案研究》，硕士学位论文，西南大学，2016。
[2]　王荣生：《教的根本目的是帮助学生学》，载《语文学习》，2009(9)。

不同的片段来展示。

（1）记录关键事件，提炼反思主题。

教师在发现教育教学活动中让自己感到不满或困惑的事件时，最好能够及时将事件全过程记录下来，并且要包含细节性信息，这能为教师分析问题提供有效的凭证。

片段一

那天，我讲的是《梦游天姥吟留别》。我喜欢李白，《梦游天姥吟留别》是我讲过很多次的篇目，自我感觉得心应手。在疏通文义之后，我设计了这样一个课堂活动："请同学们在横线上填一个词，并结合具体的诗句说说你的理由：这是一个_____的梦。"

学生显然是读出了点感觉的，先后填上了"惊悚""浪漫""虚幻""可怕"，并结合具体的诗句做出了分析。在五六个学生发言之后，我和学生们分享了自己的感受："我觉得这是一个瑰丽奇伟的梦，诗人用想象为我们展示了一个瑰丽奇伟的世界，一个瑰丽奇伟的心灵。'天姥连天向天横'，'势拔五岳掩赤城'，'天台一万八千丈，对此欲倒东南倾'，诗人三次驰骋笔力，极写天姥山之高；'湖月照我影，送我至剡溪'，描写出诗人在湖光月色中'飞渡'的飘逸；'列缺霹雳，丘峦崩摧。洞天石扉，訇然中开'以下几句让我们似乎看到了奇幻无比的神仙世界，这些诗句制造了瑰丽奇伟的想象世界。而'安能摧眉折腰事权贵，使我不得开心颜'让我们看到了在森严的等级制度下，李白伟岸的精神、不屈的灵魂，向我们展示了他瑰丽奇伟的心灵世界。"

我注意到，我讲的时候学生们听得很投入，他们频频点头，露出信服的表情，没有一点怀疑，甚至没有一点迟疑地接受了我的观点，有些同学还做了笔记。我稍稍有点得意，随口开了个小小的玩笑："我看到同学们频频点头，表示赞同，这说明老师说得还是可以的。"就这样，我的分享给整个课堂活动画上了句号。

下课后，我照例请刘老师说课，刘老师从他的听课笔记上撕下来一页纸，上面是他给我开的"药方"："内实满，溢充于外，而少沉静，宜以疑缓

之。疑者何来，多知则疑，见多则不敢信，不敢信则底气不足。不足则弱，则虚，气自沉矣。再以博实之，则沉而实，虚而强，如竹，如水，如风，如雷电，皆如是也。"

刘老师又补了一句："自觉真理在握，往往压抑了学生的见解。"

那张"方子"和那句话让我醍醐灌顶。

我在课堂上有过多少次"侃侃而谈""娓娓道来"？在讲《从军行》的时候，为了帮助学生理解侧面描写烘托气氛的手法，我大段地背诵"关云长温酒斩华雄"；在讲《赤壁赋》的时候，我援引了很多名家的评论，学生们忙着记笔记，根本没时间思考……在一次又一次地"秀"出自我之后，学生似乎被我"唬"住了、"镇"住了，我在他们的心目中成了才华横溢、出口成章的"好"老师。在我这位"好"老师的"压迫"下，学生在敬佩仰慕中"接受"，在心悦诚服中被压抑了见解，心甘情愿地放弃了怀疑与思考。[1]

在这个反思案例中，触发反思的人是听课的教研员，触发反思的关键事件是"请同学们在横线上填一个词，并结合具体的诗句说说你的理由：这是一个_____的梦。"这个活动。教师记录了这次事件中学生和教师的行为，包括关键的细节性信息：老师"秀"出的大段观点，学生听到老师观点后的动作和表情，以及老师当时的得意心情和所开的玩笑。这些细节性信息为教研员的评价"自觉真理在握，往往压抑了学生的见解"提供了充分的证据。

发现问题之后，教师结合自己的经验对问题进行初步的分析。首先，这种"'好'老师的'压迫'"现象在自己的课堂上经常出现；其次，这种惯常现象的危害不容小觑，"学生在敬佩仰慕中'接受'，在心悦诚服中被压抑了见解，心甘情愿地放弃了怀疑与思考"。

到这里，需要解决的问题已经从事件中显露出来，就是教师话语对学生话语的压制。

(2)结合多个角度，分析背后原因。

从关键事件中提炼出需要反思的问题之后，教师需要通过自我反省，

---

[1] 吴欣歆：《十年了，停下来思考》，2～4页，北京，教育科学出版社，2015。

结合他人建议和研究结论分析问题背后的原因。

片段二

学生乐于接受，这并不可怕，可怕的是学生用"不走脑"的方式"全盘"接受。长此以往，他们就会把"老师的"当成"自己的"，用"老师说的"来代替"自己想的"，造成这种情况的根本原因是我的底气十足。我的语气、神态都是不容置疑的，我笃定地讲述着自己的感受、自己的观点，于是，这种笃定"支配"了学生的意志，他们相信我说的一切。我的自我表现挤压了学生表现的空间，挤压了学生思考的空间。

我底气十足，是因为我认为自己是真理的拥有者，我是以"权威"的姿态站在讲台上的。刘老师的"方子"已经说明了我为什么会这样"底气十足"："疑者何来，多知则疑，见多则不敢信，不敢信则底气不足。不足则弱，则虚，气自沉矣。"说到底，我的底气十足是"无知""短见"的表现，是"自觉真理在握"的盲目自信。

参加工作以来，我一共讲过五次《梦游天姥吟留别》。第一次我按照教参讲，又查了些资料，没有自己的见解，心虚得很；第二次、第三次我能把教参和资料上的内容讲得比较熟练，只是语言流畅而已，有中气而没底气；第四次，我似乎有了一点自己的阅读感悟，讲自己的，当然有底气；第五次，我对自己的见解深信不疑，而且还有点得意，有点"卖弄"的渴望，在课堂上颇有"表演欲"，于是"底气十足"了。当我自信于自己的"浅见"的时候，不知不觉就会"侃侃而谈"，带着压人的气势。

我突然意识到这是"教书十年"的状态，一切似乎都轻车熟路了，站在讲台上也有些"高招"，已经能脱离教参独立解读文本、独立设计教学过程，这种独立让我不再依赖教参，不再依赖参考资料，误以为自己的知识足够了——有自己的想法不是坏事，但只有自己的想法就麻烦了，自以为是地伪装"权威"，压制了学生的自我意识，无形中让学生远离了质疑和思考。①

教师结合自我反省和教研员的评价，发现了问题背后的原因——自己

---

① 吴欣歆：《十年了，停下来思考》，4页，北京，教育科学出版社，2015。

的"底气十足"和"权威"姿态，并进一步挖掘自己出现这种状态的深层原因——"'自觉真理在握'的盲目自信"，是"教书十年"自我满足的心理状态。

（3）设计改进措施，反复实践调试。

反思的直接目的是解决问题，因此在明确了问题，分析了原因之后，教师需要及时设计可操作的改进计划并付诸行动，以验证改进措施的有效性。

片段三

怎么调整呢？需要调整自己的心态和与学生交流的方式。我决定从改变与学生的交流方式做起。

第二天走进课堂之前，我下定决心，今天我什么也不说，布置好任务后让学生畅所欲言，充分表达阅读感悟，然后抓住他们存在的问题，列出进一步阅读探究的任务和具体方法，即使学生读不到位也要引领学生自己去读，我再也不"炫耀""卖弄"了。我的做法显然让学生有点蒙，几位同学发表意见后，大家突然齐刷刷地抬起头来，期待的目光差一点就让我"崩盘"，我压制住自己的"表现欲"，说了这样一段话："刚才同学们发表的意见和观点有些值得我们借鉴，有些还有问题，大家觉得哪些观点还需要我们继续探讨？"

思考片刻后，学生提出了很多疑问。我把这些问题在黑板上列出来，一转头，看到学生们又齐刷刷地抬起头来。我非常清楚学生们在等待什么，也非常清楚自己该做什么："同学们，我想这些问题可以通过这样一些方法解决……"

一转眼，两个月过去了。这期间，我也在着力改变自己，我每天都"趴"在电脑前查阅资料，那些熟悉的课文逐渐变得陌生起来，那些早已被我放走的文字突然又有了新的意义。一边读书，一边备课，我更清醒地看到了自己的荒唐——我居然抱着陈旧的观点还底气十足，根本没有关注文艺理论的发展，没有注意到对那些经典课文的解读已经有了那么多新鲜的观点，对文言文中一些文字的解释又有了那么多的考证文章……

我在课堂上已经不是故意把问题"踢"给学生了，有些问题我真的不敢说，有些思考得比较成熟的，我也不敢把话说足，刘老师说"多知则疑"，确实，看得越多，思考的问题就越多，"见多则不敢信，不敢信则底气不足"。

在学生进入高二以后，我基本上完成了教学方式的"转型"，我在与学生交流的过程中发现问题并提供解决问题的方法，学生对"同行者"还是敢于质疑的，而我也在"虚心"学习的过程中更加"心虚"，课堂教学的语气都发生了变化，慢慢地，我觉得课堂上的"话语霸权"现象已经消除了。在我强力"压制自我"的过程中，学生的自我意识抬头了。[①]

在设计改进措施时，要注意这些改进措施应该适合自己和学生的能力，不干扰正常的教学活动，并且具有灵活性，可以随时调整。

在实施改进计划时，要注意观察、记录和反思，以便了解效果，及时调整改进计划。一般来说，教育教学中的问题不会因为教师一两次的努力而得到彻底解决，而是在反复的"尝试—调整—再尝试"中逐渐改善的。在此过程中，记录是非常重要的行为。教师需要通过课上课下的观察、访谈、问卷或者研究日记等方式将改进的过程和效果记录下来，作为进一步调整措施的依据。

(4)梳理反思过程，形成实践性知识。

反思始于问题的发现，但问题的解决并不意味着反思的终止。从长远来看，教师反思的目的是发展自己的实践性知识。陈向明指出，构成教师实践性知识的要素有四个：一是主体，即实践性知识来自教师自己的教育教学经验，具有个人特质；二是问题情境，教师的实践性知识通常在具体的问题解决过程中体现出来；三是行动中反思，即教师面临真实的问题，并亲历问题的解决过程；四是信念，指教师通过自己的实践而形成，并且被自己的行动效果所证实为"真"的对教育教学的认识。[②] 因此，反思能力是形成实践性知识的关键能力，也可以说是实践性知识的一部分。在问题解决后，教师有必要回顾整个反思和改进的过程，一方面，要从有效的改进

---

① 吴欣歆：《十年了，停下来思考》，5～6页，北京，教育科学出版社，2015。

② 陈向明：《对教师实践性知识构成要素的探讨》，载《教育研究》，2009(10)。

措施中提炼出相应的教育教学规律；另一方面，要梳理这次反思中的方法，提升自己的反思能力，内化成自己的实践性知识。

在这篇反思的最后，教师总结了从中获得的教育教学规律以及关于自我专业发展的感悟。

这时候，我才意识到，教师和学生的强和弱是相互转化的，教师强的时候学生往往比较弱，当教师弱下去的时候，学生就强大起来，教师的自我意识无形中压制了学生的自我意识，教师放开手，学生自我表现、自我发展的意识就迸发出来了。

在专业发展的过程中，教师要有自律、自觉、自强的意识，自律是一种自我约束力，自觉是一种自我发展、自我解放的渴望，自强是一种自我提升的需求。刚刚走上讲台的时候，我这三种意识都非常强烈，教书十年，自认为成熟的我开始满足于现状，自我发展的需求在无形中被削弱，我底气十足的背后其实是自觉和自强意识的淡薄，继续走下去，底气十足就会变成"外强中干"。[①]

在这位老师的另一篇文章中，我们可以看到她如何基于自己的反思实践梳理和提炼反思方法。在上完一次研究课后，听课老师建议她把每节课都当成研究对象，于是她意识到了自己研究意识的缺失，并开始思考如何在教学过程中将那些有价值的现象提取出来并进行分析研究。她决定把之后的每次课都录音，课下整理成实录，反复观看，捕捉其中有价值的现象，并设计解决办法在课堂上尝试改进。这样"调试"了一段时间以后，她之前所关注的教学问题得到了改善。过了一段时间后，她重新翻看实录，会发现一些新的问题。她对自己的这段研究过程做了总结。

……这样反反复复，我在静态的课堂实录中捕捉到了很多动态过程中无法捕捉到的现象。"动静结合"帮助我发现了很多可供研究的课堂现象，课堂为我提供了体验的场所，实录为我提供了分析的蓝本，两者有机结合，那些有价值的现象逐渐"浮出水面"，启发我不断去思考、分析、调试、修

---

① 吴欣歆：《十年了，停下来思考》，6 页，北京，教育科学出版社，2015。

正，引导我在教学中研究，在研究中教学。

蔡清田说："行动研究是由实际教育工作者探究自己相关工作的问题，在参与真实事件的运作过程中进行研究工作，系统地汇集资料、分析问题、提出改进方案、付诸实施、仔细考验改革的影响。"从这个意义上来说，搜索到可供研究的问题是行动的起点，整个调试过程就是完整的教学行动研究的过程。我想，这样的研究过程能够引领我们逐渐接近完美的课堂。[①]

（三）教学反思日记的写作方法

调查显示，撰写教学反思日记是教师最常用的反思形式。"反思日记是对教育、教学工作的总结与分析，它既包括自己的工作总结与体会，也包括对教学工作甚至自身教育理念中出现的问题进行深入的分析，并积极寻求解决的对策。"[②]反思日记应该是从自己感受到的问题或困惑出发，记录事件的真实发展过程，并且分析背后的原因，探寻解决的对策。

按照反思深入性和系统性程度的由低到高，反思日记可以分为：随笔式、案例式、主题式、教学过程式和行动研究报告式。[③]

1. 随笔式反思日记

即随时记录自己的所思所感，一有感想就立即动笔，不拘形式，这些反思日记可以成为其他反思日记的原材料。

2. 案例式反思日记

即由某一事件引发的思考，其中一般包含某个较为明确的主题或话题。比如一位教师发现课堂上的小组合作活动效果不好，就可以针对这次活动进行反思，分析影响小组合作活动有效性的因素，并设计改进措施。

3. 主题式反思日记

主题式反思日记也是围绕某个主题，但常常包含教师的后续改进行为以及由此引发的思考，体现出教育教学观念的变化和教育教学实践能力的提升。

---

① 吴欣歆：《十年了，停下来思考》，127～128页，北京，教育科学出版社，2015。
② 申继亮：《教学反思与行动研究——教师发展之路》，85页，北京，北京师范大学出版社，2006。
③ 申继亮：《教学反思与行动研究——教师发展之路》，87页，北京，北京师范大学出版社，2006。

4. 教学过程式反思日记

教学过程式反思日记是指对整个教学过程（包括课前设计）的描述和分析。由于新教师在教学实践中出现的问题较多，这种反思在新教师的反思中最为常见。写作时要注意在描述现象的基础上进行尽可能深入的分析，不要写成教学的"流水账"，失去反思的价值。

5. 行动研究报告式反思日记

行动研究即教师针对教育教学工作中的某一问题，通过自己的实践摸索探寻解决办法的过程，一般包括发现和界定问题、制订研究计划、实施计划并记录、分析结果和反思过程、撰写行动研究报告五个环节。一份规范的行动研究报告应该包括：题目、发现和分析问题、文献探讨、研究计划、实施过程、反思和讨论、下一步研究计划、参考文献这八个基本的部分。[①]

三、优秀案例分析

（一）案例展示

《爱莲说》教学反思

一、对教学内容的反思

《爱莲说》采用托物言志的手法，有着深邃的思想内容。对于这篇文章可以从多个角度进行解读，但是考虑到我们的学生基础比较差，而且本单元的人文主题是中华美德，所以我不打算延伸太多，只希望学生理解课文的主旨句——"莲，花之君子者也"，把莲花的形象和君子联系起来，体会到二者的共通之处——高洁端庄、芬芳怡人，同时了解托物言志和衬托的写作手法。

莲花的七个特质是沟通莲花和君子的桥梁，因此我将本节课的教学重点定为深刻理解"莲"的寓意。学生对周敦颐的思想和当时的社会背景可能不太熟悉，所以结合时代背景理解"予谓菊，花之隐逸者也；牡丹，花之富贵者也；莲，花之君子者也。"是教学难点。

---

① 申继亮：《教学反思与行动研究——教师发展之路》，104、124页，北京，北京师范大学出版社，2006。

二、对教学过程的反思

这节课的教学过程可分为三大环节：感知莲之韵(外在美)——探究莲之魂(内在美)——延伸拓展(托物言志)。这节课只进行了前两个环节。

环节一，主问题是"题目是《爱莲说》，作者为何如此爱莲？莲花的可爱之处表现在哪里？"分问题：(1)作者直接描写莲花的语句有哪些？(2)作者是从哪些方面描写莲花的？(3)写出莲花的哪些品质？

学生很快找出了直接描写莲花的语句。我让学生朗读和翻译，"亵""予""噫"这几个字读错了，翻译也有些不准确的地方。我纠正了以后接着问下面两个问题，学生回答并不理想，只说出了"姿态"、"香气"、"正直"和"清高"。

环节二，主问题是"作者如此深情地为莲花高唱赞歌，你们觉得作者仅仅只是在描写莲，赞美莲吗？"分问题：(1)作者把莲花比喻为哪一种人？(2)什么是君子？

前两个问题学生很快回答出来了。第三个问题，有一个学生说"君子应该是忘我的人"。且不论这个回答是否片面，起码是脱离了课文的。为了加深理解，我展示了周敦颐的简介和一个小故事，让学生总结"周敦颐是个什么样的人？"然后让学生讨论"在周敦颐的眼中君子应该具有哪些品质？"讨论结束发言时，之前那位学生再次举手说"君子就应该是个忘我的人"，然后他开始侃侃而谈，其他学生没有发表别的观点。于是我做了总结：君子身处污浊环境而不同流合污，不随世俗浮沉；庄重、质朴，不哗众取宠，不炫耀自己；君子特立独行，正直不苟；君子有美好的姿态和高雅风度。

环节三，结合课文介绍衬托和托物言志两种手法。本来设计了托物言志的仿写：仿照作者用莲花来寄托感情的方法，用"我喜欢_____，因为_____。"的句式说一段话。但是因为时间不够，就留成了课下作业。

三、对教学效果的反思

回顾这堂课，我提出的大部分问题，学生回答得都不理想。于是我把"莲花的寓意""君子的品质""衬托和托物言志的手法"这些想教的东西都"展示"给了学生，但是学生吸收了多少？即使他们记住了，恐怕也只是记住了这些"知识"，而没有掌握学习的方法。托物言志的仿写课堂上没时间检查，效果估计也不尽如人意。

是什么造成了这节课的低效？我认为主要有以下三个原因：

一、预习任务没有落实

备课时进行学情分析，我认为七年级学生经过半年学习，已经掌握了学习文言文的一些基本方法。本文篇幅短小，文字浅显易懂，学生借助课下注释能大致疏通文意，了解作者的思想感情。因此我要求学生提前预习，疏通文意。在这节课开始时，我只让学生读了两遍课文，强调了几个字的读音。但在后来的推进过程中，我发现学生通过自己预习并没有完全准确地理解文章，于是后面的一连串活动进行得都不顺畅。

为了将预习任务落实到位，可以考虑印发预习学案，要求课前完成并上交，根据学生的完成情况确定教学起点。

二、不能灵活应对课堂生成

由于对课堂上学生的实际情况关注不够，一心想着完成教学设计，我没能及时发现学生的困惑，没能在必要的时候及时提供帮助，排疑解难，这是这节课最大的问题。

在课堂开始时，学生翻译得不够准确，说明他们没能准确理解课文，这时我应该停下来带着学生解决字词问题。但我没有及时发现，还是按照自己的"预设"继续强推，学生回答不出来，那就我来回答。

在提问"在周敦颐的眼中君子应该具有哪些品质？"前，我展示了周敦颐的一个小故事。现在看来仅凭这个材料是不够的，还应该介绍当时的社会背景。三种花的对比也有助于回答这个问题，但为了讲衬托手法，我把这部分的分析放在了后面。这样一来，这个问题的梯度跨越性太大，导致学生思维断层，难以回答。学生回答不出时，我也没有想办法提示学生，而是直接给出了答案。

当那个学生说"君子应该是忘我的人"时，我心里有些生气，觉得他扰乱了课堂，而忽视了我的失误——仅仅简单介绍了周敦颐，本应详细介绍的社会背景反而一句话带过，导致学生理解困难，或者脱离文本凭空设想。我当时应该提醒他关注文本和当时的时代背景，而不应该干等着其他学生说出我想要的答案。

教师课前的准备是为了在学生遇到困难时提供帮助，不能一看学生答不出就直接给答案，或者不等学生思考就先展示现成的观点，限制学生的思维。学生才是课堂的主人，他们需要日复一日地锻炼才能掌握语文能力。教师要时刻关注学生的状态，要判断他们是否遇到了困难，遇到了什么困难，需要提供什么帮助。这对我来说是个理想状态，很难实现，但可以作为前进的方向。

三、课堂教学策略较为单一

这节课上虽然有学生讨论环节，但主要还是师生一问一答。这种单调的模式容易让学生产生疲倦感，部分学生游离于课堂之外，造成了回答问题脱离文本的情况。另外，虽然每个环节都设计了主问题，但还是出现了太多的"碎问碎答"，这其实不利于学生进行完整深入的思考。

可以考虑设计一些活动，把要学的知识点作为活动目标融进去。比如文言字词虽重要，但单独讲解显得枯燥，怎样将"文"和"言"有机融合？我课下查找相关课例分析，得到一些启发。比如可以去掉课文标点，让学生给"白文"断句，并鼓励学生说出判断依据。在此过程中上下牵连，推求比较，既理解词义，又梳理文路，把握情感，还获得了方法性的知识，较为自然和高效。又如对于教学的重点和难点，可以提供辅助材料，让学生分组讨论，发挥集体的智慧，也能够调动学生主动学习和思考的积极性。[①]

（二）案例分析

这是一位新教师结合培训指导教师的点评所写的教学反思，内容可以分为两大块（一是现象描述，回顾了教学内容的确定依据、教学环节的实施情况，并从学生回答问题的情况和教师所作的反馈中推测了教学效果；二是原因分析和改进设计），从三个方面分析了这节课存在的问题，并针对

---

① 改编自教学反思《〈爱莲说〉教学反思》，作者杨靓娅，北京市大兴区兴海学校。

每个问题设计了改进的措施。

这篇教学反思有以下几个优点。

1. 内容全面

涵盖了教学内容、教学过程和教学效果三个方面。相比于有经验的教师，新教师的课堂教学问题较多。对教学进行全面反思有助于其发现教学方面存在的问题，并进行有针对性的改进，较为全面地提高教学能力。当新教师具备基本的教学能力后，可以尝试围绕教学中的某一重要问题进行集中而长期的反思，收集证据、查找资料，形成较为深入系统的认识，更加有效地形成实践性知识。

2. 注重问题的发现与解决

从眼前来看，新教师发现教学中的问题并尝试解决问题，可以优化教学效果，提升教学能力。从长远来看，新教师在不断地发现问题、解决问题的尝试中，能够提升专业判断力，从教学行为中提炼出越来越多的教学方法和教学规律，丰富实践性知识，提升专业能力。

3. 分析有理有据

教学反思的一个常见问题是只有笼统的感想，没有基于现象的深入分析。这篇教学反思首先回顾了自己的主要教学行为和学生反馈情况，在此基础上总结出课堂教学中出现的若干问题，并结合自己的课前思考和课上行为分析原因，发现了自己教学行为背后的教学习惯、教学理念中存在的问题。这样的分析是相对客观而深入的，这样的反思也是相对有效的。

实践操练 ……▶

找出一篇你以前写的教学反思，对照本节所介绍的方法，分析其中存在的问题并进行修改。

参考文献 ……▶

1. 陈向明. 对教师实践性知识构成要素的探讨. 教育研究，2009(10).
2. 范靖. 优秀教师教学反思的个案研究. 硕士学位论文，西南大学，2016.

3. 何其梅．中学语文教学反思研究．硕士学位论文，扬州大学，2011.

4. 邵光华，顾泠沅．中学教师教学反思现状的调查分析与研究．教师教育研究，2010(2).

5. 申继亮，刘加霞．论教师的教学反思．华东师范大学学报(教育科学版)，2004(3).

6. 申继亮．教学反思与行动研究——教师发展之路．北京：北京师范大学出版社，2006.

7. 王荣生．教的根本目的是帮助学生学．语文学习，2009(9).

8. 吴欣歆．与语文教师对话：文本解读的误区与超越．中国教师，2014(5).

9. 吴欣歆．十年了，停下来思考．北京：教育科学出版社，2015.

10. 向园园．教师教学反思成长之路探寻——三位农村青年教师教学生活的叙事研究．硕士学位论文，湖北大学，2016.

11. 朱玉东．反思与教师的专业发展．教育科学研究，2003(11).

单元小结 ······▶

教师在专业发展的过程中可以结合自己的实践经验，通过有目的地观察、学习他人的理念和行为，不断调整自我，最终实现自我提升。对于新教师来说，教学模仿是最主要的学习方式之一。但与经验型教师相比，新教师的教学模仿往往是无意识、他主性的显性行为模仿，大多停留在复制层面，缺乏自我意识的参与和对教学理念的思考。[①] 这些问题显然会阻碍新教师专业成长的步伐。

对于新教师来说，在职业生涯的起点认识到反思的意义，掌握说课、观课和反思的基本方法，能够帮助他们逐渐从教学行为的无意识模仿走向教学规律的有意识提炼，进而内化成实践性知识，促进其专业发展。

---

① 胡春梅：《新教师教学模仿的主要特征、关键内容与认知过程》，载《教育科学研究》，2021(1)。

单元练习 ……▶

请结合本单元所学，选定一个感兴趣的主题，撰写一份包含确定主题、分析原因、改进调试、提炼总结四个环节的主题式反思日记。

阅读链接 ……▶

1. 陈向明．质的研究方法与社会科学研究．北京：教育科学出版社，2000.

2. 戴维·霍普金斯．教师课堂研究指南（3版）．杨晓琼译．上海：华东师范大学出版社，2009.

3. 方贤忠．如何说课．上海：华东师范大学出版社，2008.

4. 申继亮．教学反思与行动研究——教师发展之路．北京：北京师范大学出版社，2006.

5. 吴欣歆．十年了，停下来思考．北京：教育科学出版社，2015.

6. 张孔义．语文课堂教学观察与诊断．杭州：浙江大学出版社，2014.

第四单元　教师专业能力成长

单元学习目标 ······▶

1. 了解教师专业发展标准的基本内容及其与教师专业发展的关系。

2. 了解影响新教师专业发展的个人因素与外部环境因素。

3. 了解认识新教师规划专业发展的必要性以及专业发展规划的内容。

4. 了解认识新教师开展教学研究的必备因素以及思路、方法。

单元导读 ······▶

专业能力的提升是每一位教师都需要面对的。关于"教师专业发展"，很多学者都有自己的看法，综合各家所说，我们可以得出"教师专业发展"就是教师专业成长或教师内在专业结构不断更新、演进和丰富的过程。教师专业发展除了提升教学能力外，还应培养教师的科研能力，使之学习当前教育理论的新成果，掌握基本的科研方法，不断提高专业能力。概括而言，一是指教师自身的专业化成长，是教师通过不断地学习、实践、反思，丰富自身的专业知识结构的过程；二是指教师在教师教育课程培养体系中的专业成长。教师要善于运用教育技术，改变教育方法，提高教学质量。同时教师要坚持教师行业的原则，以学生为本，遵守师德，用教师专业标准规范自身。新教师从入职之初就要认真学习相对应学段的教师专业标准的具体内容，对照其中的具体要求从各个方面提升自己的专业能力。

本单元第十二讲就是对《中学教师专业标准（试行）》的基本内容、内涵、性质等方面的解读，尤其对其基本内容做了重点展示和分析。新教师要对照其中的具体要求，发展自己的专业能力。

第十三讲是从影响新教师专业发展的因素方面进行分析的。个人因素在新教师专业发展中起着关键作用，学校层面提供的各种保障制度也给新教师专业发展提供了一定的助力。

新教师从入职之初就有必要规划好个人的专业发展目标。第十四讲主要阐述新教师专业发展规划的主要方向和内容，包括短期目标和长期目标，以及进行专业规划时需要注意的几个方面。

开展教育教学研究是新教师专业能力发展的一个重要推进因素，第十五讲分析了新教师教学研究的具体特点，在此基础上提出了新教师开展教学研究的必备因素和基本路径。

单元思维导图 ……▶

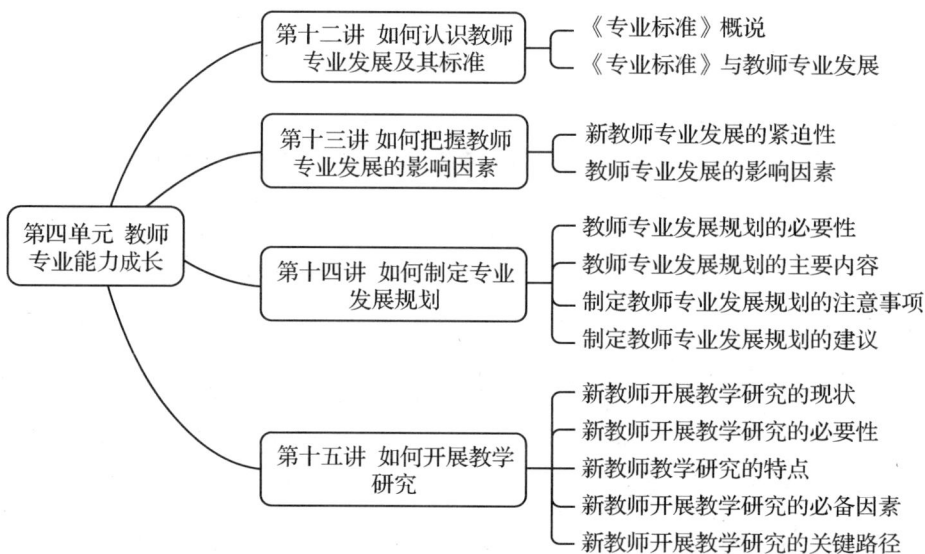

第四单元 教师专业能力成长

- 第十二讲 如何认识教师专业发展及其标准
  - 《专业标准》概说
  - 《专业标准》与教师专业发展

- 第十三讲 如何把握教师专业发展的影响因素
  - 新教师专业发展的紧迫性
  - 教师专业发展的影响因素

- 第十四讲 如何制定专业发展规划
  - 教师专业发展规划的必要性
  - 教师专业发展规划的主要内容
  - 制定教师专业发展规划的注意事项
  - 制定教师专业发展规划的建议

- 第十五讲 如何开展教学研究
  - 新教师开展教学研究的现状
  - 新教师开展教学研究的必要性
  - 新教师教学研究的特点
  - 新教师开展教学研究的必备因素
  - 新教师开展教学研究的关键路径

▶第十二讲
如何认识教师专业发展及其标准

2012 年 2 月 10 日，教育部正式颁发《中学教师专业标准（试行）》（简称《专业标准》）。《专业标准》是国家制定的职业基本规范，是行业的执行标准，对中学教师专业化发展具有导向和评价作用。《专业标准》为我国中学教师培养提供了品德、素质、知识与能力发展的目标和规范，具有强烈的时代特征，对于进一步明确中学教师专业化培养的具体要求，推动教育改革与发展具有重要意义。

一、《专业标准》概说

《专业标准》主要由基本理念、基本内容与实施建议三部分构成。"基本理念"部分，明确提出四点要求：师德为先、学生为本、能力为重、终身学习。

"师德为先"理念包含教师职业理想与教师职业道德两个层面的要求。从教师职业理想标准来看，师德应该不仅包括对教师个人的品质与道德的要求，还包括教师在履行教育教学职责过程中所必须呈现的、示范的道德品质。从教师职业道德标准来看，师德要体现"爱学生""爱教育"的核心，教师要真正成为"中学生健康成长的指导者和引路人"。"师德为先"的教育理念体现了中国几千年来尊师重教的传统，主张教师发挥榜样作用。

"学生为本"理念既强调了中学生的主体地位权益，又强调了中学生的个性发展的重要性，尊重学生的差异，促进学生的最大发展。将"学生为本"作为《专业标准》的重要理念，有利于促进中学教师形成尊重学生、关爱学生的职业道德理念和教育教学观念，在教育教学活动中从中学生个体成长和全面发展的角度出发，促进学生发展。

"能力为重"理念不仅强调了教师自身的专业能力和教育教学能力要求，更重要的是提出了要"研究中学生"，要"坚持实践、反思、再实践、再反思"的专业能力要求，强调了教师作为教育研究者的理念要求。这不仅第一次明确了中学教师作为研究者的任务和研究内容，而且为教师专业发展指出了明确的路径，即教学实践与反思。只有这样，才能成长为符合社会需求的新型教师。

"终身学习"理念是学习型社会建设的要求，而教师这一职业的特殊性，要求教师不仅要通过终身学习理念来促进自身专业发展，具备持续发展意识和职业能力，而且要成为终身学习的典范，成为中学生乃至社会的表率。

《专业标准》的基本内容则是从中学教师的专业理念与师德、专业知识、专业能力3个维度，职业理解与认识等14个领域提出了中学教师的专业要求，为我国教师培养提供了品德、素质、知识与能力发展的目标和规范，对师范院校教师教育改革与发展提供了明确的指导。其基本内容如表4-1所示：

表 4-1　《专业标准》的基本内容

维度	领域	基本要求
专业理念与师德	（一）职业理解与认识	1. 贯彻党和国家教育方针政策，遵守教育法律法规。 2. 理解中学教育工作的意义，热爱中学教育事业，具有职业理想和敬业精神。 3. 认同中学教师的专业性和独特性，注重自身专业发展。 4. 具有良好职业道德修养，为人师表。 5. 具有团队合作精神，积极开展协作与交流。
	（二）对学生的态度与行为	6. 关爱中学生，重视中学生身心健康发展，保护中学生生命安全。 7. 尊重中学生独立人格，维护中学生合法权益，平等对待每一个中学生。不讽刺、挖苦、歧视中学生，不体罚或变相体罚中学生。 8. 尊重个体差异，主动了解和满足中学生的不同需要。 9. 信任中学生，积极创造条件，促进中学生的自主发展。
	（三）教育教学的态度与行为	10. 树立育人为本、德育为先的理念，将中学生的知识学习、能力发展与品德养成相结合，重视中学生的全面发展。 11. 尊重教育规律和中学生身心发展规律，为每一位中学生提供适合的教育。 12. 激发中学生的求知欲和好奇心，培养中学生学习兴趣和爱好，营造自由探索、勇于创新的氛围。

续表

维度	领域	基本要求
		13. 引导中学生自主学习、自强自立,培养良好的思维习惯和适应社会的能力。
		14. 尊重和发挥好共青团、少先队组织的教育引导作用。
	(四)个人修养与行为	15. 富有爱心、责任心、耐心和细心。
		16. 乐观向上、热情开朗、有亲和力。
		17. 善于自我调节情绪,保持平和心态。
		18. 勤于学习,不断进取。
		19. 衣着整洁得体,语言规范健康,举止文明礼貌。
专业知识	(五)教育知识	20. 掌握中学教育的基本原理和主要方法。
		21. 掌握班级、共青团、少先队建设与管理的原则与方法。
		22. 掌握教育心理学的基本原理和方法,了解中学生身心发展的一般规律与特点。
		23. 了解中学生世界观、人生观、价值观形成的过程及其教育方法。
		24. 了解中学生思维能力、创新能力和实践能力发展的过程与特点。
		25. 了解中学生群体文化特点与行为方式。
	(六)学科知识	26. 理解所教学科的知识体系、基本思想与方法。
		27. 掌握所教学科内容的基本知识、基本原理与技能。
		28. 了解所教学科与其它学科的联系。
		29. 了解所教学科与社会实践及共青团、少先队活动的联系。
	(七)学科教学知识	30. 掌握所教学科课程标准。
		31. 掌握所教学科课程资源开发与校本课程开发的主要方法与策略。
		32. 了解中学生在学习具体学科内容时的认知特点。
		33. 掌握针对具体学科内容进行教学和研究性学习的方法与策略。
	(八)通识性知识	34. 具有相应的自然科学和人文社会科学知识。
		35. 了解中国教育基本情况。
		36. 具有相应的艺术欣赏与表现知识。
		37. 具有适应教育内容、教学手段和方法现代化的信息技术知识。

续表

维度	领域	基本要求
专业能力	（九）教学设计	38. 科学设计教学目标和教学计划。 39. 合理利用教学资源和方法设计教学过程。 40. 引导和帮助中学生设计个性化的学习计划。
	（十）教学实施	41. 营造良好的学习环境与氛围，激发与保护中学生的学习兴趣。 42. 通过启发式、探究式、讨论式、参与式等多种方式，有效实施教学。 43. 有效调控教学过程，合理处理课堂偶发事件。 44. 引发中学生独立思考和主动探究，发展学生创新能力。 45. 发挥好共青团、少先队组织生活、集体活动、信息传播等教育功能。 46. 将现代教育技术手段整合应用到教学中。
	（十一）班级管理与教育活动	47. 建立良好的师生关系，帮助中学生建立良好的同伴关系。 48. 注重结合学科教学进行育人活动。 49. 根据中学生世界观、人生观、价值观形成的特点，有针对性地组织开展德育活动。 50. 针对中学生青春期生理和心理发展特点，有针对性地组织开展有益身心健康发展的教育活动。 51. 指导学生理想、心理、学业等多方面发展。 52. 有效管理和开展班级、共青团、少先队活动。 53. 妥善应对突发事件。
	（十二）教育教学评价	54. 利用评价工具，掌握多元评价方法，多视角、全过程评价学生发展。 55. 引导学生进行自我评价。 56. 自我评价教育教学效果，及时调整和改进教育教学工作。
	（十三）沟通与合作	57. 了解中学生，平等地与中学生进行沟通交流。 58. 与同事合作交流，分享经验和资源，共同发展。 59. 与家长进行有效沟通合作，共同促进中学生发展。 60. 协助中学与社区建立合作互助的良好关系。

续表

维度	领域	基本要求
	（十四）反思与发展	61. 主动收集分析相关信息，不断进行反思，改进教育教学工作。 62. 针对教育教学工作中的现实需要与问题，进行探索和研究。 63. 制定专业发展规划，积极参加专业培训，不断提高自身专业素质。

"专业理念与师德"包括职业理解与认识、对学生的态度与行为、教育教学的态度与行为以及个人修养与行为四项内容，又明确了19个方面的具体要求。从其涵盖的领域和要求来看，第一，《专业标准》在师德要求的基础上，强化了教师的职业认同感和专业化意识；第二，更加强调教师对学生的尊重与信任。它们指向造就具有良好职业道德和专业精神的教师，既体现了"学生为本"，也体现了"师德为先"。而在当前师范院校教师教育课程中，上述两个方面的培养要求与培养内容还存在不足或体现不够的现象。

"专业知识"包括教育知识、学科知识、学科教学知识和通识性知识四个方面内容，又具体提出了18条要求。其中教育知识是教师开展教学工作的基础，涉及中学教育的基本原理、基本方法和学生特点等方面的知识。学科知识是教师进行教学的专业基础，包含某一学科的知识体系、基本原理、内在联系等。学科教学知识则更多需要教师了解课程标准、学生认知特点和相关教学法知识，需要教师将教育知识和学科知识有机结合。通识性知识则需要教师了解相应的自然科学和人文社会科学知识、艺术欣赏与表现知识、现代教育知识等，这些都体现了现代教育提倡的素质教育和关注学生的全面成长的理念，同时也是教师自身专业发展在人文素养方面的要求。

"专业能力"包括教学设计、教学实施、班级管理与教育活动、教育教学评价、沟通与合作、反思与发展六个方面，提出了26条具体要求。其中教学设计、教学实施和教育教学评价三个方面表明对教师教学能力的要求，

它们都属于教师的核心能力。班级管理与教育活动、沟通与合作两个方面则体现了教师的管理和沟通能力，这对于教师，尤其是班主任显得尤为重要，良好的管理和沟通可以为教师的教学助力加分。反思与发展则要求教师不断收集信息，解决教学中的问题，同时教师需要积极参加培训，提高自身素质，这正是教师"终身学习"理念的体现。

《专业标准》是根据《中华人民共和国教师法》制定的中学教师专业化标准性文件。从具备的法律性规定和文件规定的政策性要求来看，《专业标准》具备以下基本性质。

第一，《专业标准》是国家制定的职业基本规范，具有行业执行的通用性和强制性。通用性即《专业标准》是对所有中学教师的共性要求，超越学科和教师职业阶段；强制性即《专业标准》具有职业资格的执行意义，中学教师必须符合《专业标准》规定的职业资格要求。

第二，《专业标准》对中学教师专业发展的评价和导向作用。评价作用即《专业标准》具有评价中学教师培养培训质量、中学教师专业化发展质量的功能和作用。导向作用即《专业标准》具有引导中学教师专业化培养、专业化发展的功能和作用。从这个意义上来说，《专业标准》为高等师范院校教师教育课程设置提供了导向和依据。

二、《专业标准》与教师专业发展

随着《专业标准》的发布和教师专业化内涵的不断深化，人们对教师的专业要求越来越高。教师专业发展应该着重于以下三个方面。

1. 应该重视职业理念与师德培养

教育部 2018 年 2 月颁布的《教师教育振兴行动计划(2018—2022 年)》强调要"落实师德教育新要求，增强师德教育实效性"，"加强师德养成教育，用'四有好老师'标准、'四个引路人'、'四个相统一'和'四个服务'等要求，统领教师成长发展，细化落实到教师教育课程，引导教师以德立身、以德立学、以德施教、以德育德"，并明确提出了"将师德教育贯穿教师教育全过程，作为师范生培养和教师培训课程的必修模块。培育和践行社会主义核心价值观，引导教师全面落实到教育教学实践中"的要求。这一要求进一步深化了《专业标准》中"师德为先"的理念内涵，并为中学教师"专业理念与师德"维度明确了更高的培养标准。

《专业标准》从三个方面对教师职业理念提出了要求：一是教师的职业观。教师在教育教学活动中应贯彻党和国家方针政策，遵守教育法律法规，热爱中学教育事业。二是教师的教育观。教师应热爱中学教育工作，具有职业理想和敬业精神，具有团队合作精神，注重自身专业发展。三是教师的学生观。教师应关爱中学生，尊重中学生的差异性、独立人格，促进中学生的自主发展。

《专业标准》从三个方面对师德提出了具体的专业要求：一是中学生的德育态度。教师要树立育人为本、德育为先的教育理念，重视中学生的知识、能力、情感全面发展。二是中学生的德育行为。教师要因材施教，通过启发式教学，引导中学生自主学习，重视教育实践活动中渗透、引导中学生的德育。三是教师的自身德育修养。教师应树立终身学习理念，乐观向上，富有耐心、爱心，语言得当，行为得体，善于自我调节情绪。

2. 应该重视专业知识的学习

教育知识课程的培养是展示教师职业特质的关键，教育知识课程的广度与深度决定了师范生专业理论基础的广度与深度。从前文对江西省高等师范院校的样本调查结果来看，目前师范院校的教师教育课程设置，都比较重视教师教育基本知识的培养，通过必修课程来夯实教师的教育理论基础。但是相比《专业标准》的"教育知识、学科知识、学科教学知识、通识性知识"四个领域和 18 条具体要求来看，当前的教师教育专业知识课程注重教育学基础、学科教育论基础的学习，在人文与自然科学通识性知识、学科知识、与其他学科和社会实践联系方面的课程还有待完善。

从《专业标准》对教育专业知识的要求来看，教师专业知识的提升可以从四个方面入手：一是教育基础理论知识。掌握中学教育心理学的基本知识与中学教育方法性知识，解决一般的教育问题。二是学科基础知识。掌握学科的基本知识体系、教学方法性知识、课程标准。三是通识性知识。

具备自然科学、人文社会科学、艺术欣赏的基本教师素养，了解中国教育基本情况。四是教育对象的基本特点。了解中学生的学习特点、思维方式，掌握中学生身心发展规律。

3. 应该重视专业技能的提升

教学是教师的教与学生的学的相互作用，所以教师的教育教学能力不仅体现为教师会"教书"，还体现为学生会学习。教师的教育能力要在教育实践中完成，教师要不断提升教育教学技能。对照《专业标准》"专业能力"维度的六个领域和26条具体要求，新教师可以将这些具体要求作为努力的方向，具体可以从六个方面入手：一是教学设计。利用教学资源，进行合理的教学设计，帮助学生制订个性化学习计划。二是教学实施。营造良好的学习环境，运用有效的教学方法，激发学生的学习兴趣。三是班级管理与教育活动。有效管理班级，建立良好的师生关系，根据教育对象身心特点设计教育活动。四是教育教学评价。能多方位评价学生的学习效果，积极引导学生反思，并能通过教学评价，及时调整教学方案。五是沟通与合作。能与学生、其他教师、家长有效沟通。六是反思与发展。反思教学问题，探索应对策略，制定自主发展策略，促进专业成长。

综上所述，《专业标准》对教师队伍建设的引导意义大于实践意义。《专业标准》的颁布，从国家层面明确了教师的专业地位，提出了教师专业的最低要求，对教师专业素养的要求具体化，强化了教师专业能力、专业知识的训练，强调了教师专业理念与师德的重要性，直接引导了教师专业发展的方向。

实践操练 ······▶

对照《专业标准》仔细思考自身专业发展的意义。

参考文献 ······▶

1. 刘岗，牛慧宁. 教师教育政策目标的一致性研究——基于《教师教育课程标准（试行）》与《中学教师专业标准（试行）》的比较分析. 教育理论与实践，2019(31).

2. 李红惠. 国际教师专业标准制定：时代背景、理论依据与框架内容——兼论我国教师专业标准的特点. 教师发展研究，2018(2).

3. 梁泉宝，胡继飞. 澳大利亚教师专业标准：框架、实施与启示. 课程教学研究，2018(4).

4. 侯丽娜. 教师专业标准的研究现状与实施建议. 大连教育学院学报，2015(1).

▶ 第十三讲
如何把握教师专业发展的影响因素

一、案例分析

（一）案例展示

新教师甲于 2020 年 8 月底入职北京市某郊区一所初中学校，同年 8 月底参加了北京教育学院中文系 2020 级"启航计划"中学语文学科新教师培训。在结业报告中，该教师提到了入职半年多的困惑，诸如如何确立课程资源和课程目标，如何筛选适合学生发展的资料等问题，以及在教案的设计、备课、课堂教学中存在的一些困境；另外，对课堂纪律的管理也不尽如人意，有时候学生的注意力不在课堂学习上，甚至会出现哄闹的现象，导致教学无法正常进行。

新教师乙于 2020 年 8 月底入职北京市某郊区一所初中学校，同年 8 月底参加了北京教育学院中文系 2020 级"启航计划"中学语文学科新教师培训。在结业报告中，该教师虽然提到了在入职之初遭遇的各种困境，但是更提到了她的收获。这位教师最大的收获是她的师傅带着她，每次上课之前，都要与她一起备课，修改教案，要求她每次课后都要写反思，并鼓励她多做校级公开课等。一年下来，她虽然觉得辛苦，但收获很多，成长很快。

（二）案例分析

新教师在刚入职期间，对工作环境和教学环境都很陌生，要尽快完成从学生身份到教师角色的转变，并摸索工作之道。新教师在入职后的一年内的教学经历对其以后的教师职业生涯有着重要的影响。案例一中那位新教师提到的各种困境是很多新教师都会遇到的。因此，新教师需尽快提升教育教学能力，消除教师专业发展的不利因素的影响。

二、新教师的专业发展

（一）新教师专业发展的紧迫性

对于新教师而言，专业发展更显得紧迫。新教师入职后，最重要的是尽快提升自己的专业能力。新教师在教学工作中遇到的具体困难通常有两类：一类是关于教育教学方面，如如何准确把握课程标准，如何开展教学工作，如何在教学中突出重难点，教学内容如何衔接，还有与同事的沟通和协作等；另一类是学生管理方面，如如何管理课堂纪律，如何做好学生的思想工作，如何与学生以及学生家长沟通等。如果课堂管理能力不佳，课堂纪律必定会影响教学效果，甚至导致教学无法正常进行。因此，新教师要想尽快适应工作，解决入职后的具体困境，只能快速提升教育教学能力，提高教学效能感，从根本上解决问题。

新教师需要在课程标准、教材内容、课堂教学和课堂管理等方面提升专业能力。新教师不仅要使教育教学理论知识更为丰富，而且要尽快充实教育教学实践性知识，尽快度过适应期，寻求专业发展，提升自己的教育教学能力。

（二）新教师专业发展的影响因素

影响新教师专业发展的因素，可以分为个人因素和外部环境因素，其中个人因素包括家庭和个人因素、关键事件影响因素和生存危机等，外部环境因素包括学习的管理风格、人际关系氛围和规章制度等。大体而言，影响新教师专业发展的普遍因素有如下几个方面。

1. 个人因素对新教师专业发展有很大的影响

个人教育学历背景对于新教师专业发展是有影响的。师范毕业和非师范毕业从教的新教师在课堂表现方面有一定的差异，本科毕业和研究生毕业从教的新教师在课堂表现方面也有一定的差异。因此，教师的个人因素是新教师专业发展的内在动力，主要包括反思性教学和提高自我效能感。

新教师应该养成对自己的教学进行自我反思的习惯，认真撰写教学反思，真正整理反思教学过程中的教学方法、教学内容，以及教学过程中的课堂管理、师生互动等问题，以及备课过程中的预设和实际效果等问题；通过认真撰写教学反思，对自己备课过程中的想法和课堂教学实施等进行全方位的分析。把握课程和教学目标、选择教学内容和教学方法等具体现实的问题，都是新教师要面对的难题。新教师具备反思能力，就可以随时审视剖析复盘备课和教学过程，从而快速获得教育教学实践性知识。因此，教学反思对新教师的专业发展有极大的促进作用。

教学效能感对于新教师来说也非常重要，对教学效果存在一定的影响。刚入职的新教师在教育经历、学科背景、个人经验方面存在一定的差异，这种个体的差异导致他们在教学过程中捕捉学生信息的敏感度不一样，进而影响其教学效能感。教师的自我效能感低，就会导致教学效果不佳，内心紧张担心教学失败，挫败感就会很明显，这样的心理压力容易导致自我否定，形成恶性循环。而教学效能感高的教师，教学效果会好一些，会形成良性循环。而且教学效能感高的教师，有经常反思的习惯，能不断寻找和强化自己教育教学过程中的优点。自信心显著增强，会积极关注探究学生的课堂行为和自己的教育教学行为及其成因，这对新教师的快速成长帮助很大。如果新教师能拥有反思性教学和高教学效能感的能力，就会更快地适应教育教学工作，快速获得课堂教学和管理等方面的能力，增强自信心和幸福感。

2. 师带徒或者派置导师为新教师专业发展提供专业引领

新教师入职后，学校通常会采取师徒结对的办法，让新教师快速适应学校的教学工作。一旦师徒关系建立，师徒就要经常相互听课、评课，师

傅要给徒弟指点迷津，引导并促进新教师快速成长。在实际教学中，由于教学任务繁重等原因，有的"师带徒"就流于形式，师傅没有时间指导新教师。现在，很多中学成立了特级教师工作室，以导师制的方式给予新教师教育理论和实践的专业引领。

导师可以指导新教师的课堂教学，有的还指导课程开发等。首先，在课程标准和目标等方面给予课程理论基础的指导，从教学理论等角度指导新教师如何选择教学内容和教学方法等。其次，课堂教学思路指导。在课堂教学过程中，给予新教师指点和引导。

3. 共同研讨备课是新教师专业发展的有效途径

新教师在入职之初，会遇到很多问题，如因为对教材的知识体系和教学环节不熟悉，备课时常常套用教参，或者从网上直接复制他人现成的教学设计，而忽视了自己对教学的思考和理解以及学生的身心特点。要解决这些问题，共同备课和研讨尤为重要。所谓"三人行，必有我师焉"，共同备课一起研讨为新教师提供了一个良好的专业发展平台，大家相互交流探讨，共同提高专业能力。共同备课时，备课者先阐述设计课件的理由和意图，同时说出备课时感到困惑的问题；然后，集体研讨课件中呈现的目标、内容、问题的设计等是否合理、恰当；最后，备课者结合共同研讨的意见，修改完善自己的教案。而备课组的其他成员结合各自的教学风格以及学情，生成各自的教学内容。在共同备课研讨会上，大家积极主动参与备课研讨，不断丰富备课技巧，提高驾驭课堂的能力。每个教师主动参与，不断学习并批判地吸收，而不是被动地接受，使自己的教学不断完善，形成有鲜明特色的教学风格。

这种共同备课研讨，有利于教师们在教学活动中相互学习、分享和借鉴，对新教师的专业发展很有帮助。新教师共同备课，一起研讨教学内容和方法的选择，讲述如何从抽象的课程转为具体的教案和课件，同伴之间指出可能存在的问题，提出各自不同的看法，给予积极的反馈意见。新教师在一同备课研讨之后，相互观摩课堂教学，课后共同交流观摩感受，提出存在的问题共同探讨。这是新教师获得专业发展的一条有效路径。

4. 外部环境为新教师专业发展提供制度保障

这里主要指学校层面对新教师专业发展的影响。学校环境好可以促进新教师较快适应教育教学工作，学校制定的过程性、合作式评价制度和宽松的政策可以为新教师的快速成长提供制度保障。学校对于新教师的专业支持，不应该在入职阶段完成后结束，不能与新教师之后的职业生涯割裂。随着新教师逐步走向成熟，学校应该积极提供具有长效性的专业支持，帮助新教师更好地度过入职期阶段，推动其迈向下一个职业生涯发展阶段，帮助他们走向成熟。

新教师专业发展与学校专业支持的关系，可以是个人与外部环境双向互动的关系。新教师需要表达和施展才能的平台，他们适应新环境的过程，应该是环境与个体相互适应的双向互动过程。新教师的专业发展与学校的发展应该具有统一的目标，学校的专业支持可能并不尽善尽美，新教师在积极获取学校专业支持的同时，还要在自身专业发展的过程中积极有为。学校也要积极关注新教师的专业发展动态，提供更加丰富、有针对性的专业支持的内容。所以，学校专业支持与新教师专业发展之间，应该是良好互动的关系。

影响教师专业发展的因素有内因和外因，内因和外因的相互作用促进了教师专业发展。良好的外部环境是新教师专业发展的必要前提，而个人因素是新教师专业发展的内在动力。师带徒以及安排教学导师是为新教师专业发展提供专业引领，共同备课研讨则是新教师专业发展的有效途径，外部环境为新教师专业发展提供制度保障。

实践操练 ⋯⋯▶

请分析影响你个人专业发展的因素和解决的办法。

参考文献 ⋯⋯▶

1. 刘静. 教师专业发展的影响因素和动力生成策略. 基础教育参考，2020(11).

2. 李健，卫倩平．教师专业发展影响因素：分类、反思与重构．中小学教师培训，2020(6).

3. 沈妙君．高中语文教师专业发展现状及影响因素研究．硕士学位论文，闽南师范大学，2019.

4. 马丽彬．教师专业发展影响因素及相关对策研究——以中职学校物流教师为例．硕士学位论文，河北师范大学，2018.

5. 缪徐．影响一线教师专业发展的四大因素．江苏教育研究，2018(16).

6. 魏丽玲．教师专业发展的影响因素研究．基础教育研究，2017(15).

7. 陈纯槿．国际视域下的教师专业发展及其影响因素——基于 TALIS 数据的实证研究．比较教育研究，2017(6).

8. 张忠华，王子朦．教师专业发展影响因素研究与分析．当代教育科学，2017(4).

9. 熊英，朱晓芳．影响教师专业发展的因素分析．教育理论与实践，2013(15).

▶第十四讲
如何制定专业发展规划

一、案例分析

（一）案例展示

三年成长规划

金秋九月，我满怀期待地走上工作岗位，不知不觉一学期在忙忙碌碌中已然度过，虽然忙碌，但仍应停下脚步思考。"凡事预则立，不预则废。"做事情，只有在做之前有一个明确的目的和方向，才能在开展的时候比较顺利地进行，为此特制定个人专业发展规划，为自己今后的发展指明方向。

一、自我评估

1. 优点

热爱教育事业，热爱学生，工作踏实，具有强烈的事业心和职责心；

经过本科及研究生期间的学习，专业基础知识较为扎实；

好学勤问，能够用心参加各类教研活动和学习活动；

善于在教育实践中思考，有一定的反思能力；

尊重学生，耐心友好，善于与学生沟通。

2. 缺点

专业知识涉猎广泛，但不够精；

教学方法的选用不成熟；

教学内容目的不清晰，重难点把握不准；

课堂管理和学生管理不够严厉；

不能与学生进行充分的、有效的沟通。

二、三年总体规划

1. 提升个人修养，做一名品位型教师

教师职业作为一种以人育人的职业，对劳动质量提出的要求是很高的。因此，作为一名教师，我时刻告诫自己要追求卓越，崇尚一流，拒绝平庸，注重自身创新精神与实践潜质、情感、态度与价值观的发展，使自己真正成长为具有使命感、历史职责感的优秀教师，把自己的全部知识和爱心奉献给学生、奉献给教育事业。我坚信这也是每一个教师所追求的思想境界。这就务必加强政治学习，使自己具备思想政治素质和职业道德素质。深刻学习《中华人民共和国教师法》《中华人民共和国未成年人保护法》《中华人民共和国预防未成年人犯罪法》《中小学教师职业道德规范》等，坚定爱岗敬业、献身教育的信念，坚持育人为本的宗旨，要依法执教，严谨治学，团结协作；要廉洁从教，以身作则，用自己的人格魅力、深厚的人文素养、广博的知识积淀、真挚的博爱以及对学生高瞻远瞩的职责感影响教育学生，使之培养高尚的品德、正确的人生观和价值观。

2. 提高业务素养，做一名学习型教师

为了适应明天的需要，我们今天就应储备能量，发掘潜质；养成善于学习、乐于学习、主动学习的习惯，让自己保持愉快的学习心境，认真学习学科专业知识及系统的教育理论知识，广泛阅读教育教学的报纸、杂志及专著，加深对新课改理念的认识；使自己具有综合的科学文化素质，掌握多层次、多元化的知识结构；使自己能科学、系统地驾驭教学资料，成为一个具有多元化知识结构的人；在教学过程中实现"教—学—研"一体化，掌握生活化、情境化课堂教学的精髓。工作中要善于积累，勤于思考，做到教学中既有理论依据，又有实践创新，提高自己的科研素质和教育教学水平。

认真阅读《普通高中语文课程标准（2017年版2020年修订）》等有关资料，钻研新教材、新课标，研究教法，体会新课程的性质、价值、理念，提高自己的业务素质。多读书、做笔记、梳理心得，丰富自己的文化素养。多看权威性的教育类杂志，了解更多教育专家、行家的观点，了解当前的教改动态，这些对自己今后的教育教学工作都有好处。

3. 学习管理艺术，做一名管理型教师

精心备课，探索趣味性课堂、创新性课堂。上课有教案，不迟到，不提早下课，不拖堂，不讽刺挖苦学生等；尤其要多关注学困生，切实促进学困生各方面素质的提高。向身边优秀的老师学习管理经验，学习掌握教师工作必备的专业知识及工作艺术，掌握中学生的心理特点，掌握心理学及生理学等学科知识，提高自己的管理能力。树立现代学生观，学会以发展的眼光看待每一个学生。坚信学生具有巨大潜能，并发奋去探索发掘；在教育教学活动中发扬学生的主体精神，促进学生的主体发展，努力做到因材施教。充分发挥自己的特长来吸引学生，使学生喜爱自己的课，并能在课堂上发展特长。为满足学生成长和走上社会的实际需要，要有足够的实践性教学环节。把对学生的做人教育放在首位，树立为学生的一生负责的理念，培养人，塑造人，形成自己独有的工作风格。

4.学会总结反思，做一名反思型教师

善于思考，在实践中探求、感悟。学会思考教育问题，用心把先进的教育理念转化为自己的行为，从反思中提升教学研究水平。每节课后，把自己在教学实践中发现的问题和有价值的东西记下来，享受成功，弥补不足。在总结经验中完善自我。坚持用脑子工作，力争做到在反思中扬长、在审视中甄别、在前瞻中创新。时刻把工作与思考相结合，在思考中工作，在工作中思考，创造性地开展工作。充分利用网络资源，用心参与学习、讨论。抓住一切听课和学习的机会，多观摩优秀教师的课，向优秀教师学习，并及时反思自己的教学活动，及时总结自己在教育教学工作中的成功与不足，取长补短，使自己的教学水平逐步提高，教学经验日益丰富，寻找一条适合自己的发展之路，争取逐步形成自己的教学特色。

三、三年具体规划

1.第一年

尽快适应工作环境，实现从学生角色到教师角色的转变。刚从学校走出的学生，仍然稚气未脱，带有浓重的学生气。新教师应完成从学生角色向教师角色的过渡，逐渐褪去学生气，比如怯场、说话声音不够大、仪表不够规范等。教师承担着教书育人的重任，应尽力使自己阳光、积极、正面。"学高为师，身正为范。""学高"要求教师不仅要掌握所教专业和所教学科课程的知识，还需扩展自己的知识面，学习和掌握综合性学科知识。要达到这种程度着实不易，教师需要不断地读书、学习。其次是"身正"。学问可以通过语言来教授，而在为人方面，则是身教重于言传，说得好不如行得正，教师只有自己行为端正，才可能对学生产生感染力。教师不是演讲家，演讲家只需一场激情澎湃的演讲就能打动听众，而教师则需要日复一日从细枝末节给学生做出示范。因此，新教师应认识到自己尚有许多地方需要学习，努力让自己从有一定专业知识的学生转变成既有学问又洋溢着人格魅力的教师。

明确教师基本要求，树立正确的价值观和责任意识。学校是进行教育活动的场所，教师的一言一行对学生的品质、行为具有潜移默化的作用，会对学生的一生产生影响，因此，教师一定要严以律己、以身作则、率先垂范，成为学生的良师益友。良好的职业道德是搞好教学工作的前提，教师首先应当按照《中小学教师职业道德规范》，严格要求自己，依法执教、为人师表、恪尽职守。素质教育的开展，对教师提出了更高的要求，如不断提高自身素质、不断完善自己，以求达到教好每一个学生的目的。因此，教师要孜孜不倦地学习，积极进取、严谨治学、精益求精、开拓创新。

主动学习，积极参加各级各类的师德教育实践活动。学习是教师成长的源泉，只有不断学习，我们才能进步。在第一年，我需要不断学习，扩大知识面，使理论服务于实践，加强自己的教学基本功；主动向老教师学习，向同行教师学习，从实践中获得专业技能的成长。

2. 第二年

课堂是教师的主战场，新教师同样要在课堂教学中多下功夫。

研究教材，做好文本解读工作。教材是课堂教学中传授知识，培养习惯、情操的重要源泉，教学应该发挥教材的特殊功效，教师要深刻理解编者的意图，确定教学重点，疏通好教师与教材、学生与教材、教师与学生、学生与学生之间的关系，能够对教材做进一步的延伸拓展，使教材真正起到举一反三的作用。

注意帮助学生掌握学习方法。"师者，所以传道受业解惑也。"最好的老师应该是教学生以道理、方法的老师。"授人以鱼，不如授人以渔"，教师在课堂上要注意学习方法的传授，如一节课应该先让学生明白大概的方向在哪里，也就是这节课的知识点有哪些，重难点在哪里，一个知识点的考查方向在哪里。

提升教学方法的运用能力。一个好的老师应该明白一节课教什么，并且知道如何教。另外，教的目的是达到以后不教，所以对于不同的课，学习方法是不一样的。在确定方法之后，一定要落实，如果不落实，好的方法也不会起到大的作用。

3. 第三年

提高控制课堂教学的能力。良好的课堂教学组织、驾驭能力，是完成教学任务、实现教育目的的根本保证。因此，提高教师控制课堂教学的能力，是提高课堂教学质量的关键所在。对课堂教学进行控制的过程，就是对课堂教学中的主要变量（教师、学生、教材、教法等）进行适当合理的调节与控制，激发学生对知识的兴趣，使之沿着教师的思路成功地进行学习的过程。

提高教学语言水平。课堂教学语言是一种工作语言，受教学规律的制约，受各学科性质的支配。在教学中，教师的语言表达方式和质量，制约着学生的智力活动方式和效率。科学地使用教学语言，是实现课堂教学控制的重要保证。课堂教学语言应具有科学性。课堂教学的主要任务之一，就是向学生传授系统的科学知识。因此，课堂教学语言必须具有科学性，做到准确、精练，有条不紊，合乎逻辑。课堂教学语言应具有启发性。在教学中，能否引起学生积极思考，能否打开学生的思路，能否引导学生独立、主动地去获取知识，是能否实现课堂教学控制的关键所在。因此，课堂教学语言必须具有启发性，教师通过启发性的语言激起学生的求知欲望，对学生想知而又不知的内容，予以恰到好处的点拨，即既要把问题点到，又不把话说尽，给学生留有思考的余地。

提高应变能力。在课堂教学中，教师必须具备处理各种意外情况的能力，对于学生的信息反馈要随时掌握，及时处理。弄清他们的希望与困难，并根据这些信息及时调整教学节奏。或迂回插入，慢慢导向课本中心；或更弦易辙，调整教案中原有设想；或转换讲述角度。特别是对课堂中稍纵即逝的有价值的信息，要及时捕捉，合理利用。

"路曼曼其修远兮，吾将上下而求索。"作为一名青年教师，我要注重自我的发展，在不同阶段及时制订个人成长计划，并且严格执行，逐步提高自己、完善自己，在学习与磨砺中逐步成长起来。

（北京教育学院启航项目 2021 届新教师学员）

（二）案例分析

从这名新教师的三年职业生涯规划来看，首先，这名新教师对自身个

体特征有很清晰的认识，不是泛泛分析现状，而是突显自己的个性，能够从个人特点出发，制定自己的职业规划。其次，对个人的定位比较准确，也切合新教师的身份，要做品位型的、学习型的、管理型的、反思型的教师，基本符合《中学教师专业标准（试行）》中的具体要求。最后，这位新教师对三年的规划以年为单位做了详细的螺旋上升的规划，发展措施不仅具体，而且有针对性和可操作性。

二、教师专业发展规划

教师专业发展强调的是教师个体专业素养的提升，它指的是教师个体的专业知识、专业技能、专业情感、专业自主、专业价值观、专业发展意识等方面由低到高、逐渐符合教师专业人员标准的过程。而从实践意义取向上来看，教师专业发展的实现就是使教师每日每时的工作都充满教育意义。教师专业发展规划必须由教师主动发起、不断反思、自觉实践与持续改善，其起点与目的都应该指向教师自身。

（一）教师专业发展规划的必要性

教师专业成长的基本途径：一是教师的自我发展，有自主发展意识，积极主动适应教育环境，努力实现奋斗目标；二是由上级教育部门或学校组织教师进行的各种学习、培训、进修，体现了国家和社会对教师角色与行为的规范、要求与期望。教师专业发展规划是这两个方面的统一体，因而也是促进教师专业成长最常用的方法。制定并实施专业发展规划，对教师尤其是新教师专业成长有很大作用。

1. 教师专业发展规划是确立教师专业成长的目标和路径

专业发展规划是教师对今后一个时期自身专业发展的目标及达到目标的措施所做的整体设计。新教师如果确立了专业成长的目标并找到清晰的路径，并且能积极主动地安排自己的学习、工作和生活，在教学工作中努力发展、完善自己，不断满足教育发展对教师的要求，必然能促进自己的专业成长。

2. 教师专业发展规划是激发教师专业成长的内在动力

做好规划对个人的发展与成长具有指导作用。"凡事预则立，不预则废。"新教师初入职，千头万绪，觉得第一紧要的是把教学工作做好，对于个人的职业或专业发展没有概念和意识，对于个人要达到什么目标、通过几个阶段达到自己的目标、现在自己处于什么阶段等问题，往往没有清晰的认识，甚至没有考虑过这样的问题。表现在工作和行为上，就是每天被教学工作推着走，单纯听从领导安排，以完成教学任务为目标，很少有时间考虑专业发展问题。新教师有专业发展规划的意识，就会理性思考自己的职业生涯，就有了发展的目标与动力。规划一般高于现实，制定并实施专业发展规划，确立奋斗目标，在实践中不断进步、发展、成长，实现自身价值，从而拥有工作的成就感，能够促使教师向更高、更好的方向努力，如此教师专业发展的内在动力就会被激发出来。

3. 教师专业发展规划可以帮助教师实现新目标

专业发展规划能促使新教师有目的、有计划地与教育发展和社会需要相适应，充分发挥个人潜能，使自己成为自己所期望的教师类型。因此，教师专业发展规划确实给教师带来了新的生命体验，有助于其实现新的人生目标。

（二）教师专业发展规划的主要内容

教师的专业发展规划有多种形式，既有长期规划，也有短期规划。长期规划可以是 10 年，中期规划可以是 3 年到 5 年，短期规划可以是 1 年到 3 年。北京教育学院新教师启航项目，在为期一年的培训中，会让新教师提交一份题为"新教师三年职业规划"的设计方案，目的是促使新教师树立进行个人职业发展规划的意识。短期规划也需要在长远考虑的基础上制定。

以新教师三年规划为例，规划中应该有以下内容：一是对学校及外部环境和个人的分析，这是给规划定位的基础，也是最体现教师预见性、反思能力的地方。二是要达到什么样的目标，包括总目标、分阶段目标。三是为了达成目标应该采取的各种发展措施和所需要的各种条件。在外部环境方面，新教师要考虑的，一是个人所处的社会和教育事业的大环境，

二是个人工作的学校环境，三是家庭环境。在个人成长历程和素质方面，一是要考虑个人成长所处的阶段，二是要清醒认识个人专业知识方面的情况，三是分析教育教学能力方面的情况，四是要分析职业道德及个性特点，五是要考虑个人兴趣爱好等方面的因素。在分析了这些环境和个人特质的因素后，再对个人做出总的定位和制定总目标及分阶段目标。目标主要集中在教学、教育和班级管理、教育科研以及其他学习方面。在制定规划时，要列出达成目标的措施和条件，比如个人素质的提升、专业发展的模式、专业发展的策略以及如何改善条件，最后要有预期的成果等。

（三）制定教师专业发展规划的注意事项

新教师制定合理有效的专业发展规划方案，需要注意以下几点。

1. 制定专业发展规划要学习教师专业发展方面的理论知识

教师专业发展规划实际上是教师运用教师专业发展的理论，结合自己的实际情况，而制定的具体的行动方案。如果没有理论的奠基，计划就会肤浅简单，失去指导意义。教师可以阅读诸如《教师专业化的理论与实践》《教师的成长与发展》等书籍，还可以通过听讲座等方式加深对专业发展的认识、对自我专业发展情况的分析，学习了解专业发展目标、专业发展措施等，明确需要从哪些方面设计自己的规划，从而减少计划的盲目性，提高制订效率。

2. 制定专业发展规划要切合个人专业发展的需要

教师专业发展归根结底是为学生发展服务的。因此，教师必须了解学生的发展需要，从自己教育教学活动中不适应的地方寻找发展目标。比如，有的教师在教学中感到对学生的心理和想法难以把握，就提出了学习心理学知识、把握学生心理的发展目标。教师专业发展的重点，应放在教育教学能力、科研能力的提升，以及具体的教育教学实践的改善上，而不是单纯围绕自己的知识结构而读书、学习、培训。此外，教师在制定发展规划时，还应该与学校的发展规划大体方向保持一致。

3. 制定专业发展规划要有动态计划观

一份专业发展规划不是静止不动的，随着形势和要求的变化，教师需要不断调整和修改自己的发展规划。

4. 制定专业发展规划不要忽略学校和教研组的作用

同一学校或教研室教师的专业发展既有个性差异，又有共性，因此在制定规划的过程中，也应该发挥语文教研室其他老师的作用。同一语文教研组的老师可以通过研讨的形式，相互启发，深化对专业发展中的一些问题(如发展模式和发展策略等问题)的认识，把大家相似的专业发展活动提炼成教研组共同的活动，这样可以大大减少教师个人专业规划与教研组整体规划以及学校大的规划之间的矛盾和冲突。

5. 专业发展规划要在实践中严格执行

教师专业发展规划的最终实现，一是需要教师坚持不懈地努力，二是离不开学校的支持。学校要根据教师发展规划中的需求，为教师实现发展目标，提供有利条件，进而实现学校发展目标、学生发展目标和教师专业发展目标。比如，积极鼓励新教师参加培训，邀请专家给予新教师教学帮助，组织新教师参与说课和公开课，让新教师在具体实践体验中提升能力和素养。[①]

（四）制定教师专业发展规划的建议

教师要真正制定出切实有效的发展规划，并且能够顺利实施，应该做好以下几方面的工作。

1. 树立坚定的教育信念

新教师从入职之初就要树立坚定的教育信念，要在日常的教育教学生活中体验和理解个人所从事工作的意义，不断反思感悟自己教育教学实践中所潜含的教育观念、专业态度和专业精神。教师有了坚定的教育信念，才会对专业发展有积极主动的强烈愿望，制定的发展规划才会发自内心，也才会坚定不移地认真落实。

2. 客观认识个人特质和环境

新教师制定专业发展规划的基础是对自我与环境的准确分析评估。首

---

① 钟祖荣：《教师专业化发展的重要一环：制定教师专业发展规划》，载《中小学管理》，2004(4)。

先，新教师要客观地认识自我，从心理、能力、性格、兴趣、爱好、特长等方面，全面地分析自身条件、优势与缺点、发展阶段及要求等。其次，新教师要充分了解影响自身发展的环境因素，包括学校的发展方向、办学特色、可提供的资源，以及学校教师队伍建设的措施，等等。只有全面、客观地认识自我与环境，才能设计出有针对性的发展规划。

3. 合理估量个人的专业发展定位

新教师的专业发展具有阶段性特征，处在不同的职业生涯阶段，教学实践经验、教育教学能力、教育理念也处于不同的水平，专业发展需求、专业发展方式和途径也不同。不同阶段有不同的专业要求和专业特征，教师在制定专业发展规划时，要根据阶段的不同明确自己的目标定位，使之建立在现实、合理的基础上，并通过个人努力、外部环境条件的支持以及政策的引导等手段，实现规划的目标。

4. 选择适宜的实施途径

新教师制定的专业发展措施一定要立足于本职工作，使落实规划的过程也是完成教育教学任务的过程，如此，才能保证规划得到顺利实施，同时在规划的实施过程中促进专业成长。教师要充分发挥自身主动性，广泛阅读，积极主动承担课题研究，撰写论文，上公开课，写教学反思、教育案例，积极参与教研活动，主动听课、评课、参加集体备课，主动与同伴交流，等等。同时充分利用学校所提供的各种条件，借助外力落实规划措施。例如，参加上级组织的培训、研修，参加校际考察学习、交流，等等。

5. 不断完善外部环境

新教师专业发展规划的实施不光是教师个人的事情，学校、教育行政部门都应承担起必要的责任。例如，对新入职教师的岗前培训，实施"启航项目"，专门对新教师开展有针对性的培训。北京教育学院的"新教师启航项目"从 2015 年迄今，已经开展了 8 期，专门为新教师继续专业发展提供平台。

学校要营造支持新教师专业发展的环境，制定保障规划落实的管理制度，创新新教师专业发展机制。当一个教师的专业发展与学校的发展有机结合时，教师发展的最终结果必然推动学校的发展。

实践操练 ……▶

请制定一份个人的三年专业发展规划。

参考文献 ……▶

1. 徐伟．教师专业发展的模式与职业生涯规划——评《教师职业道德与专业发展》．教育发展研究，2021(18).

2. 张宏齐，彭玲．实施教师发展规划，助力教师专业发展．广东教育(综合版)，2021(5).

3. 郭平，王蓉琴．促进教师专业发展的职业生涯规划．中国德育，2020(18).

4. 陈萍．新教师职业生涯规划与专业发展．江苏教育，2020(62).

5. 罗晓燕，李孔珍．新高考改革背景下的教师专业发展：挑战与对策．教育参考，2020(3).

6. 边贻宽．学校发展规划引领教师专业发展．上海教育，2020(Z1).

7. 许韶歆．规划职业生涯 成就幸福教师——明德华兴中学教师专业发展实践探索．教师，2019(36).

8. 汪登伦，吴丹蓉．职业生涯规划视角下的教师专业发展．考试周刊，2019(54).

9. 谢建平．引领教师做好专业发展规划必要性的几点浅见．福建基础教育研究，2016(7).

10. 戴建国．教师专业发展规划：功能、问题与策略．江西教育，2014(31).

11. 杜林峰，崔宏静．职业规划引领教师专业发展．北京教育(普教)，2013(1).

12. 钟祖荣．教师专业化发展的重要一环：制定教师专业发展规划．中小学管理，2004(4).

▶ 第十五讲
如何开展教学研究

随着世界各国教育改革的不断深入与经验的积累，人们越来越认识到教师在教育改革中的作用。联合国教科文组织近年来的有关研究报告在总结教育改革成功经验时明确指出，教师是决定教育改革成功的三个关键因素之一，没有教师协助和积极参与的教育改革不可能成功。因此，很多国家把教育改革的核心放在教师素质的提高上，而教师职业发展的核心就是教师的专业化。促进教师专业化发展的一个重要方面，就是重视教师教学研究能力的提升。对于新教师而言，这一点尤其重要。

一、案例分析

（一）案例展示

新教师甲于 2018 年入职北京市某区一所初中学校，同年参加了北京教育学院中文系 2018 级"启航计划"中学语文学科新教师培训。2019 年 3 月曾经为全班上了一次公开课，课题内容是刘禹锡的《秋词（其一）》。在讲到诗歌风格时，教师告诉学生这首诗的风格是昂扬向上的，与其他写秋天的诗词有明显不同。接着教师运用知人论世的方法展示了刘禹锡的生平，但一带而过。课后，评课专家就此问题作了细致说明。该教师深有感触，认为对教学内容应该有深入的探究，但之后没有继续进行。

任教 3 年的教师乙是 2020 年笔者专题项目的一名学员，在听讲座学习的过程中，应任课老师要求做了一节课的教学设计。经过与任课老师的反复研讨以及自己的不断实践和修改，最终形成一篇比较成熟的教学设计，后来发表在《语文建设》上。

（二）案例分析

新教师在刚入职期间，有各种的转变，就身份而言有角色的转变，就学科而言有知识的转变，就环境而言有学校环境的变化，就工作而言入职学校有各种工作的适应等，因而：

①在时间上，没有充分的时间专注于教学。

②在备课过程中，因没有经验，只能照搬教参，没有自己独立的思考。

③在教学中，还没有树立教学研究的思想。

④没有一个督促或保障的机制，很容易放弃教学研究，错失提升的机会。

二、教学研究

2019 年，《教育部关于加强新时代教育科学研究工作的意见》（教政法〔2019〕16 号），要求中小学要积极开展教育教学实践研究，改进教学方法，提高教育质量。《义务教育语文课程标准（2022 年版）》"六 课程实施"的"（五）教学研究与教师培训"部分，对教师研究与教师培训明确提出了八条要求，其中有六条与教师研究相关："坚持终身学习，提升专业素养""立足教学实践，提高教研水平""适应时代要求，提升信息素养""聚焦关键问题，推进校本教研""加强区域教研，推广典型经验""发挥制度优势，推进研修融合"。① 因此，教师开展教育教学研究势在必行。

（一）新教师开展教学研究的现状

刚入职的新教师，面临的是全新的挑战，首先，从心理的角度来看，新教师从学生转变为教师。身份的转变，表明自身不能再从学生的角度来约束自己，而是被赋予了职业人的角色，接下来面临的是工作的不断展开，适应全新的工作环境，适应全新的人际关系等。其中，最重要的是与同事之间的关系，是能否顺利融入已经成形固定的集体当中，建立比较和谐的关系。刚刚走上工作岗位的新教师，对工作教学抱有崇高的理想，希望在岗位上干出一番事业，现实会让新教师逐渐发现理想与现实的差距，需要他们不断调整自己的心态，靠着踏实的努力一步步向理想迈近。

其次，从新教师社会化的角度来看，入职之前的新教师，扮演的是学

---

① 《义务教育语文课程标准（2022 年版）》，55～56 页，北京，北京师范大学出版社，2022。

生的角色，身处受教的社会环境，而入职之后的新教师，则转变为教师的角色，身处任教的学校，变为施教环境。新教师已经由学生转变为教学者，必然要遵守学校制度，满足学校对教师的要求，因此，新教师处于社会化转变过程中。

最后，从新教师认知发展角度来看，新教师与有经验的老教师相比，在教学效能感、教学监控能力和教学行为以及如何与学生家长沟通等方面都存在很大的差距。差距存在的原因就在于新教师欠缺实际教学经验，还没有养成反思的习惯，或没有充分的时间对个人的教学经验进行深入而系统的反思，甚至没意识到反思的必要性。因此，不论是对班级的管理还是对知识的传授，不论是对班级事件的知觉还是对其整合性的认知，都显出应变能力不足，缺乏信心，因此失败的挫折经历会反复出现。

综上，由于新教师从高校进入任教学校，社会环境发生了变化，相应的行为规范发生了变化，身份角色也发生了变化，而且对角色期望也发生了变化。新教师在任职初期还处于重新认定角色，手忙脚乱处理各种教学及学生管理等事务中，无暇专注专研自己的教学，更遑论进行教学研究。

（二）新教师开展教学研究的必要性

教师作为教学研究的主体，其优势在于是教室的负责人，从实验主义者的角度来看，教室正好是检验教育理论的理想的实验室。教师是学生的实际课堂以及学生的学习的实际观察者，拥有丰富的研究机会。教师所拥有的绝佳的教学研究位置和丰富的研究机会，使他们有机会长期在各种学习场所观察学生，对学校和课堂有更多的了解，而且他们处理涉及其具体角色和责任的各种教学事务。而日常教学生活涉及教师课堂内外的方方面面，其中包含教师尤其是新教师想要弄清的一些教学问题。在这一过程中，教学研究的意义就在于教师能够对日常教学生活进行自觉的多样化的探究。

教师通过研究自身的教学生活、自己的课堂、自己的学生，使教学研究保持了教学本身的原生状态，再现了教学过程的点点滴滴。如此进行教学研究，教师逐渐成长为反思型教师，并将丰富的隐性知识显性化。除了提高反思能力，让隐性知识显性化外，教师进行教学研究还能提升教学水平，改善学习模式，较快地获得对教育实践的现实感，增加实践经验。

（三）新教师教学研究的特点

教师的教学研究不同于高校教师的纯专业研究，正如前文所言，教师开展教学研究，是研究自身的教学生活，研究自己的学生。教师的教学研究离不开自己的课堂，因此，教师应该具有以下教学研究意识。

1. 教学研究具有实践性特点

苏霍姆林斯基从教师研究具体问题和创造教育现象两个方面来说明教师研究的实践性。从目前教师教学研究的内容、研究的问题来源、研究过程以及研究目的来看，教师教学研究就是一种实践性研究。这对于教师来说是正确的，教师也应该具有这种研究意识。从教师教学研究的目标、内容、方式、关系来看，在教学中研究，在研究中教学，是一项实践性很强的探究活动。教师教学研究是针对日常教学生活而言的，其关注的对象是在真实、丰富、复杂而有变化的教学情境中以个人的教学实际经验为基础而展开的教学研究活动，教师在研究过程中，所研究的具体问题、过程以及目的都离不开具体的教学情境，也就是说教师的教学研究是从实践中来再到实践中去，具体指导实践活动。这就是教师教学研究与其他科研工作最大的不同。因此，教师作教学研究要树立实践性的研究意识，这也是教师教学研究的根本。

2. 教学研究具有事实性和科学性相统一的特点

教师教学研究，从教师亲身体验的教学经验出发，从教师所做所思所想中提炼。因此，教师教学研究就具有事实性，这种事实性强调教师对自身日常教学生活的再认识，是对正在发生的可能具有教育意义的教学细节的认识，是无数次从教学情境里感受到的对学生的认识；同时，也强调了教师的研究材料是基于事实的材料，是教师的亲身教学实践经历。它以直接、明白的方式展示了教学的原貌，具有不可预料性、不可复制的特点。因此，教师教学研究是一种事实性研究。

当然事实性研究不能缺少科学性研究方法的支撑，科学性也是新教师教学研究的应有之义，然而教师的教学研究与高校的教学研究还是有区别

的。教师在具体教学生活中，往往通过教学日记、日志、教后感、现场笔记、照片、录像、个人自传、教师故事等方法记录个人的教学，这种类型的研究资料包含教学的客观现象和事实原貌，是真实的教学情境的再现，同时也能呈现教师特定的知识背景、思维方式和工作特点所形成的独特的研究方法，对个人教学过程中的各种疑惑和不解所进行的反思和解释。这可以看作教师改善自己教学和课堂的过程或经验总结，也是教师创造性运用理论的一种方式。

3. 教学研究具有反思性特点

教师教学研究是针对自身日常教学而言的，是基于反思基础的研究。反思对于教师的重要性不言而喻，它是一种内省、一种高级的认知活动，也是一种解决问题的特殊方法。杜威就将反思看作一个对思维活动结果的反复的、能动的、审慎的认知加工过程。教师把自己日常教学生活作为思考对象，对自己的教学行为及产生的结果进行审视和分析，就是对日常教学生活的再认识，是一种在思考基础上的再思考，而且是反省式的自我认识、自我剖析，这种行为贯穿于研究的整个过程，教师时时都在进行各个层面的反思。因此，从根本而言，教师教学研究是追求更为合理的教学实践过程，旨在加强自身的实践能力。

这种反思性的教学研究使得整个过程类似于一种回归性的活动。当通过自己的观察、记录等行为，回顾自身教学的原貌时，教师就开始反思，审视原生态的事件、行为，从而评价自己教学的优缺点，试图明晰其中的原因。在反思过程中，教师可以通过教研活动、观摩名师教学、参加培训等，更好地了解和探究自身的教学优势和不足，从而重新梳理自身的教学观念，在接下来的教学活动中修正或验证自己的反思结果。这个过程是一个连续而又循序渐进的不断试验的过程，也是一个螺旋上升的过程，是教师经验不断丰富积累的过程，教师在这样的回归性的教学研究过程中，不断提升、不断蜕变。

4. 教学研究具有自觉的变化性特点

教师的教学是千头万绪的，教学中的问题有重复性，也有多样性、阶段性。教师工作的特殊性，使得其研究的问题不断发生变化，研究的方法不断更新和因地制宜。因此，教师的教学研究过程表现出多样化的特点。教师的教学研究过程复杂而辛苦，教师必须有持之以恒的自觉性，一方面不断接触、吸收、理解理论，为自己的教学研究做积淀；另一方面自觉开展有意义的教学实践，在努力实践的过程中理解理论，反省自身教育理论的不足，从而更好地提高教学质量。这是教师教学研究的意义所在。

（四）新教师开展教学研究的必备因素

从 2017 年至今，笔者已经培训了五届新教师，每届培训周期为一年，培训总人数大约 150 人。就培训的新教师的学历而言，研究生学历毕业的新教师逐渐增多，从最初的寥寥数名，到如今占到一半以上。研究生学历的新教师进行教学研究具有一定的优势。教师进行教学研究，并非从零开始的，教师自身的学科背景、知识储备、教学行为、教育观念等都是教师教学研究必不可少的因素，在此基础上，教师通过教学实践经验，获得对教育和教学能力的认识，从而去开展一系列相关的教学研究活动。因此，教师在日常教学实践中逐渐积累教学经验、改进教学、推动自身成长。总的来说，新教师要想进行教学研究，需要很多的因素，如学识水平、教学研究的行为等，更重要的是要具备研究意识、追根究底的探究性态度以及教学反思能力。下面一一阐述。

1. 具有研究意识是新教师进行教学研究的开端

教师有丰富的一线教学经验，但是很少能够出成果，最大的原因在于教师没有研究的意识。只有意识到研究对于自身教学能力的提升和发展成长的重要性，教师才能更好地从事教学研究工作，因此，具有研究意识是教师从事教学研究的一个良好的开端。

教师的研究意识是由教师的认知、情绪、情感、欲望等构成的一种丰富而稳定的内在世界，是教师主动认识和改变教育教学的内在动力。有了这种动力，教师就能对教学研究保持较为持久的热情，而且时刻关注教学工作中感到困惑之处和找到感兴趣的地方，基于这种热情和兴趣，就能持续研究下去。有了这种动力，教师对自己的教学研究就有一个大致的规划，

有目标，并能坚持下去，在教学实践过程中，及时发现问题并进行反思，能克服困难，不会半途而废。再者，有了这种动力，教师能够自觉并且有意识地关注自身教学中存在的问题，能够认识到教学本身的存在，以及教师本身在教学中的作用，能够从心里自觉地认识到研究教学对教师教学、对学生、对教师自身以及对学校的重要性，能够获得成长的快乐，有获得研究成果的欲望，并坚持下去。

2. 具有专研态度是教师教学研究的推动力

如果新教师没有养成对教学活动追根究底的态度，只是随遇而安，按部就班上下课，就不会对教学研究感兴趣。具有专研意识的教师，能更好地进行教学研究，因为教师教学研究的动力来自对教师教学工作的复杂性、丰富性和不确定性的探究。教师在专研不解、未知的过程中获得满足感，提高教学效率，提升教学品质。获得工作的满足感，才能提升工作积极性。尤其刚入职的新教师，在探究教学过程中，需要不断地挖掘自身的潜在能力，透过行动看到自身的需要、不足和认识，从而窥探到教育的内涵。这种专研的态度也能使教师在教学过程中不断接纳新的教学因素、引入新的教学成果，时刻关注教学研究的前沿成果，并能够运用在自身教学实践中，最终实现提高自身教学实践水平的目的。这种专研态度也能让教师及时捕捉到教学现场生成的教学现象，能够及时抓住教学中的疑点、难点进行寻根问底式的探究，因此教师要有专研态度，是教师教学研究的推动力。

3. 具备一定的学识是教师教学研究的基础

学识水平会影响教师教育教学的各个方面。教师不断提升专业水平，不仅可以提高自身的教学质量，而且能够促进自身的学习和发展。具备一定的学识，是教师进行研究的基础。教师入职后，不管学科背景如何，面临的都是全方位的学习和提升。关于教师应具备什么样的知识，国内外有很多的讨论，陈向明教授认为应有理论性知识和实践性知识。教师的实践性知识，是教师教学经验的积累，其对教师发展的重要性不言而喻。

教师需要掌握的知识是多方面的，包括理论知识、学科知识、实践性知识等。尤其是实践性知识，是教师教学研究的起点，是教师研究自身实践的突破口。因此，教师的学识水平是教师进行研究的基础，随着教师经验的丰富以及教学研究的深入而不断提高，为之后教学研究创造有利条件。

4. 具备反思能力是教师教学研究的核心

教师成长和发展的第一步，就是对自身的反思、评价和自我改造。教师为了真正掌握教学过程最优化的一系列综合技能，不仅要学习其他教师的先进经验，而且要积极对个人教育教学活动进行认真的自我反省。这种自我反省和对自身的剖析能够帮助教师积累完成教学任务的经验，有助于教师主动探究教学任务最优化解答的方法。教师只有学会反思，学会自我剖析，才能真正学会对教学计划、教学行为，以及教学过程中出现的各种状况进行评述和分析，才会对在自己周围发生的或大或小的教学现象进行思考和探究，才能在反思中找到自己成长的有效途径。因此，教师教学反思能力是其进行教学研究的核心。

教师的教学反思能力，首先体现为教师在实施教学活动前对教学的一系列相关因素进行剖析，如分析学生、教材、教学手段、教学方法和教学过程等，同时预测在教学过程中可能出现的问题和发生的意外等；其次表现为对日常教学过程的反思，可以是对具体教学过程的省视，也可以是对一系列类似的教学活动的反思，还可以是对阶段教学的总结和反省，是对整个日常教学生活的回顾与分析，它重在能够使教师了解自身的想法如何产生、转变和发展，并最终达到强化的目的；最后表现为对教学活动的相互性反思，教师的教学活动有时候是一种群体性的探讨活动，通过探讨反思，教师可以学会换位思考教学，获得不同的感受和全新的认识。

教学反思能力的强弱是教师进行教学研究能否获得成功的关键，只有把反思作为教学活动的一个良好习惯的教师，才能最大限度地帮助自己更快成长，才能在教学研究中获得成长。

新教师用什么样的方式反思自己的教学活动呢？可以有以下几种方式：

①养成写反思日记的习惯。在每天的教学活动结束后，新教师如果能够静下心来写出教学活动的过程和自己的反思，日积月累，肯定会有收获。

②有机会观摩其他老师的课堂。俗话说"当局者迷"，对一个教学疑问

或现象，如果观摩其他老师的解决策略，可以拓展自己的思路。

③参加培训。目前校内区里市里的各种培训很多，而且培训方案设计得非常接地气。有条件的话，新教师可以外出参加培训。这些培训有专家的理论讲解，有实际课程的观摩，新教师可以从中获益。

④利用行动研究进行反思性教学。这需要教师对课堂上所遇到的问题进行调查研究、建立假说、解决问题，其过程大致是问题—计划—行动—观察—反思。这种行动研究与教学活动相伴进行，意在提高教学效果，因此，不仅能改善教学实践，而且能在教师中间形成调查研究的良好效果。

（五）新教师开展教学研究的关键路径

教师进行教学研究具有自己的特点，应该重点关注以下几个方面。

1. 高度关注课堂教学

教师进行教学研究的最终目的在于提高教学质量，促进自身专业发展。而课堂是教师教学实践的主要场所，课堂教学是学校基础性活动的日常表达，教师是课堂的负责人，能够对课堂进行近距离的观察，因此，教师拥有丰富的研究机会，是当之无愧的课堂研究的主体。课堂是学生个性化学习的场所，从有效教学的视角看，课堂教学应该是教师课堂研究的中心。教师作为教学研究者主要研究课堂教学中遇到的问题。

教师从事教学研究的关键在于发现教与学的问题，通过课堂观察，关注教师的"教"、诊断学生的"学"，两者共同指向教学行为的改进与教学质量的提高。

教师要关注自己的课堂，关注自己如何教。课堂观察是通过观察课堂的运行状况，对课堂进行记录、分析和研究，由此提高学生课堂学习质量、改进教师教学行为的教学研究活动方式。课程、教师、学生和课堂文化是课堂教学的基本要素。教师关注自己的课堂，要明确自己的教学内容，明白自己怎样教课，应该创设怎样的课堂氛围，还要预判学生怎样学习。

2. 重视教学反思

没有教师的发展，就没有课程的发展，因而有必要让教师成为自己教学情境的研究者。教师作为研究者的目的是发展专业自主性。教师不是单纯的课程执行者，而是有思想、有行动的课程开发者。教师通过自觉地在行动中不断地反思教学、从事教学研究，成为个人专业成长的自觉者。

课堂教学为教学研究的重心，这就需要教师对一节课的教学实践活动进行总结、思考，指出影响教学效果的主要问题，然后通过对这节课方方面面的分析，找出问题的关键所在，形成新的教学理解，以改进教学行动。也就是说，教师从事教学研究的主要途径是"实践—反思—再实践"。从这一次实践到下一次实践之所以有变化、有提高，主要依赖教学行动中的反思。

对教学进行反思，对教师而言非常重要，教学情境具有复杂性、不确定性和独特性，教师需回顾和思索已经发生的教学实践，在行动中反思，思考问题，设计解决问题的方案，形成行动策略，并随时改进。因此，教师成长的助力是教师的经验与反思的合力。

教师对教学活动的反思，可以是思考教学实践中遇到的问题。教师通过回顾过去，复盘情境，可以提升自己的专业水平。教师的反思也可以是在具体的教学实践过程中，发现现实与理想的反差。对这种反差进行思考，不断调整，缩小反差的距离，在行动中进行修正是教师成长的表现。因此，教师需在具体的课堂教学实践中，不断发现问题，不断尝试，进而改进自身的教学行为。

建议教师养成坚持写教学反思的习惯，写的过程不仅要把教学事件或教学问题记录下来，还要对其进行深入的分析和评价，写的过程其实就是整理思维的过程，有助于教师静下心来更深刻地认识问题。只有写下来的内容才印象更深刻，写下来的内容还可以反复阅读咀嚼，可以有效激发反思。再有，日积月累，反思的内容记录了教师和学生的成长过程，这些可能成为以后进行教学研究时珍贵的素材。

3. 重视研课

研课，顾名思义，就是对课进行推敲和研究，一般是围绕一定的教学主题，通过多种教学研究形式，经历多次"设计—实施—反思—再设计"的过程，使该课的教学不断趋于成熟和完善。不管是一个团队对一节课的有

计划、有目的的研究，还是教研组内的共同研课，对于新教师的成长都是非常重要的，也是教师进行教学研究所必不可少的。

研课的意义就在于，首先，任何一节好课，都是在一定的教学理论指导下设计与实施的，也即要上好一节课，必须有教育教学理论作为基础，从这个意义上来说，研课可以促进教师对教学理论的进一步学习与反思；其次，刚入职的新教师，只有将理论与教学实践有机结合，多实践，才能真正体会理论的作用和实践的重要性。研课就是教师深入实践并深入探究的一种有效方式。最后，用具体的课来探讨问题是教师的基本功，课例研讨是目前最受教师喜爱且比较有效的一种教学研讨形式，因此，开展研课活动对于教师尤其是新教师来说，有积累教学经验、提高工作实效，并促进个人专业发展的作用。

4. 重视校本教研

目前几乎所有学校都很重视本校的校本教研。校本教研是以学校发展、教师教育教学所存在的问题为立足点，以教师为主体的教育研究。它将教研工作的目标和任务落实到每个学科教研组和每位老师身上，是教师教学生活的一个必要组成部分，成为教师专业发展的辅助。校本教研能很好地促进教师主动自觉地学习教育理论，为其专业素质的提高和优化奠定理论基础。同时校本教研能促进教师形成探究的精神，也能在无形中促使教师关注课堂教学，养成勤于收集信息、分析问题的习惯，还能促使教师逐步学会如何将理论与实践相结合，并更好地将理论运用到实践当中，实现对理论理解的深化。具体而言，校本教研对教师的教学研究有以下作用。

首先，校本教研可以促进教师教学研究的积极性，促进教师专业化发展。校本教研是促进教师教学研究最直接、最有效的途径。教师进行教学研究，需要具备一定的教育研究意识与能力，而近几年新教师的学历普遍较高，具备研究的基本素养。新教师刚刚从高校入职中学，还保持着学习和研究的自主能力，能很快进入研究状态。具备一定的研究意识与研究能力是新教师专业发展的前提，只有具备一定的研究意识与研究能力，才能有教学研究的自主性，也才能明确自己教学研究的发展方向。反过来，教学研究也可以强化自身的研究能力。

校本教研是以解决教学实际问题为起点的教育研究，可促进教师正视现实存在的问题和教学所面临的困境，引发教师对教学问题的研究动机，使得教师不单纯是知识的传递者，更是教学问题的研究者。教师在参与校本教研的活动中，对学校教育教学的实际问题有切身的体会和感触，因此，边实践边研究，把研究与实践结合起来，比专业理论工作研究者有更多的实际从教经验，所作研究更有针对性。教师在教学研究中，需不断增强研究意识和提高研究能力，进而提高教育教学能力。

其次，校本教研有利于促进教师角色意识和教学方法的转变。校本教研是教师在学校工作中展开的教学研究活动，是教师在日常教学生活中不断体验、感悟及发现的过程。教学研究是在教学中研究、在研究中改进教学，教师教学研究的内容与教师的教学实践是紧密结合在一起、相辅相成的，因此，教学研究应该是教师的自觉行动。在整个研究过程中，教师所面对的教学实际和情境具有生成性的特点。在新课程的教育改革背景下，已经没有固定的教学模式，教师需要凭借自身对教育教学的理解和感悟，面对灵活多变的情境创造性地做出自主判断和选择，丰富实践性知识，提高专业化技能。这就必然要求教师转变传统的角色，不再只是知识的传授者，还应是学生学习的组织者、引导者和协调者。教师还应成为新课程实施的探索者、实践者、反思者，甚至是课程的开发者、研究者。而校本教研有着帮助教师转变角色，努力形成教学、研究、学习合一的研究生活方式的作用。

最后，校本教研可帮助教师克服研究过程中理论与实践相脱离的现象。在传统的教育研究中，研究者往往是高校的学者专家，但是，一些学者专家只是身居高校闭门造车，很少深入一线教学，因此，只借用一些理论阐述和论证，缺少实践经验，导致理论与实践相脱离，对实践没有实际指导作用。一线教师参与教学研究，使研究的主体发生了变化，研究的主体不再只是高校学者专家，还有实实在在从事一线教育教学的教师，研究不再局限在象牙塔里，一线教师也可以从事研究活动，这就弥补了高校学者专

家教育研究的短板。校本研究有助于提高教师自身的综合素质，能够让教师在教学研究过程中不断增强科研意识和科研能力，提高教育教学能力，实现由实施者、操作者转变为探究者以及教育教学发展的规划者。同时也激发一线教师在推进改革的实践中积极更新观念，创新教育教学模式，提高课程改革实践的素质。在教学研究的过程中，教师逐步转变角色，不再是单纯的教书人，而是教育、教学、研究、学习合一的教学研究者，并且改变了理论与实践严重脱离的现象。校本教研在教师教育教学的改进、自身专业能力的成长中有着重要的作用，教师应该积极参与校本教研。

新教师从入职开始，就需要树立教学研究意识，增强问题意识。任何问题都可以是反思和研究教学的起点。新教师要善于发现教育教学过程中的问题，重视教学中的每一个细节，对教学情境保持持续的关注，如此，才能准确捕捉教学中的关键信息，及时发现教学中的各种矛盾冲突。教师需要从微观层面和局部视角去观察教育过程中的现象，时刻关注教学实践，关注学生发展，发现有价值的问题，从具体问题入手进行深入的探究，寻找解决问题的方法；同时也要从宏观层面把握教学，思考教育的目的与价值，认识教学活动的整体性，分析影响教学的各个因素，从整体到部分、由大到小地认识教育教学活动，提高对教育教学活动的理性认识。新教师还需要重视理论学习，不断学习新教育理论、观点，夯实理论基础，在不断的学习中，理清自己原有的观念，提高自己的理论素养，从而为进一步的教学研究提供理论基础。

实践操练 ……▶

请分析以下课题中哪些适合一线教师进行教学研究，并说明理由。

1. 初中古诗文群文阅读策略研究。
2. 形象思维在记叙文教学中的运用。
3. "诗言志辨"对诗歌教学的启示。
4. 初中语文写景抒情类诗歌的课堂教学模式研究。
5. 农村新教师专业发展研究。

参考文献 ┄┄▶

1. 安富海．教学反思：内涵、影响因素与问题．河北师范大学学报（教育科学版），2010(10).

2. 步进．中学语文教师课堂教学反思的类型．中国教育学刊，2009(9).

3. 陈琼．新课程背景下高中语文教师课堂教学反思探究．语文建设，2013(3).

4. 陈玉琨．教育评价学．北京：人民教育出版社，1999.

5. 邓友超，李小红．论教师实践智慧．教育研究，2003(9).

6. 杜志强．教学反思的五个维度．教育导刊，2009(11).

7. 傅伟．教学反思简论．教学与管理，2004(19).

8. 教育部师范教育司．教师专业化的理论与实践．北京：人民教育出版社，2001.

9. 林崇德．教育的智慧——写给中小学教师．北京：开明出版社，1999.

10. 刘梅珍．"三重身份"的特殊性——课堂教学中语文教师角色的合理定位．语文教学通讯，2003(30).

11. 李定仁，赵昌木．教师及其成长研究——回顾与前瞻．教育理论与实践，2003(6).

12. 申继亮，费广洪，李黎．关于中学教师成长阶段的研究．天津师范大学学报（基础教育版），2002(3).

13. 史绍典．新课程与教师的积极应对——与语文教师谈新课程背景下的角色转变．中学语文教学参考，2002(10).

14. 王斌华．发展性教师评价制度．上海：华东师范大学出版社，1998.

15. 杨勇．中学语文教师教育科研能力低下的原因及对策．内蒙古师范大学学报（教育科学版），2002(3).

16. 叶澜，白益民，王枬等．教师角色与教师发展新探．北京：教育科学出版社，2001.

单元小结 ……▶

对于奋斗在教育一线的教师来说，积极参与申报课题是参与教育改革的一种重要方式。在今天新课程改革的大背景下，积极做课题是一线教师一项必修的功课，也是一种必备的能力。积极参与并开展各级各项课题研究不仅能提升教师的专业素质与能力，促进教师自我的全面发展，而且最终能使学生受益。

新教师刚从学校毕业走上教育岗位，身上还带着学院风、研究风，因此，新教师要保持做研究的心态，积极转换角色，把个人在教学中遇到的难题，积极转为自己的研究课题。俗话说"教育无小事"，教师日常要善于观察、思考、分析教育教学中遇到的问题，分析思考问题产生的原因，进而探索改进、解决的办法；同时要善于反思自己的教育教学行为，分析查找原因，从而形成理性认识；然后通过相关的理论来分析、思考教育教学中遇到的问题，用相关的理论来指导课题研究的整个过程，如此就可以把教育理论和课题研究以及教育教学工作紧密结合起来，实现课题研究的深度和广度。

要注意的是，在做教育科研课题时，要了解并掌握一些基本的教科研方法，根据课题研究的目的、内容和过程的需要，选择适当的科研方法，并且按照教育科研方法的要求去实施。

单元练习 ……▶

从自己的教育教学实践出发，写一份规范的教育课题申报书。

阅读链接 ……▶

1. 吴伟强 . 基于问题的视角：教师如何做课题研究 . 宁波：宁波出版社，2020.

2. 祝庆东 . 教师如何做"小课题". 上海：华东师范大学出版社，2019.

3. 袁玥 . 教师微型课题研究指南 . 上海：华东师范大学出版社，2019.